PROLOG

Ξ Frank Decker

»Warum soll ich diese Zeitschrift lesen?« Das fragte mich ein sehr geschätzter Kollege aus Berlin, als ich ihm von meinen Plänen berichtete, INDES von Göttingen nach Bonn zu holen und unter meiner Herausgeberschaft neu an den Start zu bringen. Gibt es nicht schon genug wissenschaftliche Zeitschriften – auch solche, die über den Tellerrand des eigenen Faches hinausblicken und/oder sich an der Schnittstelle zur Publizistik bewegen? Als Franz Walter INDES 2011 ins Leben rief, ging es ihm nicht nur darum, für das kurz zuvor gegründete Göttinger Institut für Demokratieforschung eine Plattform zu schaffen. Die Zeitschrift setzte sich auch das Ziel, die schon damals weit vorangeschrittene methodische und thematische Verengung der Politikwissenschaft zugunsten eines breiteren, historisch fundierten und zugleich interdisziplinären Ansatzes zu überwinden, sich vom Mainstream also ganz bewusst abzusetzen.

An den Gründen dafür hat sich auch nach zehn Jahren nichts Nennenswertes verändert, im Gegenteil: Die Entwicklung der deutschen Politikwissenschaft stimmt bedenklich. Die Einwerbung von Drittmitteln und die Veröffentlichung begutachteter Aufsätze – überwiegend in englischsprachigen Journals – sind immer mehr zum Goldstandard vermeintlicher wissenschaftlicher Qualität avanciert, der über die Karriereperspektiven des »Nachwuchses« entscheidet. Die damit einhergehende Verarmung lässt sich zum Beispiel am Wegbrechen von Länderexpertisen ablesen. Wer sich als Journalist über die Politik und politischen Systeme anderer Staaten kundig machen will, wird sich heute eher an eine Beratungsinstitution wie die Berliner Stiftung Wissenschaft und Politik wenden als an ein politikwissenschaftliches Institut. Dass die Universitäten heute auf Transfer und Öffentlichkeitsarbeit durchaus gesteigerten Wert legen, schlägt sich in den Bewertungsmaßstäben wissenschaftlicher Qualität oder gar Exzellenz ebenso wenig nieder wie eine gute, anspruchsvolle Lehre.

INDES möchte diesem Trend entgegenwirken, indem sie einerseits – wie schon bisher – ein Forum für kommentierende und einordnende Beiträge bereithält, die anhand von Themenschwerpunkten aktuelle Debatten aufgreifen. Dies geschieht in unterschiedlichen Formaten wie Porträts, Interviews, Inspektionen, Kommentaren, Kontroversen und der klassischen Analyse. Andererseits sollen auch ausführlichere wissenschaftliche Abhandlungen in der Zeitschrift ihren Platz erhalten – innerhalb wie außerhalb des jeweiligen Schwerpunktes und nach einem standardmäßigen Begutachtungsverfahren. Angestrebt wird zugleich eine möglichst optimale Verknüpfung von Print- und Online-Format. Auf der Website sollen nicht nur die aktuelle Ausgabe präsentiert, vergangene Hefte im Archiv recherchierbar sowie Leseproben und ausgewählte Artikel zum Download bereitstehen, sondern auch kommende Schwerpunkte angekündigt und potenzielle Beiträger:innen angesprochen werden. Zudem sollen auf der Onlinepräsenz zusätzliche Beiträge außerhalb des regulären vierteljährlichen Erscheinungsrhythmus veröffentlicht werden, um auf aktuelle Ereignisse zu reagieren. Des Weiteren will INDES weiterhin nicht nur inhaltlich, sondern auch ästhetisch überzeugen: Die Texte jeder Ausgabe werden ergänzt durch eine zusammenhängende Bebilderung, die konzeptionell sowohl inhaltlich den Schwerpunkt untermalt als auch einen eigenen Beitrag bildet.

Der Bonner Neustart von INDES wäre ohne die Unterstützung und Mitwirkung vieler nicht möglich gewesen. Als erstes danke ich dem Spiritus Rector der Zeitschrift, Franz Walter. Sein Einverständnis und sein »Segen« waren für die Fortführung unabdingbar. Walters Nachfolger im Göttinger Institut Simon Franzmann möchte ich für die unkomplizierte Abwicklung des »Umzugs« nach Bonn danken. Großer Dank gebührt des Weiteren Daniel Sander vom Verlag Vandenhoeck & Ruprecht, der der Idee, die Zeitschrift unter neuer Herausgeberschaft fortzusetzen, von Beginn an wohlwollend gegenüberstand. *Last but not least* schulde ich meinen Dank dem Göttinger Team und einer Reihe von Bonner Kolleg:innen: zunächst Matthias Micus, der das Neustartprojekt maßgeblich mitgestaltet, ja mich zu dieser Idee überhaupt erst ermuntert hat, sodann Katharina Rahlf und Volker Best, die die Redaktion anführen und zusammen mit Luisa Rolfes, Tom Pflicke und Jacob Hirsch hochengagiert am jetzt vorliegenden ersten Bonner Heft gearbeitet haben, und schließlich allen Mitgliedern des Wissenschaftlichen Beirates. Dass sich in dem Kreis viele Bonner Kolleg:innen befinden, ist kein Zufall, versteht sich die Zeitschrift doch als Teil der von der Philosophischen Fakultät gewünschten und gezielt vorangetriebenen Verbundforschung. Ermöglicht wurde der Neustart durch eine vom Dekan Volker Kronenberg bereitgestellte Projektstelle. Dafür möchte ich ihm und seinem Dekanatskollegen Robert Meyer herzlich danken, genauso wie den weiteren Mittelgeber:innen inner- und außerhalb der Universität: Ulrich Schlie und Christine Krüger aus dem Kolleg:innenkreis, Astrid Kuhn von der Stiftung Wissenschaft und Demokratie und Jasmin Sandhaus von der Brost-Stiftung.

EDITORIAL

☰ Volker Best / Katharina Rahlf

»Wir sind heute in einer anderen Welt aufgewacht«, kommentierte Außenministerin Annalena Baerbock bereits wenige Stunden, nachdem der russische Präsident Vladimir Putin am 24. Februar 2022 seinen Angriffskrieg auf die Ukraine gestartet hatte. Berühmter wurde eine ähnliche Formel aus der Regierungserklärung von Bundeskanzler Olaf Scholz bei der drei Tage später anberaumten ersten sonntäglichen Sondersitzung des Bundestags überhaupt: »Wir erleben eine ›Zeitenwende‹. Und das bedeutet: Die Welt danach ist nicht mehr dieselbe wie die Welt davor.«

Doch was änderte sich tatsächlich, was blieb *indes* gleich? Und ist die Rede von der Zeitenwende in Abwägung der Wandlungen und Kontinuitäten überhaupt berechtigt? Oder droht dieser Begriff schon jetzt zu einem zwar populären, aber wenig gehaltvollen Schlagwort zu werden, das als Überraschung verpackt, was doch eigentlich hätte vorausgesehen werden können, gar müssen? Dies zu eruieren, möchte die neue Ausgabe der INDES versuchen.

In guter INDES-Tradition beginnt das Heft gewissermaßen mit einem Widerspruch: Die Scholz'sche Zeitenwende ist demnach gar kein fundamentaler Strukturbruch, die wesentlich wichtigeren Verschiebungen, die »eigentlichen Zeitenwenden« finden anderswo statt, spielen sich subtiler ab. Sodann widmen wir uns den einschneidenden Ereignissen, die 2022 unzweifelhaft – ob man sie nun als Zeitenwende tituliert oder nicht – prägen. Wie wirken sie sich auf internationaler Ebene aus, was bedeuten sie für das Verhältnis zu Russland, was implizieren sie für das Verhältnis zu den USA und zu China, wie übersetzen sie sich etwa in Nordeuropa, wie wirken sie sich auf das europäische Asylsystem aus? Was bedeuten die gegenwärtigen Entwicklungen in und für Deutschland, für unsere Außen- und Sicherheitspolitik, für unsere Energie- und Klimapolitik, für die neue Ampel-Regierung, für die Seelenlage der Bevölkerung? Wie reagiert die sogenannte Kriegsgeneration auf Szenen von Flucht und Vertreibung, welche (kollektiven) Traumata werden möglicherweise reaktiviert? Welche Heldenbilder entstehen in unseren Köpfen?

Am einschneidendsten ist die Zäsur fraglos in der Ukraine. Die Fernsehbilder zerschossener Städte, beschossener Soldaten, erschossener Zivilisten sind leider allzu bekannt. Sie schmerzen noch immer, aber sie schmerzen immer weniger – und gerade das schmerzt. *Tempora mutantur, nos et mutamur in illis* – Die Zeiten ändern sich, und wir ändern uns in ihnen. Als Quartalsschrift können wir mit den täglichen Frontverschiebungen naturgemäß nicht Schritt halten, aber vielleicht Schlaglichter auf bislang unterbeleuchtete Aspekte werfen: die Dimension des Cyberkriegs, den politischen Zustand des Landes vor dem Krieg, unter einem Präsidenten, der einen solchen zuvor im Fernsehen mimte.

Wenn es um Zeitenwenden geht, gilt es überdies auch lange Linien zu ziehen. So fragen wir danach, in welchem Verhältnis die Zeitenwende des Jahres 2022 steht zum Ende des Kalten Kriegs und zum Zusammenbruch der

Sowjetunion, die Putin nun in neuer Form wiedererstehen zu lassen entschieden scheint. Wir fragen, welche der aktuellen Entwicklungen schon in den Jahren 1989–1992 ihren Anfang nahmen und inwiefern sich die gegenwärtige Zeitenwende von der damaligen Wendezeit unterscheidet. Wir fragen danach, in welches Licht nun nachträglich die Ära Merkel getaucht wird, in der die Wehrpflicht ausgesetzt und die Abhängigkeit von russischem Gas vergrößert wurde. Wir fragen danach, inwiefern Willy Brandts neue Ostpolitik den Blick der deutschen Sozialdemokratie auf Russland verklärt hat. Und wir lassen die parlamentarische Wende Revue passieren, die diese neue Ostpolitik erst ermöglichte – das (gescheiterte) konstruktive Misstrauensvotum gegen Willy Brandt 1972, ebenso wie das erfolgreiche Misstrauensvotum gegen Helmut Schmidt zehn Jahre später, die sogenannte Bonner Wende. Wir blicken gar zurück ins 14. Jahrhundert, als Dante die *Göttliche Komödie* schrieb und in diesem Monumentalwerk persönliches Leid und Schicksal der Menschheit verknüpfte, gewissermaßen eine Zeitenwende literarisch verarbeitete.

Monumentale Umbrüche drohen immer auch, alle anderen, kleineren, aber keineswegs unbedeutenden politischen und gesellschaftlichen Marksteine gewissermaßen zu verschütten. Und natürlich gibt es nicht nur die *eine* Zeitenwende – auch wenn sie gerade in aller Munde ist. Einige solcher übersehenen Zeitenwenden versuchen wir in diesem Heft wieder freizulegen, und betrachten somit auch aktuelle Veränderungen im französischen Parteiensystem, die Lage im Post-Johnson-Großbritannien und den Zustand der deutschen Linkspartei.

Ob 2022 nun als das »Jahr der Zeitenwende« in die Geschichte eingehen wird, dass wagen wir nicht zu prophezeien. Für INDES allerdings trifft es in gewisser Hinsicht zu: Mit dem vorliegenden Doppelheft beginnt zumindest für uns eine neue Ära, mit neu-alter Redaktion, an neuem Erscheinungsort, unter neuem Herausgeber. Wir freuen uns, dass INDES fortbesteht, und hoffen, unseren Leser:innen geht es ebenso.

INHALT

1 **Prolog**
Ξ Frank Decker

3 **Editorial**
Ξ Volker Best / Katharina Rahlf

>> ANALYSE 9 **Welche Zeitenwende?**
Zur Kontinuität einer vermeintlich neuen Realität
Ξ Ralph Rotte

17 **Auf der Suche nach einer neuen Weltordnung**
Konfrontation, Konkurrenz, Kooperation
Ξ Sigmar Gabriel

32 **Eine historische Ausnahme**
Die *Wendezeit* 1989–1992 im Rückblick
Ξ Kristina Spohr

45 **Nordische Wendemanöver**
Sicherheitspolitische Paradigmenwechsel zwischen Kopenhagen und Helsinki
Ξ Tobias Etzold

53 **Cyberwar**
Die digitale Arena des Ukrainekriegs
Ξ Philipp von Wussow

61 **Überraschend abwehrbereit**
Die politische Dimension des ukrainischen Widerstandskampfes
Ξ André Härtel

>> WIEDERGESEHEN 70 **»Diener des Volkes«**
Eine TV-Serie zwischen satirischer Fiktion und politischer Realität
Ξ Matthias Schwartz

>> ANALYSE 76 **Im Alltag geboren**
Heldenbilder postheroischer Gesellschaften in Zeiten des Krieges
Ξ Anna Kavvadias

>> WIEDERGELESEN 80 **Dantes Apokalypse**
Die *Göttliche Komödie* als literarische Bewältigung einer Zeitenwende
Ξ Franziska Meier

>> ANALYSE 90 **Asylpolitische Wende in Europa?**
Wie der Umgang der EU mit ukrainischen Flüchtlingen eine neue Aufnahmepolitik inspirieren könnte
Ξ Bernd Kasparek

>> INTERVIEW 97 **»Wir trauen uns keine neuen Ängste zu«**
Interview mit Stephan Grünewald über die psychische Lage der Nation im Angesicht von Pandemie und Krieg

>> ANALYSE 110 **Krisenfest im Alter?**
Die Kriegsgeneration zwischen Resilienz und Trauma
≡ Karl Haller

118 **Die deutsche Demokratie im neuen Krisenzeitalter (I)**
Von der Stabilität zur Unsicherheit
≡ Frank Decker

127 **Implosion einer Krisenkanzlerin?**
Vom Ausfall des politischen Normalbetriebs
≡ Ursula Weidenfeld

136 **Zeitenwende und Ostpolitik**
So viel Idealismus wie möglich, so viel Realpolitik wie nötig
≡ Nikolas Dörr

>> KOMMENTAR 147 **Zeitenwende: Weckruf für Deutschland?**
There is no such thing as a free lunch
≡ Stefan Bayer

>> ANALYSE 152 ***Performing* Zeitenwende**
Politikerreden und Publikumsresonanz
≡ Thomas Niehr

159 **Fällt der Aufbruch dem Umbruch zum Opfer?**
Vom Fortschleppen einer »Fortschrittskoalition«
≡ Volker Best

167 **Parlamentarische Zeitenwenden**
Konstruktive Misstrauensvoten in der Bundesrepublik
≡ Mahir Tokatlı

176 **Wende zum Ende?**
Die LINKE in der Krise
≡ Julia Reuschenbach

184 **Frankreichs neue Parteienlandschaft**
Starke Ränder, geschwächtes Zentrum
≡ Simon Braun

>> KOMMENTAR 192 **»Hasta la vista, Baby!«**
Großbritannien nach Boris Johnson
≡ Christine Heuer

PERSPEKTIVEN

>> BRIEFWECHSEL 201 **»Verzeihen Sie meinen Furor«**
Briefwechsel zweier »streitbarer Demokraten« fünfzig Jahre
nach dem Radikalenerlass
≡ Eckhard Jesse / Claus Leggewie

>> PORTRÄT 218 **Ich feier' keinen Gottesdienst mehr!**
Der Pfarrer und die Revolution
≡ Carsten Linden

SCHWERPUNKT:
ZEITENWENDE

ANALYSE

WELCHE ZEITENWENDE?
ZUR KONTINUITÄT EINER VERMEINTLICH NEUEN REALITÄT

Ξ Ralph Rotte

»Zum dritten Mal seit dem Ende der 1980er Jahre steht die Welt vor einer Zeitenwende: Gab es mit dem Fall der Berliner Mauer für ein Jahrzehnt lang Hoffnung auf eine liberal geprägte Weltfriedensordnung, so brachte der 11. September 2001 die Ernüchterung. Gegenüber terroristischen Attentaten dschihadistischer Gruppen war sogar die zu dieser Zeit unbestrittene Weltmacht USA verwundbar. Der tektonische Wandel im Zuge des russischen Angriffskriegs macht klar: Die Rivalität zwischen den Großmächten USA, Russland und China der 2010er Jahre ist in eine unmittelbare Konfrontation übergegangen.«[1]

Die solcherart im diesjährigen Friedensgutachten der großen deutschen Friedensforschungsinstitute zu findende Verwendung des seit Scholz' Bundestagsrede vielzitierten Begriffs der »Zeitenwende« vermittelt zwei zentrale Interpretationen der russischen Aggression gegen die Ukraine seit dem 24. Februar 2022: Offenbar gibt es seitdem *erstens* eine fundamental neue und völlig überraschend aufgetretene weltpolitische Lage, das heißt, die Strukturen der internationalen Ordnung insgesamt haben sich mit einem Schlag radikal verändert. *Zweitens* folgt aus dieser grundlegenden Herausforderung eine ebenso grundsätzliche Veränderung der Wahrnehmung der sicherheits- und verteidigungspolitischen Umwelt und damit des nationalen und internationalen (vor allem europäischen oder westlichen) Handelns gegenüber Russland, aber auch gegenüber anderen autoritären und offensiven Akteuren, wie etwa der Volksrepublik China.

DIE REALITÄT DES RUSSISCHEN REVISIONISMUS ...

Betrachten wir den ersten Aspekt: Kam der militärische Angriff auf die Ukraine tatsächlich so überraschend? Gehen wir von der tatsächlichen

[1] Claudia Baumgart-Ochsner u. a., Stellungnahme. Friedensfähig in Kriegszeiten, in: BICC u. a. (Hg.), Friedensgutachten 2022, Bielefeld 2022, S. 5–13, hier S. 5.

Entwicklung der russischen Politik seit dem Amtsantritt Vladimir Putins als Präsident 1999/2000 aus, so sprechen die Zeichen zunehmender Aggressivität gegenüber der vermeintlichen Bedrohung durch den Westen, insbesondere die USA und die NATO, bekanntlich eine ganz andere Sprache. Man erinnere sich: Schon ab 1999 stellte Putin im Zweiten Tschetschenienkrieg (bis 2009) seine grundsätzliche Bereitschaft, militärische Gewalt, auch exzessiver Art, zur Erreichung seiner Ziele einzusetzen, zum ersten Mal unter Beweis. 2007 hielt er seine gegen die NATO gerichtete Brandrede auf der Münchner Sicherheitskonferenz. 2008 folgte die Intervention in Georgien, 2014 auf der Krim und im Donbass. 2015 wurden russische Truppen nach Syrien entsandt und sorgten durch ihre brutale Kriegsführung für die Rettung des Assad-Regimes; seit 2017/18 werden – offenbar mit dem Placet der russischen Führung – vermehrt russische Söldner, insbesondere der *Wagner Group*, im Ausland aktiv, etwa in Libyen, in der Zentralafrikanischen Republik, im Sudan oder in Mali. 2022 erfolgte dann (offiziell auf Bitte des kasachischen Präsidenten hin) die Intervention in Kasachstan im Rahmen der Organisation des Vertrags über kollektive Sicherheit. Hinzu kommen die diversen Attentate auf Oppositionelle, auch im Ausland, sowie die Remilitarisierung der russischen Gesellschaft durch die Wiedereinführung der Wehrerziehung an Schulen (2006) und die Gründung der paramilitärischen »Jungen Armee« *(Junarmija)* für Acht- bis Achtzehnjährige (2016), verbunden mit einer demonstrativen Forcierung der Modernisierung der russischen Streitkräfte seit 2008 und häufigen Verweisen auf die russischen nuklearen Fähigkeiten.[2] Verknüpft wird das Ganze mit einer Geschichtspolitik, die nicht zuletzt die machtpolitischen Ansprüche und militärischen Erfolge der russischen Vergangenheit, insbesondere im Großen Vaterländischen Krieg, glorifiziert.[3] Diese Aufzählung macht deutlich, dass Vorbereitung und Einsatz militärischer Gewalt seit Jahrzehnten zum Standardrepertoire russischer Politik unter Putin gehören und keineswegs etwas Neues sind.[4]

Ergänzend ist darauf hinzuweisen, dass es seit 1990 tatsächlich nur maximal sechs Jahre am Stück keinen Krieg in Europa gab, und zwar zwischen dem Georgien-Krieg 2008 und der russischen Intervention auf der Krim und im Donbass 2014. Sieht man von innerstaatlichen Kriegen wie in Tschetschenien ab und berücksichtigt nur zwischenstaatliche Gewaltkonflikte und internationalisierte Bürgerkriege (wie etwa diejenigen infolge des Staatszerfalls Jugoslawiens), so erhöht sich diese Periode auf die neun Jahre zwischen dem Kosovo-Krieg 1999 und dem Georgien-Krieg. Offensichtlich war die europäische Geschichte nach 1990 *faktisch* keineswegs die einer neuen dauerhaften Friedensordnung:

2 Vgl. James Hackett, Die Modernisierung der russischen Streitkräfte, in: SIRIUS – Zeitschrift für Strategische Analysen, H. 2/2021, S. 125–139.

3 Vgl. Rainer Lindner, Putins Geschichtspolitik. Die Inszenierung der Vergangenheit in Russland, in: Internationale Politik, H. 4/2006, S. 112–118.

4 Vgl. Jörg Himmelreich, Großreich Putin, in: Internationale Politik, H. 5/2008, S. 83–85; William Horsley, Russia's revisionism. Democracy and human rights, in: The World Today, H. 2/2009, S. 18–21; Andreas Heinemann-Grüder, Politik als Krieg. Die Radikalisierung des Putinismus, in: Osteuropa, H. 9–10/2014, S. 79–95.

»Der Krieg in Europa ist [...] kein singuläres Ereignis, das die alte Ordnung plötzlich und unerwartet umstößt. Er wirkt eher wie ein Brandbeschleuniger für eine Neuordnung Europas und der Welt, die sich schon lange angekündigt hat.«[5]

... UND SEINE WAHRNEHMUNG

Anders sieht es aus, wenn man die Ebene der *Perzeption* der russischen Außenpolitik und der europäischen Ordnung nach dem Kalten Krieg betrachtet, das heißt deren Interpretation durch Öffentlichkeit, politische Akteure und auch große Teile der Wissenschaft. In den internationalen *Security Studies* gibt es den Ansatz der »Securitization«, wie er von der sogenannten Kopenhagener Schule entwickelt wurde. Danach sind sicherheitspolitische Herausforderungen keine objektiven Tatsachen, wie dies etwa der Neorealismus unterstellt, sondern das Ergebnis von Diskursen zwischen Eliten und Öffentlichkeit, also sozial-kommunikativ konstruierte Phänomene, die erst durch mehr oder weniger konsensuale Perzeption als solche handlungsrelevant werden.[6] Diese theoretische Perspektive scheint einen guten Erklärungsansatz für die faktische Ausblendung der angeführten Hinweise auf einen zunehmend aggressiven und gewaltbereiten Revisionismus Russlands in Westeuropa und vor allem in Deutschland zu bieten. Denn ganz offensichtlich nahmen bis Februar dieses Jahres viele an, dass die Aggressivität der russischen Politik bei der Bewahrung der russischen Dominanz in der Gemeinschaft Unabhängiger Staaten (GUS) und der Wiederherstellung russischer Weltgeltung den eigentlichen alten Kontinent nicht betreffen würde und lediglich außereuropäische Gebiete oder allenfalls die europäische Peripherie wie Georgien berühre. Man denke an das oft zu hörende Diktum, der Krieg sei nach Europa zurückgekehrt, was einerseits falsch ist, weil er offensichtlich nie wirklich verschwunden war (siehe oben), und andererseits einen deutlichen Anflug eurozentrischer Überheblichkeit verrät (offenbar ist Krieg in anderen, wohl weniger »zivilisierten« Weltteilen ganz normal).

Neben der Hoffnung auf eine Verstetigung der Errungenschaften von 1990 mit der Überwindung der Blockkonfrontation und eine dauerhafte Realisierung einer »Friedensdividende« aufgrund wachsender ökonomischer Interdependenz mit Russland im Sinne des »Liberalen Friedens« spielt im westeuropäischen Kontext wohl auch eine gewisse Arroganz gegenüber den neuen osteuropäischen Mitgliedern von NATO und EU wie Polen und den baltischen Staaten mit, deren wiederholte Warnungen vor einem revisionistischen Russland geflissentlich ignoriert wurden. Gerade im deutschen Fall gab es offenbar auch die Überzeugung, Sonderbeziehungen zu Russland

---

[5] Ursula Schröder, Hic sunt dracones. Wege zu einer neuen Friedens- und Sicherheitsordnung für Europa, in: Forschung und Lehre, H. 6/2022, S. 452–453, hier S. 452.

[6] Vgl. Michael C. Williams, Words, Images, Enemies. Securitization and International Politics, in: International Studies Quarterly, H. 4/2003, S. 511–531.

zu haben, sei es wegen der eigenen wirtschaftlichen Bedeutung, sei es aufgrund einer besonderen historischen Verbundenheit. Dabei wurde Letztere wohl aus verschiedenen Quellen gespeist: von einer links wie rechts verorteten Skepsis gegenüber dem Westen und insbesondere den USA über das Vermächtnis des »Unternehmens Barbarossa« bis hin zur Anfang des 20. Jahrhunderts verbreiteten Vorstellung, Deutschland bilde »zwischen der westeuropäischen und der osteuropäischen Kultur einen eigenen, dritten Kulturraum«[7] – welche stark an russische Diskurse von den »Slawophilen« des 19. Jahrhunderts bis zu den »Eurasiern« von heute erinnert.[8] Nicht zu Unrecht titelte die *Neue Zürcher Zeitung* am 2. Juli 2022 fast ironisch: »Deutschland entdeckt den Westen«.

DIE ROLLE DER WISSENSCHAFT

Dass die Zeitenwende auch im (sozial-)wissenschaftlichen Kontext für die meisten so überraschend kam, hat möglicherweise auch damit zu tun, dass in der deutschen Universitäts- und Forschungslandschaft der Bereich klassischer Sicherheits- und Verteidigungspolitik im Rahmen der Disziplin der Internationalen Beziehungen (IB) nach 1990 weitgehend zugunsten der Friedensforschung verschwunden ist. Bereits seit den 1970er Jahren

»hat die Friedensforschung einen starken Einfluss auf die IB, insbesondere in Deutschland, Skandinavien und einigen Ländern des globalen Südens, mit deutlichen Abstrichen auch in Großbritannien und den USA, gehabt. Beiträge und Personen aus der Friedensforschung waren zentral für die Erneuerung der IB seit den 1970er Jahren, sie hat den Paradigmenwechsel in den IB von Spielarten des Realismus zu Ausformungen des Idealismus nachhaltig befördert.«[9]

Gerade im deutschen Kontext haben sich die Internationalen Beziehungen immer weiter vom Modell eines anarchischen internationalen Systems entfernt und einer »Vorstellung einer globalen Ordnung, die in normative Strukturen eingebettet ist«[10], angenähert. Die dabei bestehenden deutlichen Unterschiede zur US-amerikanischen oder britischen Perspektive Internationaler Beziehungen werden unter anderem an der weiterhin zentralen Rolle von Feldern wie *Strategic Studies, War Studies, Military History* oder *Defence Studies* an angelsächsischen Universitäten deutlich – Ausrichtungen, die in Deutschland mit wenigen Ausnahmen nicht zu finden sind. Hierzulande ist die wissenschaftliche Befassung mit Krieg und Militär nicht zuletzt aufgrund der deutschen Geschichte weitgehend verpönt, ebenso wie die damit verbundenen, vor allem machtpolitisch orientierten Theorierichtungen der

---

7 Ralph Rotte, Vom »Zwiespalt der Kulturen« zum »Clash of Civilizations«. Das exemplarische Scheitern des Liberalen Friedens 1914 und seine Lehren für die internationale Politik der Gegenwart, Neuried bei München 2001, S. 366 f.

8 Vgl. Igor V. Podberezsky, Between Europe and Asia: the search for Russia's civilizational identity, in: Gennady Chufrin (Hg.), Russia and Asia. The Emerging Security Agenda, Oxford 1999, S. 33–51.

9 Michael Brzoska, Friedensforschung und Internationale Beziehungen – Lob der Verschiedenheit, in: Zeitschrift für Internationale Beziehungen, H. 1/2012, S. 127–141, hier S. 130.

10 Nicole Deitelhoff & Michael Zürn, Lehrbuch der Internationalen Beziehungen. Per Anhalter durch die IB-Galaxis, München 2016, S. 9.

(neo-)realistischen Tradition der IB: »Ein Krieg in Europa galt als dystopische Phantasie von Ewiggestrigen.«[11]

Dass infolge einer weitgehenden Ausblendung von Krieg als Thema der Sozialwissenschaften[12] das tatsächliche Auftreten militärischer Gewalt großen Stils überraschend erscheint, nimmt wenig wunder. Schlaglichtartig sei im Gegensatz dazu etwa auf den US-amerikanischen Neorealisten John Mearsheimer verwiesen, der bereits 1993 die Ukraine hellsichtig davor warnte, ihre von der untergegangenen UdSSR übernommenen Nuklearwaffen aufzugeben, und hierzu unter anderem anführte:

»[M]any Russians would change the present border with Ukraine, and some even reject the idea of an independent Ukraine. Senior Russian officials […] have recently been describing Ukraine's independence as a ›transitional‹ phenomenon […].«[13]

DIE AMBIVALENTE REAKTION AUF DEN »UKRAINE-SCHOCK«

Wenden wir uns dem zweiten Aspekt der »Zeitenwende« zu, dem fundamentalen Kurswechsel der (westlichen) Außen- und Sicherheitspolitik als Reaktion auf die russische Aggression, so ergeben sich mit Fortdauer des Krieges ebenfalls zunehmend Fragezeichen hinsichtlich der angeblich so grundlegenden Umwälzung des Februar 2022. Mittlerweile ist ersichtlich, dass der Westen keineswegs so einig ist, wie dies in den ersten Tagen des Krieges erschien. Erinnert sei an die wirtschafts- und energiepolitischen Sonderinteressen von Staaten wie Ungarn, Tschechien oder der Slowakei beim Ölembargo der EU oder an den Verzicht auf Einfuhrverbote für Erdgas und verschiedene, für die Industrie wichtige Metalle, welcher nicht zuletzt auf deutsche Importabhängigkeiten zurückzuführen ist. Auch hinsichtlich der Waffenlieferungen an die Ukraine offenbaren sich deutliche Unterschiede zwischen den osteuropäischen Ländern (Polen, baltische Staaten), den USA und Großbritannien auf der einen, und etwa Deutschland, Frankreich und Italien auf der anderen Seite. Trotz aller rhetorischer Härte gibt es bei Letzteren noch immer die Hoffnung auf eine diplomatische Lösung des Konfliktes, wohl nach dem Muster der (gescheiterten) Minsker Abkommen. Das weiterbestehende Ziel eines irgendwie gearteten Arrangements mit Russland, etwa als eines zukünftigen Partners gegenüber China, ist dabei seit Jahrzehnten eine Konstante insbesondere der französischen Außenpolitik,[14] welche sich auch in der aktuellen Lage nicht völlig geändert zu haben scheint. Zusammen mit weiterbestehenden Eskalationsängsten und einer bereits spürbaren

11 Georg Häsler, Stell dir vor, es ist Krieg, in: Neue Zürcher Zeitung, 21.06.2022, tiny.one/indes221a1.

12 Vgl. Ralph Rotte, Das Phänomen Krieg. Eine sozialwissenschaftliche Bestandsaufnahme, Wiesbaden 2019, S. 69–73.

13 John Mearsheimer, The Case for a Ukrainian Nuclear Deterrent, in: Foreign Affairs, H. 3/1993, S. 50–66, hier S. 55.

14 Vgl. Raoul Castex, Moscou, rempart de l'occident?, in: Revue de défense nationale, H. 11/1955, S. 129–143.

Ermüdung der Öffentlichkeit angesichts des andauernden Abnutzungskrieges und der Inflationswirkungen der Sanktionen erscheint die längerfristige Entschlossenheit des Westens, Russland in seine Schranken zu weisen, keineswegs gesichert.

Selbst die Zeitenwende in Form des Hundert Milliarden-Euro-Sondervermögens für die Bundeswehr erweist sich bei näherem Hinsehen als weniger beeindruckend als ursprünglich gedacht. Nicht nur war die dafür erforderliche Grundgesetzänderung von parteipolitischem Kleinklein geprägt; die tatsächliche Investitionswirkung fällt auch geringer aus, als das Paket vermuten lässt: So beläuft sich bekanntlich allein der Ausgabenbedarf für die Auffüllung der Munitionsdepots der Bundeswehr auf zwanzig Milliarden Euro. Entgegen der vollmundigen Ankündigung des Bundeskanzlers, Deutschland werde ab sofort jährlich zwei Prozent seiner Wirtschaftsleistung für Verteidigung ausgeben, sieht die mittelfristige Finanzplanung der Bundesregierung zudem vor, den Verteidigungsetat in den nächsten Jahren bei gut fünfzig Milliarden Euro zu belassen, was gegenwärtig rund 1,4 Prozent des BIP entspricht. Dass das Zwei-Prozent-Ziel im Durchschnitt der nächsten Jahre erreicht werden dürfte, liegt an den Zusatzmitteln des Bundeswehr-Sondervermögens, welches aber keineswegs verstetigt ist. Einer nachhaltigen Finanzierung der Streitkräfte auf deutlich höherem Niveau als bisher entspricht das wohl nicht. Dies nährt den Verdacht, dass die verteidigungspolitische »Zeitenwende« nur ein Strohfeuer sein könnte, zumal ein massiver Ausbau der Produktionskapazitäten der Rüstungsindustrie angesichts von Personalmangel und bislang fehlender Planungssicherheit ebenfalls nicht gesichert erscheint – und ohnehin technisch gar nicht kurzfristig möglich ist.

Auch hier ist hinsichtlich der notwendigen Selbstkritik der Sozialwissenschaften ein Aspekt zu unterstreichen: Nicht zuletzt die deutsche wissenschaftliche Community war hinsichtlich der Handlungsoptionen als Reaktion auf die russische Aggression in großen Teilen unvorbereitet. Dies mag wiederum damit zusammenhängen, dass die sicherheitspolitische und strategische Forschung in Deutschland gegenwärtig unterentwickelt ist und entsprechend Arbeiten zu Bedrohungen und verteidigungspolitischen Worst-Case-Szenarien rar sind:

»Die zentrale Unterscheidung zu den Strategischen Studien und den Sicherheitsstudien ist das Erkenntnisinteresse der kurz- und langfristigen Minderung von Gewaltanwendung in der Friedensforschung gegenüber dem Ziel der Verbesserung der Position der ›eigenen Seite‹ gegenüber Bedrohungen und Risiken [...]. Friedensforschung und Strategische Studien mögen sich analytisch mit denselben

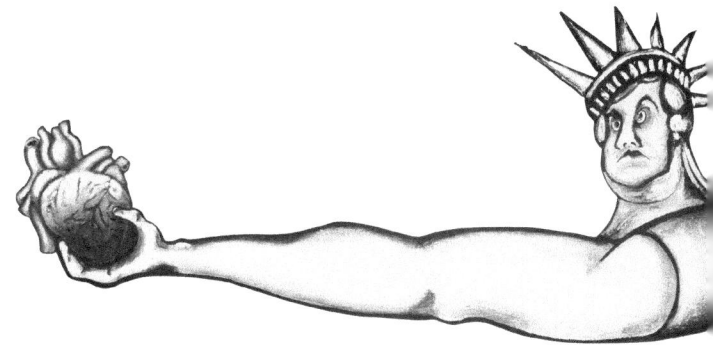

Gegenständen befassen, etwa den Konsequenzen aus der Vermutung, dass der Klimawandel in Zukunft Sicherheitsprobleme schaffen könnte, unterscheiden sich aber grundsätzlich in Bezug auf die politischen Schlussfolgerungen.«[15]

Der Mangel an Beratungswissen aus den Strategischen Studien führt möglicherweise dazu, dass die Verteidigungspolitik der »Zeitenwende« wie oben erwähnt durchaus improvisiert und nicht immer völlig durchdacht erscheint, etwa im Hinblick auf das längerfristige Verhältnis zu Russland.

DIE EIGENTLICHE »ZEITENWENDE«

Die in der öffentlichen Diskussion primär thematisierten Aspekte der »Zeitenwende« scheinen daher nur in beschränktem Ausmaß Elemente eines tatsächlichen politisch-gesellschaftlichen Strukturbruchs zu sein. *Indes* sind es zwei andere, nur allmählich in das Bewusstsein vieler Beobachter tretende und vor allem nicht intendierte bzw. nur begrenzt von nationaler Politik steuerbare Punkte, welche längerfristig tatsächlich fundamentale Veränderungen nach sich ziehen könnten. Sie haben mit der Einordnung der Konsequenzen des Ukrainekrieges in die größere, globale Konstellation zu tun, und der laufende Konflikt hat für sie eine, wenn nicht ursächliche, so doch katalytische Bedeutung. *Zum einen* ist da die Frage der bereits im Eingangszitat angesprochenen zunehmenden Blockbildung zwischen den autoritären Regimes wie Russland und China auf der einen und den westlichen Demokratien auf der anderen Seite. Diese vollzieht sich in den westeuropäischen Staaten und insbesondere in Deutschland deutlich langsamer und unwilliger als etwa in den Vereinigten Staaten, was nicht nur an der dominanten idealistisch-normativen Sicht auf die internationale Politik liegt, sondern auch an den Folgen für das etablierte, stark exportorientierte Wirtschaftsmodell der Bundesrepublik und damit für den Wohlstand der Deutschen. Im Unterschied zur Bundesrepublik stehen das *Decoupling* von China und der Zwang zur Verkürzung und Diversifizierung strategisch wichtiger Lieferketten schon spätestens seit der Amtszeit Präsident Trumps auf der US-amerikanischen (wie im Übrigen auch auf der chinesischen) Agenda. Die deutsche Wirtschaft und Politik nehmen die

[15] Michael Brzoska, Friedensforschung und Internationale Beziehungen, in: Zeitschrift für Internationale Beziehungen, H. 1/2012, S. 127–141, hier S. 133.

diesbezüglichen Herausforderungen mit deutlicher Verspätung wahr, nämlich – nach Ansätzen durch die Corona-Pandemie – vor allem infolge der Ukrainekrise und des wachsenden Misstrauens auch gegenüber den Ambitionen der Volksrepublik. Mittlerweile reichen die sicherheitspolitisch geprägten Tendenzen der De-Globalisierung bis hin zur Vorstellung einer »democratic trade partnership«[16], welche Wirtschaftsbeziehungen mit Verbündeten und demokratischen Systemen präferiert – eine Konstellation, auf die etwa die großen deutschen Konzerne weitestgehend unvorbereitet erscheinen.[17]

Zum anderen ist da die sich verschärfende Klimakrise: Die Sicherung der kurzfristigen Energieversorgung zusammen mit der wachsenden Nahrungsmittelkrise vor allem im Globalen Süden führt offenbar dazu, dass klimapolitische Nachhaltigkeitsziele gegenwärtig von der Prioritätenliste der praktischen Politik verdrängt werden.[18] Angesichts der zunehmenden Eigendynamik des Klimawandels und der raschen Annäherung an Kipppunkte der Erderwärmung deutet einiges darauf hin, dass die beabsichtigte Begrenzung des globalen Temperaturanstiegs auf 1,5 oder 2,0 Grad mittlerweile höchst unwahrscheinlich ist – mit all den prognostizierten Konsequenzen.[19] In diesem Sinne kennzeichnet die »Zeitenwende« nicht nur die Manifestation des selbstverschuldeten Scheiterns einer allzu optimistischen Außen-, Sicherheits- und Wirtschaftspolitik nebst ihrer wissenschaftlichen Wahrnehmung und privatunternehmerischen Prägung sowie das nun (teilweise noch immer halbherzig) erfolgende Umsteuern einer schockartig mit der Realität konfrontierten Gesellschaft. Vielmehr ist sie der Übergang in eine zunehmend antagonistische, agonale internationale Ordnung und langfristig gefährliche Zukunft, die weit über die aktuelle Konfliktkonstellation und die Frage des Umgangs mit Russland hinausweist – an die wir uns aber gewöhnen müssen.

16 Ash Jain & Matthew Kroenig, A Democratic Trade Partnership. Ally Shoring to Counter Coercion and Secure Supply Chains, Washington DC (Atlantic Council) 2022.

17 Vgl. Rolf J. Langhammer, Reluctant US vs Ambitious German Direct Investment in China – The Tale of Two Strategies, Kiel Institute for the World Economy Policy Brief 162/2022.

18 Vgl. Jürgen Scheffran, Klimaschutz für den Frieden. Der Ukraine-Krieg und die planetaren Grenzen, in: Blätter für deutsche und internationale Politik, H. 4/2022, S. 113–120.

19 Vgl. IPCC, Klimawandel 2021 – Naturwissenschaftliche Grundlagen. Zusammenfassung für die politische Entscheidungsfindung. Beitrag von Arbeitsgruppe I zum Sechsten Sachstandsbericht des Zwischenstaatlichen Ausschusses für Klimaänderungen, Bonn 2022.

© Martin Lux

Prof. Dr. Ralph Rotte, geb. 1968, ist Professor für Internationale Beziehungen am Institut für Politische Wissenschaft der RWTH Aachen University. Seine Forschungsschwerpunkte liegen in den Bereichen Internationale Konfliktforschung, Strategische Studien und Internationale Politische Ökonomie. Er ist außerdem Research Fellow des Institute of Labor Economics (IZA), Bonn, und Fellow des Forschungsnetzwerks Global Labor Organization (GLO).

AUF DER SUCHE NACH EINER NEUEN WELTORDNUNG
KONFRONTATION, KONKURRENZ, KOOPERATION

Sigmar Gabriel

Der Krieg Russlands gegen die Ukraine hat nicht nur Folgen für die Europäische Union und die Sicherheits- und Verteidigungspolitik unseres Landes. Vielmehr ist dieser Krieg der sichtbarste und auch der bislang tragischste Beleg dafür, dass sich die Welt in einem dramatischen Wandel befindet: Die alte Weltordnung, die von den demokratischen Industriestaaten geprägte »Wilsonian Era«, verliert ihre prägende Kraft, und mit ihr endet auch die Dominanz Europas in der Welt. Immerhin gut 600 Jahre lange war unser Kontinent – im Guten wie im Schlechten – Ursprungsort weltweiter Entwicklungen. Europa war Ausgangspunkt der Entdeckung Amerikas wie auch der Sklaverei und des Kolonialismus, und die Philosophie der Aufklärung hat hier ihren Ursprung ebenso wie zwei Weltkriege, Völkermord und der Holocaust. Nicht mehr der Atlantik – und die enge Verbindung Europas mit dem amerikanischen Kontinent – bildet das Gravitationszentrum der Welt, sondern mehr und mehr der Indo-Pazifik.

Länder wie China, Indien oder die Staaten Afrikas waren an der Entstehung der alten Weltordnung in der Folge zweier Weltkriege in Europa nicht beteiligt. Die europäischen Mächte und die USA nannten diese Regionen »Dritte Welt« und blickten bestenfalls mit einem paternalistischen Blick auf sie herab. Längst erheben diese Länder den Anspruch, weit mehr zu sein als ein günstiger Marktplatz für die ökonomischen Interessen ihrer früheren Kolonialherren. Und das zu Recht, denn allein die Nationen des Indo-Pazifik repräsentieren rund sechzig Prozent der Weltbevölkerung und sechzig Prozent des Weltsozialprodukts; und rund zwei Drittel des globalen wirtschaftlichen Wachstums sind dieser Region zuzurechnen. Und auch in Afrika, wo insbesondere die ehemaligen europäischen Kolonialmächte großen Anteil an der gescheiterten Dekolonisation hatten, zeigen sich seit der Bildung der Freihandelszone erste Ansätze eines geopolitischen Selbstbewusstseins.

TEKTONISCHE VERSCHIEBUNG GLOBALER MACHTACHSEN

Wir sind also Zeitzeugen einer tektonischen Verschiebung der Machtachsen unserer Welt – der wirtschaftlichen und der politischen, aber auch der Gesellschaftsmodelle. Insbesondere für Westeuropa geht ein bequemes Zeitalter zu Ende. Nicht zuletzt wegen der Erfahrungen in der ersten Hälfte des letzten Jahrhunderts wurden die USA nach 1945 zu einer europäischen Macht. Die *Pax Americana* löste die *Pax Britannica* ab. Deutschland und – mit Ausnahme Frankreichs sowie des Vereinigten Königreichs – der Rest Europas entwickelten sich zur *soft power*, die von der integrativen Wirkung wirtschaftlicher Verbindungen überzeugt war. Was aber, wenn die integrative Strategie Europas plötzlich auf eine genau entgegengesetzte, konfrontative Strategie trifft, die bereit ist, erhebliche wirtschaftliche Nachteile in Kauf zu nehmen, um schlicht an geopolitischer Macht zu gewinnen, wie es derzeit auf Russland zutrifft? Bislang konnte sich Europa in diesem Fall auf die Führungsnation USA verlassen, die mit US-Präsident Joe Biden noch einmal bereit ist, sich im transatlantischen Interesse auf dem europäischen Kontinent in einem Konflikt mit einer fremden Macht zu engagieren.

Das ist auf mittlere Sicht keineswegs selbstverständlich, denn es waren die Vereinigten Staaten von Amerika, die die globale Achsenverschiebung früh erkannten und proklamierten. George W. Bush sprach als erster US-Präsident von seinem Land als »Pacific nation«; Barack Obama prägte den Ausdruck vom »pivot to Asia«. Der Perspektivenwechsel veränderter Achsen politischer und ökonomischer Kraftzuschreibung hat seine Verankerung in einer zweiten Verwestlichung der USA, die sich gesellschaftlich in der anhaltenden Verschiebung des Bevölkerungsmittelpunkts zum Pazifik manifestiert. So betrachten die USA das aufstrebende China seit Jahren als zentralen Konkurrenten um globalen Einfluss und ökonomische Kraft. Die Vereinigten Staaten selbst sehen sich nicht mehr in der Lage, beides zu sein: führende Wirtschaftsnation *und* globale *indispensible nation*. Der Rückzug aus dem Nahen Osten, aus Afghanistan und – wäre es nicht zum Ukrainekrieg gekommen – auch aus Europa sollte die Voraussetzungen schaffen, um sich auf den Wettbewerb mit China zu konzentrieren. Zugleich symbolisierte er das Ende der *Pax Americana*, die spätestens nach dem Zusammenbruch der Sowjetunion unbestritten die globale Ordnung dominiert hatte. Das dürfte die eigentliche »Zeitenwende« markieren, in der wir uns befinden.

Aber wie soll eine neue globale Ordnung aussehen? Welchen Prinzipien soll sie folgen und wer sie durchsetzen? Der amerikanische Publizist Ian Bremmer beschrieb den gegenwärtigen Zustand der Welt bereits 2012 als »G-Zero World«, als eine Welt ohne Ordnung, eine Welt ohne Hegemon, und damit eine Welt mit allenfalls labilen, weil multiplen Gleichgewichten.

Wir erleben eine wachsende Parallelität von globalen Krisen – Pandemie, Klimawandel, Krieg, Proliferation, Hunger, globale Machtauseinandersetzungen und nicht zuletzt Legitimationskrisen in den Demokratien –, die eigentlich gemeinsame, internationale Antworten erfordern würden, aber auf eine zunehmende Fragmentierung der Welt stoßen, bei der Nationen und Regionen sich gegeneinander abgrenzen, um in dem globalen Ringen um die Weltordnung des 21. Jahrhunderts eine möglichst gute (nationale) Ausgangsposition einnehmen zu können. Die Gleichzeitigkeit der Krisen hat gravierende Folgen für die Erwartungshaltung: Das Ende *einer* Krise – beispielsweise das Ende des Krieges in der Ukraine – bedeutet nicht das Ende der *anderen* Krisen. Oder um es konkret zu machen: Energie und Benzin bleiben teuer.

ZEITENWENDE: GEOPOLITIK SCHLÄGT GEOÖKONOMIE

Die kommende Dekade wird geprägt sein vom Ringen um Einfluss auf eine neue globale Ordnung. Und anders als von uns Deutschen und der Mehrheit der Europäer erwartet, zählt dabei nicht mehr allein der ökonomische Vorteil. Im Gegenteil: Das Zeitalter des Vorrangs der Geoökonomie wird abgelöst durch ein neues Zeitalter der Geopolitik. Nicht mehr ökonomische Potenziale bestimmen die »Währung« der internationalen Politik, sondern Machtinteressen. Der erwartete Zugewinn an politischer Macht und geopolitischem Einfluss auf die Gestaltung einer neuen globalen Ordnung ist entscheidender als der ökonomische Vorteil einer effizient und möglichst konfliktfrei organisierten, arbeitsteiligen Weltwirtschaft. Geopolitik schlägt Geoökonomie. Die *Brexiteers* wussten um die ökonomischen Nachteile eines Austritts aus der Europäischen Union, aber der politische Machtzuwachs gemäß ihrem Schlachtruf »Take back control« war für sie weit attraktiver als die wirtschaftlichen Vorteile der EU-Mitgliedschaft. In den USA übte der Slogan »Make America Great Again« mehr Anziehungskraft auf Teile der Wählerschaft aus als ihre sozialstaatliche Absicherung. Und das erschreckendste Beispiel für die Unterordnung der Geoökonomie unter die Machtstrategien der Geopolitik bietet natürlich Russland. Die seit Beginn des russischen Angriffskrieges auf die Ukraine gegen Russland verhängten westlichen Sanktionen werden in Moskau als eine Art »Großmachtsteuer« empfunden, die man in Kauf zu nehmen bereit sein muss, wenn man im Ringen um die Neuordnung der Welt eine prägende Rolle spielen will.

Doch der »Wettstreit der großen Mächte« kennzeichnet darüber hinaus sehr grundsätzlich eine neue Dominanz der Hierarchien über die Netzwerke. Man kann die Geschichte der modernen industrialisierten Welt mit dem britischen Historiker Niall Ferguson aus dem Spannungsfeld sowie Wechselspiel von Netzwerken und Hierarchien ordnen und verstehen: So folgte auf die erste Globalisierung seit Beginn der Industrialisierung mit dem Ersten Weltkrieg ein Comeback der Hierarchien. Die Jahrzehnte danach kann man als mühsame und von Rückschlägen geprägte Stärkung der Netzwerke deuten, die erst nach 1989 durchgreifend dominierten.

Nach einer langen Phase intensiver ökonomischer Globalisierung sowie zunehmender Fremd- und Fernbeeinflussung markiert die gegenwärtige Zeitenwende eine neue Dominanz der Hierarchien – innenpolitisch als Verschiebung des politischen Spektrums, außenpolitisch als neuer Nationalismus (»America First«) und Wettstreit der großen Mächte.

RUSSLAND WILL WIEDER GROSSMACHT WERDEN

Bislang dominieren zwei Mächte diesen geopolitischen Wettbewerb: China und die USA. Der Angriffskrieg auf die Ukraine dürfte Russlands Versuch sein, selbst wieder als Großmacht bei dieser Neuordnung der Welt durch Hierarchien eine Rolle zu spielen. Die Gelegenheit schien günstig, waren die USA doch aus russischer Sicht innenpolitisch so tief gespalten und mit sich selbst und der chinesischen Konkurrenz beschäftigt, dass ein erneutes Eingreifen in Europa als kalkulierbares Risiko erschien. Während die NATO selbst von einem europäischen Staatschef noch vor kurzem als »hirntot« bezeichnet worden war, zeigt sich Europa gespalten in Nord und Süd sowie in Ost und West. Der russische Krieg ist so betrachtet eher Ausdruck der Zeitenwende als seine Ursache.

Russland, das über Jahrhunderte eine europäische Macht war, sank in den letzten dreißig Jahren seit dem Zusammenbruch der Sowjetunion auf den Status einer »großen Tankstelle« herab – ein Rohstofflieferant ohne nennenswerten politischen oder wirtschaftlichen Einfluss auf weite Teile Europas. Und genau das will Russlands Führung wieder ändern. Dass dieser Versuch schon heute als gründlich gescheitert erklärt werden kann und die Russische Föderation nach diesem Krieg ein Schatten ihrer selbst sein wird, macht das Land nicht weniger gefährlich, sondern eher noch unkalkulierbarer. Ein neuer »eiserner Vorhang« zwischen Ostsee und Schwarzem Meer wird auf absehbare Zeit die unvermeidbare Folge sein. Wladimir Putin wird das Gegenteil von dem erreichen, was er angeblich durch diesen Krieg verhindern wollte: Die NATO wird hochgerüstet bis an die russische Grenze rücken, was sie bis heute trotz ihrer Mitgliedsstaaten mit einer Grenze zu Russland nicht getan hat. NATO-Truppenverbände – auch die deutsche Bundeswehr – werden in allen ost- und nordeuropäischen Ländern den Truppenverbänden Russlands gegenüberstehen. Und es dürfte lange dauern, bis sich beide Seiten wieder zu Abrüstungsverhandlungen und Truppenentflechtungen bereitfinden. Europa und Russland werden erstmals seit der Zeit Peters des Großen wieder vollständig voneinander getrennt sein.

Das Ziel Russlands, erneut Einfluss in Europa zu gewinnen, wird gänzlich ins Gegenteil umschlagen. Dem Kreml bleibt dann allein die wirtschaftliche, politische und militärische Kooperation mit China – jedoch nicht als gleichrangiger, sondern als abhängiger Partner, der ökonomisch durch den Rückschritt auf alte Technologien und angesichts der weltweit voranschreitenden Dekarbonisierung vor einer nachhaltigen Degeneration seiner rohstoffgebundenen Potenziale steht. Ein historischer Wohlstandseinbruch scheint kaum vermeidbar; selbst ein gewandeltes politisches Regime würde allein aufgrund der verlorengegangenen technologischen Anschlussfähigkeit Jahrzehnte brauchen, um eine neue Wohlstandsbasis zu schaffen.

Trotz dieser neuen Trennlinie zwischen Ostsee und Schwarzem Meer wird aus Russland kein zweites Nordkorea – und auch kein Paria der Weltpolitik. Zu viele Staaten sind an Russlands Rohstoffen ebenso interessiert wie an seinen militärischen Exportprodukten. Bei der UN-Vollversammlung stimmten neben Russland zwar nur Belarus, Nordkorea, Eritrea und Syrien explizit gegen eine Verurteilung des Angriffskrieges, doch 35 weitere Staaten enthielten sich der Stimme, darunter China, Indien, Südafrika und 17 weitere afrikanische Staaten. Sie repräsentieren die Hälfte der Weltbevölkerung und interpretieren den russischen Angriff auf die Ukraine vollständig anders als wir: Für sie und viele andere Staaten handelt es sich um einen Stellvertreterkrieg zweier alter Imperialisten, der auf dem Rücken anderer Nationen ausgetragen wird. Denn fehlender Weizen und Düngemittel aus der Ukraine und Russland, explodierende Energiepreise und eine neue Wirtschaftskrise, obwohl die letzte aus der Pandemie noch nicht überstanden ist – all das ist für diese Staaten Folge »westlicher Sanktionen«. Nicht zuletzt deshalb dürfen wir die Auseinandersetzung mit Russland nicht selbst immer wieder zu einem Konflikt zwischen »dem Westen« und Russland erklären, sondern als das benennen, was er im Kern ist: der Versuch einer Re-Kolonialisierung eines Staates, der sich seinen Weg in die Freiheit erkämpft hatte und nun erneut unter die Kontrolle seines alten Imperialherrn zurückgeholt werden soll. Vor allem aber müssen die demokratischen Staaten Europas und Nordamerikas alles tun, um die drohenden Hungerkatastrophen und die wirtschaftlichen Folgen für die ärmeren Länder des globalen Südens abzuwenden. Dem letzten Gipfeltreffen der G7 in Deutschland fehlte es an solchen Zeichen praktischer Solidarität. Europa muss aufpassen, dass uns nicht erneut doppelte Standards vorgeworfen werden und sich der Eindruck verfestigt, wir wären so sehr auf die Ukraine konzentriert, dass dabei das Elend und die Krisen in unserer direkten Nachbarschaft südlich des Mittelmeers in den Hintergrund treten.

CHINA: ZWISCHEN BAUM UND BORKE

Die chinesische Führung scheint diese Entwicklung auf den ersten Blick mit Genugtuung zu beobachten. Der alte Rivale Russland, mit dem es noch in der zweiten Hälfte des 20. Jahrhunderts gewaltsame Grenzkonflikte gab, fällt China wie eine »reife Frucht« in den Schoß. Zugleich müssen sich die USA erneut um Europa kümmern, was sie Kraft und Aufmerksamkeit ihres Engagements im indo-pazifischen Raum kostet. Das wiederum erleichtert China die Verfolgung seiner maritimen Interessen in dieser Region; es mag auch erklären, warum China den Eindruck entstehen lässt, der russische Angriffskrieg auf die Ukraine wecke kein besonderes Interesse.

Was kurzfristig wie ein Vorteil aussieht, kann *indes* schnell zu einem erheblichen Risiko werden. Auf nichts ist China mehr angewiesen als auf eine stetige Steigerung seiner Wirtschaftskraft. Und so sehr die chinesische Binnenwirtschaft mit 1,4 Milliarden Menschen dafür große Potenziale bietet, so bleibt China doch ein Land, das nur im weltweiten Austausch von Waren, Dienstleistungen und Technologien seinen »chinesischen Traum« vom Wohlstand für alle erfüllen kann. Die politische Beherrschung des Landes gelingt der chinesischen Führung trotz der in den letzten Jahren immer deutlicher gewordenen ideologischen Regression und Zentralisierung der politischen Macht durch das Versprechen einer verlässlichen Steigerung der Pro-Kopf-Einkommen – Wohlstand als Ausgleich für den Verzicht auf Demokratie und Menschenrechte. Es scheint sich abzuzeichnen, dass dieses Versprechen durch die Zusage ersetzt wird, den historischen Sieg über das Coronavirus zu erringen. Dafür müssen die Menschen extreme Einschränkungen elementarer Freizügigkeit und gesicherter Versorgung hinnehmen, wie es nun am Beispiel des etwas liberaler eingestuften Shanghai exekutiert wird. Ein Ende dieser Lockdown-Politik ist angesichts der geringen Impfquote mit zudem schwächeren Impfstoffen nicht abzusehen. Der historische Sieg verlangt deshalb eine dauerhafte Abschottung, zum Beispiel durch die bestehenden Quarantäneregeln.

Die als unverrückbar und einzig richtig dargestellte Anti-Covid-Strategie begründet aber genauso wie die chinesische Haltung zum Ukrainekrieg Zweifel an der bisherigen Verlässlichkeit Chinas für die internationalen Beziehungen und die ökonomische Arbeitsteilung. Die Wirkungen sind bereits dramatisch: Seit Beginn des Krieges gegen die Ukraine hat es einen noch nie gesehenen Kapitalabfluss gegeben, die ausländischen Investitionen in China werden immer geringer und in Shanghai beispielsweise wollen 85 Prozent der ausländischen Fachkräfte das Land verlassen. Man kann sich des Eindrucks nicht erwehren, dass dies zu der Strategie der zwei Wirtschaftskreisläufe – mehr Binnenkonsum, verringerte Exportabhängigkeit – und zusammen mit der Konzentration auf die indo-pazifische Kooperation (beispielsweise in Form des Freihandelsabkommens RCEP) durchaus in das politische Kalkül Pekings passen könnte. Das heißt *indes* nicht, dass die chinesische Globalisierung zu Ende geht, vielmehr erhält sie ein anderes regionales Gesicht. Dabei benötigt China – angesichts regionaler Divergenz, sozialer Ungleichheit, mangelnden Sozialkapitals, Kapitalmarktineffizienz und demografischer Alterung – für seine eigene Stärkung und für die Entwicklung jener Wirtschaftsräume, in denen es seinen Einfluss machtvoll umsetzen will, genau das Gegenteil: eine weiterhin globale wirtschaftliche Integration, beruhend auf den Grundsätzen der Verlässlichkeit und der Berechenbarkeit.

Genau dieser globale Austausch wird heute massiv durch den Krieg in der Ukraine gestört. Die dramatischste Folge sieht man in den wachsenden Hungerkrisen Afrikas, wo die Ukraine und auch Russland als wichtige Lieferanten für Nahrungsmittel ausfallen. Chinas Interessen auf dem afrikanischen Kontinent dient das ganz gewiss nicht. Teile der »neuen Seidenstraße« führen aus China kommend durch Russland nach Europa. Sanktionen und Gegensanktionen dürften diese Handelsrouten auf lange Zeit unpassierbar machen. Ganz generell also kann eine massive Störung der Weltwirtschaft nicht im Interesse Chinas liegen. Wer die deutsche Debatte um die Energieabhängigkeit von Russland verfolgt, wird schnell erkennen, dass sie mit einer grundsätzlichen Forderung nach De-Globalisierung verbunden ist. So unrealistisch das für eine Volkswirtschaft wie die deutsche auch auf den ersten Blick aussehen mag, weil außerhalb Chinas kein anderes Land so sehr in die internationalen Wertschöpfungsketten eingebunden ist wie die Bundesrepublik, so trifft diese Diskussion um ein *Reshoring* und *Decoupling* vor allem ein Land: China. Vor diesem Hintergrund ist es letztlich schwer verständlich, warum die chinesische Führung zumindest nach außen versucht, einen »neutralen Standpunkt« im russischen Krieg gegen die Ukraine einzunehmen.

RUSSLAND VERLETZT CHINAS AUSSENPOLITISCHE PRINZIPIEN

Der in der Ukraine tobende Krieg ist eben nicht »nur« ein Konflikt »des Westens« mit Russland und auch kein bloßer »Stellvertreterkrieg« der beiden »alten« Supermächte. Im Kern geht es um die Frage, ob ein Staat ungestraft gegen eine der tragenden Säulen des internationalen Rechts verstoßen darf oder nicht.

Für eine stabile internationale Ordnung müssen gerade die mächtigen Staaten und weltweiten Institutionen, allen voran die Vereinten Nationen und ihr Sicherheitsrat, gemeinsame Prinzipien garantieren: die territoriale Integrität von Staaten, die nationale Souveränität, das Verbot eines Angriffskrieges und die Lösung von Konflikten durch Verhandlung und Verträge. Immerhin 141 Länder haben in der UN-Vollversammlung den russischen Angriffskrieg verurteilt und ein schnelles Ende der militärischen Auseinandersetzung gefordert. Trotz der erwähnten 35 Enthaltungen gab es in einer solchen Frage noch nie eine so breite Mehrheit. Die Haltung der Vereinten Nationen wirft gerade für China zentrale Fragen auf, denn die Geschichte der Volksrepublik und ihrer internationalen Anerkennung ist eng mit der Vollversammlung der UN verbunden: China wurde Mitglied in den Vereinten Nationen auf der Grundlage einer mehrheitlichen Entscheidung der Generalversammlung im Jahre 1971, die gegen das Votum der USA und anderer Staaten zustande kam und trotzdem ihre internationale Wirkung entfaltete. Seit dieser Mehrheitsentscheidung der UN-Generalversammlung wird die Volksrepublik als alleiniger Vertreter Chinas anerkannt. Grund genug, sich eindeutigen Entscheidungen der Vereinten Nationen nicht entgegenzustellen.

Sichtbar eine aktive Rolle zur Befriedung des Konflikts oder zumindest für einen dauerhaften Waffenstillstand einzunehmen, wäre für China eine große Chance, seine internationale Reputation deutlich zu erhöhen und insbesondere in Europa die Voraussetzungen für eine engere wirtschaftliche und politische Zusammenarbeit grundlegend zu verbessern. Solange aber der Krieg in der Ukraine nicht gestoppt wird, werden die europäisch-chinesischen Beziehungen und insbesondere die deutsch-chinesischen Beziehungen darunter leiden, denn die chinesische »Neutralität« wird in Europa letztlich als Duldung der russischen Aggression interpretiert.

DIE GEWINNER DER GLOBALISIERUNG: CHINA UND DEUTSCHLAND

Auch Deutschland und Europa sollten es sich im Umgang mit China nicht zu bequem machen. So sehr wir uns um eine stärkere Resilienz unserer Volkswirtschaften bemühen und zu Recht eine Strategie der Diversifizierung auch in Südostasien verfolgen: Eine Entkoppelung von China ist weder im politischen noch im ökonomischen Interesse Europas und Deutschlands. Ein Land mit 1,4 Milliarden Menschen wird man sicher nicht unter eine Art »Hausarrest« stellen können, und auch geopolitisch muss Europa seinen Einfluss gegenüber dem Reich der Mitte nutzen – auch wenn dieser auf lange Sicht überschaubar bleiben wird.

China und Deutschland verfügen jeweils über entwickelte Volkswirtschaften mit integrierten (also sich wechselseitig bedingenden und unterstützenden) Ketten der industriellen Wertschöpfung. Trotz aller Unterschiede – etwa hinsichtlich verschiedener wirtschaftlicher Bereiche, Innovationstempo, Geschäftskultur und regionaler Divergenzen – fußen beide Volkswirtschaften grundsätzlich auf dem Zugang zu Rohstoffen und Energie, und beide sind geprägt vom Export. Deshalb besteht für die zwei Länder, ihre Volkswirtschaften und ihre Unternehmen ein Interesse an freien Zugängen zu Märkten, was die Sicherheit der Lieferwege ebenso umfasst wie die Sicherheit der Lieferketten, auf denen die internationale Arbeitsteilung beruht. Die letzten dreißig Jahre haben nicht nur China zum Gewinner der Globalisierung gemacht, sondern – unter den Industrieländern herausragend – auch Deutschland. Der deutsche Austausch von Gütern und Dienstleistungen mit China ist von hoher Bedeutung für beide Länder. Das gilt sowohl hinsichtlich des in den letzten Jahren ständig steigenden Umfangs als auch hinsichtlich der Qualität innerhalb der integrierten Ketten der Wertschöpfung. Die Globalisierung unserer Zeit – als Globalisierung der Wertschöpfungsketten – schafft Abhängigkeiten für alle Beteiligten.

Daran ist zu erinnern, weil durch die Erschütterung des russischen Krieges gegen die Ukraine mitunter der Eindruck vermittelt wird, dass darin nun alle Probleme begründet und deshalb Entflechtung und Entkopplung geboten seien. Die Folge wären Wohlstandsverluste für alle, die zugleich die Handlungsfähigkeit in der Transformation zur Klimaneutralität behindern würden. Bei allen Zweifeln an der chinesischen Strategie bleibt es eine unausweichliche Herausforderung, Wege der Kooperation im Gestrüpp der Gegensätze und Interessenkonflikte zu suchen. Das Scheitern der simplen Idee von »Wandel durch Handel« bedeutet nicht, dass Isolation und Autarkie die richtigen Antworten sind. Wir werden – ähnlich wie Australien, Japan und Südkorea – Ambiguitäten aushalten müssen, bei denen es Konfrontationen ebenso gibt wie unterschiedliche Formen der Kooperation.

EUROPA IM ABSEITS?

Am 1. Januar 2022 trat die Regional Comprehensive Economic Partnership (RCEP) in Kraft. Die RCEP, der mit Japan, Südkorea, Australien und Neuseeland gemeinsam mit China und den Staaten des ASEAN-Verbundes äußerst unterschiedliche Staaten angehören, soll gemeinsame wirtschaftliche Chancen ausloten und realisieren. Und das, obwohl sich diese Staaten zum Teil in harten politischen Konfrontationen befinden, was nicht zuletzt die politischen und zum Teil auch militärischen Spannungen der letzten Monate zeigen. Diese bis dato größte Freihandelszone der Welt umfasst rund dreißig Prozent der weltweiten Wirtschaftsleistung, dreißig Prozent der Weltbevölkerung und dreißig Prozent des weltweiten Handels. Die Europäische Union, die für rund ein Drittel des globalen Handels steht, dürfte bald von der RCEP überholt werden. Welche Lehren wird Europa daraus ziehen?

Zunächst: In die weltweite Globalisierung des Wirtschaftens, also die internationale Arbeitsteilung, war und ist immer zugleich Regionalisierung eingewoben – regionale Märkte, die im Einklang stehen mit den Regeln der Welthandelsorganisation (WTO) und die immer mehr an Bedeutung gewinnen werden, nicht zuletzt wegen des wachsenden Bedürfnisses nach resilienten Lieferketten. Das zeigen besonders eindrucksvoll das United States-Mexico-Canada-Agreement (USMCA), der Nachfolger des NAFTA-Abkommens zwischen den USA, Kanada und Mexiko, oder das Comprehensive and Progressive Agreement for Trans-Pacific Partnership (CPTPP), das früher von den USA angestrebte Abkommen im transpazifischen Bereich, das während Trumps Regierungszeit ohne die USA zustande kam und in dem jetzt Großbritannien und China eine Mitgliedschaft anvisieren.

Die EU hat ein verhandeltes Abkommen mit Mercosur, dem Zusammenschluss südamerikanischer Länder, bis heute nicht ratifiziert. Die mit China im Dezember 2020 verhandelte politische Lösung für ein Comprehensive Agreement on Investment (CAI) liegt auf Eis. Und selbst das Comprehensive Economic and Trade Agreement (CETA) – das wohl modernste Freihandelsabkommen der Welt zwischen der Europäischen Union und Kanada – ist in den Mitgliedsstaaten der EU in den letzten fünf Jahren immer noch nicht vollständig ratifiziert worden. Die vorgetragenen sozialen oder ökologischen Bedenken entpuppen sich bei näherem Hinsehen praktisch vollständig als gegenstandslos und entstammen eher einem gegen die Globalisierung gerichteten politischen Reflex. Kanada ist zudem europäischer als manch europäischer Mitgliedstaat, sodass die Unfähigkeit, dieses Abkommen zu ratifizieren, wohl eher ein Hinweis auf die lange Zeit existierende »Weltvergessenheit« der wohlhabenderen Mitgliedsstaaten der EU ist. Wer fast schon täglich vom Aufbau einer »Europäischen Armee« fantasiert, aber nicht einmal ein relativ überschaubares Freihandelsabkommen in einem angemessenen Zeitraum beraten und entscheiden kann, der macht den Eindruck, er wolle beim Golf-Masters-Turnier mitspielen, obwohl er sich nicht einmal auf Minigolf versteht.

Die EU bedarf zwar nicht des großen Neustarts (wie Macron ihn jüngst forderte), der ohnehin nie gelingen wird, wohl jedoch der Besinnung auf die wesentlichen Aufgaben und Inhalte: Demokratie, Rechtsstaatlichkeit, gemeinsamer Markt, stabile Währung, Infrastrukturnetze, Investitionsunion und Verteidigungsunion. Aus einer darauf gründenden Stärke der Zivilgesellschaft und der demokratischen Institutionen kann man anderen gegenüber bescheidener auftreten, um die Vorteile der offenen Märkte zu mobilisieren. Die stattdessen ungetrübte Selbstbezogenheit der Europäischen Union und mancher ihrer Mitgliedsstaaten ist irritierend. Und das, obwohl die knapp 450 Millionen Europäerinnen und Europäer lediglich etwas mehr als fünf Prozent der Weltbevölkerung ausmachen.

DIE SUCHE NACH EINER NEUEN BALANCE: KONFRONTATION, KONKURRENZ, KOOPERATION

Und die USA? So sehr die Konfrontation mit China in den Mittelpunkt amerikanischer Außen- (und Innen-)politik gerückt ist, so wenig kann von einem *Decoupling* von China die Rede sein. Gerade einmal zehn Prozent der US-amerikanischen Unternehmen haben ihre wirtschaftliche Kooperation mit China reduziert. Vierzig Prozent haben ihre Zusammenarbeit hingegen sogar ausgebaut. Mit amerikanischen Klimaschutztechnologien will das Reich der Mitte jetzt seine Anstrengungen zum Schutz des Weltklimas verstärken. Und nicht zuletzt: Auch die USA haben kürzlich einen Deal mit China abgeschlossen, der sie – nach Australien – zu dessen zweitgrößtem Lieferanten für Flüssiggas macht.

Längst sind die USA und China dabei, drei Bereiche ihrer Beziehungen in ein angemessenes Verhältnis zueinander zu setzen: Konfrontation dort, wo es um Menschenrechte, Taiwan und die Freiheit der Seeschifffahrt geht. Konkurrenz und Wettbewerb, wo es um Innovation, wirtschaftlichen Erfolg und Technologie geht. Und Kooperation, wo globale Herausforderungen wie die Corona-Pandemie, der Klimawandel oder die Kontrolle von Nuklearwaffen nur durch Zusammenarbeit bewältigt werden können. Noch ist die Balance von Konfrontation, Konkurrenz und Kooperation nicht gefunden, aber es ist erwartbar, dass sowohl US-Präsident Joe Biden als auch Chinas Staatspräsident Xi Jinping danach suchen. Fatal wäre es für Europa, wenn diese Suche auf dem unausgesprochenen Konsens beruhte, dass dies jeder in seiner Interessensphäre tut, ein gemeinsames Handeln mit Blick auf globale Herausforderungen aber immer weniger vorstellbar würde.

Die EU liefe dann Gefahr, ins Abseits zu geraten. Lieferketten zum Beispiel werden sich verschieben; Produkte aus dem neuen Wirtschaftsraum RCEP gewinnen den Vorteil kürzerer Lieferwege und dank Zollfreiheit auch weitere Kostenvorteile. Maschinen oder Elektrotechnik, optische oder IT-Produkte, Fahrzeuge oder deren Teile – was in Japan, Südkorea oder China hergestellt wird, hat es leichter als bisher. Produkte mit Ursprung in der EU verlieren tendenziell an Wettbewerbsfähigkeit. Bestehende Freihandelsabkommen der EU mit Japan, Singapur, Vietnam und Südkorea werden das ebenso wenig ändern wie laufende Verhandlungen mit Australien, Neuseeland oder Indonesien.

Es wäre für alle Seiten besser, aus der Spirale gegenseitiger Sanktionen herauszufinden, mit denen derzeit die weitere Ratifizierung des EU-China-Investitionsabkommens CAI blockiert wird – beide, die EU und China, haben viel zu gewinnen, also auch manches zu verlieren. Man könte die Regeln des CAI anwenden, ohne es zu ratifizieren – so hatten die EU und Kanada es bei dem gemeinsamen Freihandelsabkommen praktiziert. Um es klar zu sagen: Es geht um mehr als um ein wirtschaftlich und wirtschaftspolitisch sinnvolles Vorgehen. Es geht auch um das Vertrauen in eine neue Dynamik des wirtschaftlichen und politischen Prozesses, der gemeinsame Möglichkeiten erschließt. Dieser neue politische Prozess liegt im Interesse aller, nicht nur der beiden beteiligten Seiten. Keine der globalen Herausforderungen ist ohne oder gar gegen China besser zu meistern als mit.

Die EU muss ihre eigenen Interessen entschiedener in die Hand nehmen, vor allem dadurch, dass sie sich auf das Wesentliche konzentriert, statt zu versuchen, jedes Thema zu europäisieren. Als Ersatz für ein nicht mehr erreichbar erscheinendes Investitions- und Handelsabkommen der EU mit den USA wurde im vergangenen Jahr der »Rat für Handel und Technologie« (EU-US Trade and Technology Council, TTC) gegründet, dessen Arbeit jüngst an Kontur und Dynamik gewonnen hat. Auch wenn das nur ein schwacher Ersatz ist, so zeigt es doch, welche konkreten Handlungen miteinander möglich sind: bei spezifischen Themen mit gemeinsamer Interessenlage, beispielsweise den Zukunftsthemen Energietransformation, Chipherstellung und Regulierung von Künstlicher Intelligenz. Ende April dieses Jahres haben die EU und Indien einen vergleichbaren Rat gegründet. Die dahinterstehende Idee, die an themenspezifische Clubs erinnert, könnte auch ein Weg sein, die Kooperation mit China neu zu formen und mit Inhalt zu füllen.

Mehr Flexibilität sollte die Europäische Union auch bei den Standards aufbringen, die sie für Handelsabkommen einfordert, wenn sie auf realistische, keinen Partner überfordernde Lösungen setzen will. Es lohnt sich hier neu anzusetzen, denn es nutzt Europa nicht viel, wenn wir gut sind in Regeln und Standards, aber schwach in der wirtschafts- und industriepolitischen Realität. Die Welt wird nicht warten; die Welt würde aber verlieren – denn neben den Vereinigten Staaten ist es nur noch der Verbund europäischer Demokratien, der global ausreichend politisches und wirtschaftliches Gewicht einbringen kann, um zu verteidigen, was die Moderne eigentlich auszeichnet: minderheitsresistente Demokratie, integrationsfähige Gesellschaft und innovative, transformative Marktwirtschaft – ein Club berechenbarer Demokratien.

DIE EUROPÄISCHE UNION: EIN LEUCHTFEUER IN DUNKLER ZEIT

Natürlich sind die Herausforderungen für Europa in Zeiten dieser globalen Veränderungen enorm. Aber wer einmal zurückblickt, wird schnell erkennen, dass sie am Anfang der europäischen Entwicklung sogar größer waren: Relativ kurz nach dem Zweiten Weltkrieg luden Italien, Frankreich, Luxemburg, die Niederlande und Belgien ausgerechnet uns Deutsche dazu ein, ein neues gemeinsames Europa aufzubauen. Es dürfte Staatsmännern wie Schumann oder de Gasperi nicht leichtgefallen sein, das der eigenen Bevölkerung zu erklären, waren wir Deutschen doch eben noch brandschatzend und mordend durch ihre Länder gezogen. Und doch haben sie es gewagt. Nicht einmal ein Menschenleben dauerte es, um von Auschwitz nach Straßburg und Brüssel zu kommen. Gerade in einer Zeit, in der Krieg nach Europa zurückgekehrt ist, zeigt die Europäische Union wie ein Leuchtfeuer, wozu Menschen fähig sind, wenn sie nur wollen und man sie lässt.

Kein Grund also zur Verzagtheit. Aber die Europäische Union muss sich erstmals als geopolitische Akteurin entwickeln und ihr wirtschaftliches, politisches, kulturelles und auch militärisches Gewicht einbringen in diese vor uns liegende Zeit des Ringens um eine neue globale Ordnung, die hoffentlich zumindest eine *rule-based order* sein wird.

Und Europa hat einiges einzubringen: handlungsfähige und demokratisch legitimierte Institutionen, soziale Stabilisatoren, die weltweit ihresgleichen suchen, immer noch den größten Binnenmarkt der Welt, qualifizierte und gut ausgebildete Menschen, Innovations- und Finanzkraft und nicht zuletzt eine stabile Währung, die weit weniger verschuldet ist als andere globale Leitwährungen. Und nicht zuletzt: Die Europäische Union gilt weltweit als fairer Partner, der im Zweifel bereit ist, die eigenen Interessen zum Wohle aller zurückzustellen, und einen erheblichen Teil seiner Ressourcen auch in Länder investiert, die in vielfältiger Hinsicht ärmer und auf Hilfe angewiesen sind. Die Kombination all dessen ist das, was man eine starke *soft power* nennt. Auch in Zeiten steigender Militärausgaben und der wieder wachsenden Bedeutung militärischer Fähigkeiten sollte Europa diese *Soft-power*-Fähigkeiten eher ausbauen als vernachlässigen. Der Ausbau des Binnenmarktes, die Erhöhung seiner Attraktivität zum Beispiel durch die Bildung der »Kapitalunion« und die gemeinschaftliche Verbürgung des Euro gehören ebenso dazu wie die gemeinsame Energie- und Klimapolitik.

Was hinzukommen muss, ist ein gemeinsamer europäischer Blick auf die globalen Herausforderungen. Eine gemeinsame und abgestimmte Außenpolitik muss jeder effizienten und wirksamen Sicherheits- und Verteidigungspolitik vorausgehen. Deshalb ist die Forderung des französischen Präsidenten

Emmanuel Macron nach einem Europäischen Sicherheitsrat richtig und seine Einrichtung mehr als überfällig. Am besten geschähe dies sogar unter Einschluss des Vereinigten Königreichs, denn auch wenn die Briten nicht mehr der EU angehören: Europäer bleiben sie allemal, und sie verfügen wie keine andere Nation in der EU über strategische Fähigkeiten und eine jahrhundertelange internationale Erfahrung. Dieser Europäische Sicherheitsrat hätte vor allem die Aufgabe, einen gemeinsamen europäischen Blick auf die weltweiten Herausforderungen zu entwickeln und darauf aufbauend das internationale Handeln Europas abzustimmen – wo immer möglich gemeinsam mit den Vereinigten Staaten von Amerika. Das transatlantische Bündnis kann nämlich auch im 21. Jahrhundert als geopolitischer Multiplikator von demokratischer Macht funktionieren. Aber Europa darf sich nicht darauf verlassen, dass US-Präsidenten dieser Allianz künftig noch die gleiche Bedeutung zumessen wie in der Vergangenheit. Deshalb gehört zu einem souveränen Europa auch die Fähigkeit, im Zweifel unabhängig seine internationalen Interessen zu wahren.

Deutschland fällt dabei eine besondere Aufgabe zu: Diese große Volkswirtschaft in der Mitte Europas hat erneut die Aufgabe, widerstrebende Interessen zwischen West-, Mittel- und Osteuropa sowie zwischen Süd- und Nordeuropa zu überbrücken und die Union zusammenzuhalten. Nicht das Europa »unterschiedlicher Geschwindigkeiten« bildet dabei die Herausforderung, sondern das Europa der unterschiedlichen Richtungen. Wo Frankreich nach größerer sicherheitspolitischer Unabhängigkeit von den USA strebt und sich Polen und die drei baltischen Staaten eher enger an sie binden wollen, wird es Deutschland sein, das hier auf beiden Schultern zu tragen bereit sein muss: mehr für eine gemeinsame Außen- und Sicherheitspolitik in Europa zu tun und zugleich Aufgaben für Mittel- und Osteuropa zu übernehmen, die bislang nur die Vereinigten Staaten gestemmt haben. Warum nicht nur 1,5 Prozent des Bruttoinlandsprodukts in die Bundeswehr investieren und zusätzlich 0,5 Prozent in die Fonds der NATO zur Verteidigung ihrer Ostflanke?

Und mit dem Blick nach Westen: Warum bieten wir Frankreich nicht eine Konföderation in der Sicherheitspolitik an? Warum streben wir nicht eine gegenseitige Anerkennung der militärischen Ausbildung an? Zu deren Beginn könnten sich Soldatinnen und Soldaten aussuchen, in welcher Armee der beiden Länder sie ihren Dienst antreten wollen. Warum sollten die in Deutschland ausgebildeten Unteroffiziere und Offiziere nicht in die französische Armee und umgekehrt wechseln können? Das wäre ein Modell, dem sich andere EU-Staaten anschließen könnten. So würden wir Voraussetzungen für eine eng miteinander verbundene militärische Sicherheitsarchitektur schaffen, die in eine europäische Armee münden könnte. Sie sollte die NATO nicht ersetzen, sondern eine effiziente europäische Struktur innerhalb der Allianz sein.

EUROPA AM SCHEIDEWEG

Die kommenden Jahre werden für uns Deutsche und Europäer also Weichenstellungen erfordern, wie sie vermutlich nur alle paar hundert Jahre zu entscheiden sind. Ein weiter Blick zurück kann zeigen, was das heißen wird: Zu Beginn des 15. Jahrhunderts entsandte der portugiesische Fürst Heinrich der Seefahrer seine Schiffe, um entlang der Küsten Westafrikas den Seeweg nach Indien zu erkunden. Abenteuerlust, sicher auch Gier, aber vor allem Risikobereitschaft waren die Gründe, warum Seeleute diese gefährliche Reise ins Unbekannte auf sich nahmen. Es war der Beginn des europäischen Aufstiegs in der Welt. Über Jahrhunderte dominierten die Ideen Europas die Weltgeschichte.

Etwa zeitgleich, zur Mitte des 15. Jahrhunderts, fiel in China eine entgegengesetzte Entscheidung. Der Kaiser der Ming-Dynastie Yongle ließ seine seit mehr als 300 Jahren dominierende Flotte seetüchtiger Langschiffe einmotten. Zu viele Probleme waren im eigenen Land zu bewältigen, Wohlstand und Sicherheit schienen im Reich der Mitte mit seinen Nachbarn ausreichend vorhanden. Das war der Beginn des Abschieds Chinas aus der Geschichte für die folgenden 600 Jahre.

Wie also werden die Historiker in 600 Jahren unsere Zeit beschreiben? Als den Beginn einer neuen chinesischen Ära und den selbst verschuldeten Ausstieg Europas aus der Weltgeschichte? Oder finden sie in den Dokumenten eine Erklärung, dass Europa erneut bereit war, sich in einer risikoreichen und gefahrvollen Welt zu engagieren, um mit anderen im fairen Wettbewerb und mit Respekt die Interessen des »alten Kontinents« in der Weltpolitik zu behaupten?

Die Antworten werden wir mit unserem Handeln in den kommenden Jahren liefern. Und auf die Antworten von uns Deutschen wird es dabei insbesondere ankommen.

Prof. Sigmar Gabriel, geb. 1959, war niedersächsischer Landtagsabgeordneter (1990–2005) und Ministerpräsident (1999–2003), Bundestagsabgeordneter (2005–2019), Bundesminister für Umwelt, Naturschutz und Reaktorsicherheit (2005–2009), Bundesvorsitzender der SPD (2009–2017), Bundesminister für Wirtschaft und Technologie (2013–2017) und Vizekanzler (2013–2018) sowie Bundesaußenminister (2017–2018). Seit 2019 ist er Vorsitzender der Atlantik-Brücke, seit 2020 Aufsichtsratsmitglied der Deutschen Bank AG und der Siemens Energy GmbH. Er ist Senior Fellow der Universität Harvard, Honorarprofessor an der Rheinischen Friedrich-Wilhelms-Universität Bonn und Beiratsmitglied von INDES.

EINE HISTORISCHE AUSNAHME

DIE *WENDEZEIT* 1989–1992 IM RÜCKBLICK

Ξ Kristina Spohr

DAS ENDE DER ALTEN ORDNUNG

Am 17. Juni 2022, knapp vier Monate nach dem russischen Einmarsch in die Ukraine, verkündete Präsident Vladimir Putin auf dem Wirtschaftsforum in St. Petersburg, dass er für sein Land eine »führende Rolle bei der Gestaltung der globalen Machtverhältnisse« beanspruche. Während der Westen sich noch immer wie eine Kolonialmacht des vergangenen Jahrhunderts verhalte, sei Russland »mächtig« und »modern«; und es sei offensichtlich, dass die »Regeln« einer »neuen Weltordnung« von »starken und souveränen Staaten« festgelegt werden müssten.[1] Bereits im Sommer 2019 hatte Putin die »liberale Ordnung« für »obsolet« erklärt und sein Außenminister, Sergei Lawrow, die Schaffung einer »post-westlichen Weltordnung« propagiert.[2]

Auch China sieht seit einigen Jahren den Zeitpunkt für eine Abrechnung mit dem Westen gekommen: Die »Unipolarität« – gemeint ist die amerikanische Hegemonialstellung seit dem Zerfall der Sowjetunion 1991 – müsse endlich gebrochen werden. Tatsächlich betreibt Xi Jinpings kommunistisches Regime eine Politik des *Rollback*, in deren Zuge der globale Einfluss des Westens seit Ende des Kalten Krieges zurückgedrängt werden soll. Gleichzeitig erhebt Xi für China den Anspruch, als eine der führenden Weltmächte respektiert zu werden. Es sei an der Zeit, so der chinesische Staatspräsident, dass die realen Machtverhältnisse, nämlich die der »Multipolarität«, endlich anerkannt würden.[3]

So hat Xi im Juni 2022 denn auch Putin seine Unterstützung in Fragen der »Souveränität und Sicherheit« zugesichert und die »gute Entwicklungsdynamik« ihrer Beziehungen seit Jahresanfang »angesichts der globalen Turbulenzen und Veränderungen« betont. Peking sei bereit, die Zusammenarbeit mit Moskau zu intensivieren, mit dem Ziel einer »gerechteren und vernünftigeren« internationalen Ordnung.[4]

ZEITENWENDE RÜCKWÄRTS

Beim Ukrainekrieg handelt es sich also um weit mehr als nur um einen Kampf um russische regionale Machtansprüche und territorialen Revisionismus. Sicherlich bemüht sich Putin durch politischen Revanchismus um

---

1 Putins Rede auf der Plenarsitzung des Internationalen Wirtschaftsforums in St. Petersburg, 17.06.2022, tiny.one/indes221c1.

2 Vladimir Putin Says Liberalism Has »Become Obsolete«, in: Financial Times, 28.06.2019; Lizzie Dearden, Russia's Foreign Minister Calls for »post-West World Order« in Speech to Global Leaders, in: The Independent, 18.02.2017.

3 Vgl. Rush Doshi, The Long Game: China's Grand Strategy to Displace American Order, Oxford/New York 2021.

4 Zit. n. Xi Tells Putin that China Will Keep Backing Russia on »Sovereignty, Security«, in: The Japan Times, 15.06.2022.

die Überwindung russischer postimperialer Traumata. Aber wir befinden uns auch in einer Schlacht um Ideen, das heißt um den Charakter der *zukünftigen* europäischen wie auch globalen Ordnung. Denn letztlich stellt sich in diesem Krieg die Frage, ob sich im geopolitischen Ringen das westliche, normativ geprägte internationale System und die Ideale der Demokratie behaupten werden, oder ob sich die autoritären Modi von Russland und China durchsetzen können.

Bemerkenswert dabei: Während sich Moskau und Peking anscheinend auf Annäherungskurs befinden und Putin mit Gewalt massive Veränderungen der *Global Governance* und neue topografische Realitäten in Europa schaffen will, ist die kürzlich noch recht zerrüttete euro-atlantische Gemeinschaft im Angesicht des Krieges wieder enger zusammengerückt.

Der 24. Februar 2022 wurde zum Synonym für eine tiefgreifende historische Zäsur. Aus westlicher Sicht steht mit Russlands Angriffskrieg die gesamte »Europäische Friedensordnung«, die sich in der »Wendezeit« nach dem Mauerfall entwickelt hat, auf dem Spiel; jene Ordnung, die verankert wurde in der Schlussakte von Helsinki 1975, mitunterschrieben – ja ursprünglich sogar initiiert – von Moskau, und 1990 erneuert in der Charta von Paris für eine Neues Europa. Hier geht es um die Prinzipien der Unverletzlichkeit der Grenzen und der Souveränität, um das Selbstbestimmungsrecht und die souveräne Gleichheit einzelner Staaten, um ihre freie Bündniswahl, um grundlegende Freiheiten Einzelner, um die Menschen- und Minderheitsrechte, um Demokratie und Rechtsstaatlichkeit, aber auch um einen Mechanismus der Konfliktverhinderung und -beilegung.

Olaf Scholz sprach im März 2022 von einer »Zeitenwende in der Geschichte unseres Kontinents«, den der völkerrechtswidrige »russische Überfall«, der »kaltblütige Angriffskrieg«, auf die Ukraine markiere. Natürlich sollten die Bundesrepublik und die Europäische Union weiterhin, in ihrer Tradition als Zivilmächte, »so viel Diplomatie wie möglich betreiben« und »Gesprächskanäle offenhalten«. Berlin müsse sich für die »friedliche Lösung« von Konflikten stark machen. Aber gleichzeitig brauche auch die Sicherheit Deutschlands große Investitionen: Die Bundeswehr, seit der Wiedervereinigung enorm reduziert, müsse gestärkt werden, ebenso die Bündnissolidarität der NATO, aber auch die Souveränität der EU, die den deutschen Handlungsrahmen darstellt. Abschreckung und Verteidigung stehen wieder ganz oben auf der Tagesordnung, ebenso wie Fragen nach der angemessenen Rolle und den Leadership-Kapazitäten des vereinten Deutschlands in der internationalen Politik.[5]

Nach dem Ukrainekrieg wird die Welt sicherlich nicht mehr dieselbe sein wie zuvor. Jegliches Vertrauen im russisch-westlichen Verhältnis ist gebrochen.

---

[5] Rede von Bundeskanzler Scholz in der Generaldebatte zum Haushalt im Deutschen Bundestag, 23.03.2022, tiny.one/indes221c2.

Und auch die letzten Träume aus den 1990er Jahren, von einer »Partnerschaft«, von enger wirtschaftlicher, politischer und kultureller Zusammenarbeit, von beidseitiger Abrüstung und von einer immer weiter fortschreitenden Demokratisierung, sind längst verpufft. Europa erlebt wieder die Konsequenzen des alten Einflusssphären-Denkens und, wie zuletzt in der ersten Hälfte des 20. Jahrhunderts, leider auch die Rückkehr des »Eroberungskriegs«.

DIE *WENDEZEIT* ALS HISTORISCHE AUSNAHME

Vor dem Hintergrund dieses gegenwärtigen Moments epochalen Wandels, der sogenannten Zeitenwende, die Russland erzwungen hat durch seine Anwendung des alten Mittels der militärischen Gewalt, müssen wir uns fragen, warum in der *Wendezeit* 1989–1992 alles so anders verlief. Wie soll man jenen großen Transformationsmoment in der Weltgeschichte, jene bedeutsamen »Scharnierjahre« verstehen, als sich die Welt grundlegend veränderte, als die Karte Europas vollkommen neu gezeichnet wurde, und zwar – anders als jetzt und anders als je zuvor in der europäischen Geschichte (wenn wir an 1648, 1815, 1918, 1945 denken) – *ohne Krieg*.[6]

Tatsächlich war der Ausweg aus dem Kalten Krieg höchst ungewöhnlich. Dabei handelte es sich um einen unerwarteten, schnellen und weitgehend *friedlichen Prozess*, bei dem aus internationalen Abkommen, die in einem beispiellosen Geist der Zusammenarbeit ausgehandelt wurden, eine neue Weltordnung hervorging, in der wir seither bis 2022 gelebt haben. Vor allem aber endete die Ära des Kalten Krieges nicht mit der nuklearen Apokalypse, die zu üben die beiden bewaffneten Lager in Ost und West vierzig Jahre lang so viel Zeit, Geld und Scharfsinn aufgewendet hatten. Solch ein nuklearer Waffengang – wie noch beim NATO-Wintermanöver »Wintex« 1989 durchgespielt – fand nie statt.

Aber wie kam es, dass der Kalte Krieg so plötzlich vorbei war und die bipolare Weltordnung so rasch hinweggefegt wurde? Was ermöglichte den friedlichen Wandel in Europa samt sowjetischem Kollaps, und was geschah in Asien? Warum herrschte damals so großer Zukunftsoptimismus hinsichtlich einer neuen, »besseren Welt«[7], die es nun aus den Ruinen der alten zu erschaffen galt? Und was wiederum waren auf lange Sicht bzw. vom heutigen Blickpunkt die Schwächen und Konstruktionsfehler jener neuen Ordnung?

DAS GLOBALE MACHTDREIECK UDSSR – CHINA – USA

Die erstaunlichen Umwälzungen der Jahre von 1989 bis 1992 beruhten einerseits auf strukturellen Veränderungen in der Geopolitik und der Weltwirtschaft. Andererseits wurden sie durch ein zunehmend transnationales

6 Der folgende historische Abriss basiert auf dem Buch der Autorin, das für weitere Details konsultiert werden sollte: Kristina Spohr, Wendezeit: Die Neuordnung der Welt nach 1989, München 2019.

7 Philip Zelikow & Condoleezza Rice, To Build a Better World: Choices to End the Cold War and Create a Global Commonwealth, New York 2019.

politisches Erwachen der Menschen angetrieben. Durch Massenproteste und Wahlrevolutionen erhob das Volk seine Stimme – in den verschiedensten Ecken der Erde, von Osteuropa bis in den Fernen Osten.

Aber auch die Staatenlenker spielten eine Schlüsselrolle. Einer der wichtigsten Katalysatoren des Wandels war der neue sowjetische Staatschef Michail Gorbatschow, Generalsekretär der KPdSU seit 1985. Mit seinem Reformkurs, der auf einen regenerierten Kommunismus und eine wirtschaftliche und politische Liberalisierung der UdSSR abzielte, und mit dem er auch die Regimechefs der sowjetischen Satellitenstaaten von Berlin bis Bukarest unter Druck setzte, spornte er die Bevölkerung in den Straßen Osteuropas geradezu an, zu protestieren. Vor allem, nachdem sich Gorbatschow vor der UNO im Dezember 1988 öffentlich von der Breschnew-Doktrin (der militärischen Gewaltanwendung zum Zusammenhalt des Warschauer Pakts) losgesagt hatte, verloren die Menschen immer mehr die Angst vor den Panzern (und der Roten Armee) und davor, dass sich die gewaltsamen Ereignisse von 1953 (Berlin), 1956 (Budapest), 1968 (Prag) und 1981 (Warschau) wiederholen könnten.

Gorbatschow wollte die Sowjetunion ideologisch erneuern und als Staat erhalten. Er wollte die UdSSR von innen heraus stärken, sie aber auch öffnen und in den Weltmarkt integrieren. Durch ein beiderseitiges Aufeinanderzugehen und eine neue Form von Co-Entwicklung sollte der strukturelle Ost-West-Konflikt, der auf intensiver strategischer Rivalität und ideologischem Antagonismus basierte, überwunden werden.

Wie die UdSSR unter Gorbatschow, so suchte auch die kommunistische Volksrepublik China unter Parteichef Deng Xiaoping einen neuen Platz in einer immer interdependenteren Welt. Deng strebte die Inklusion Chinas in die globalen Wirtschaftsbeziehungen durch marktwirtschaftliche Reformen an, während er auf lange Sicht zunehmend globale machtpolitische Ambitionen für Peking hegte. Die Vereinigten Staaten wollten keine sowjetisch-chinesische Annäherung zulasten Amerikas zulassen. George Bush, der das Präsidentenamt im Januar 1989 antrat, erkannte das demografische und wirtschaftliche Potenzial des Reichs der Mitte. Diese komplizierte Dreiecksbeziehung führte sowohl Bush als auch Gorbatschow Anfang 1989 nach Peking.

Die europäischen Entwicklungen im selben Jahr müssen also im Kontext des globalen Dreiecks, UdSSR – China – USA, betrachtet werden, welches sich in der Spätphase des Kalten Kriegs herauskristallisiert hatte.

HISTORISCHE WASSERSCHEIDE: HIER PANZER GEGEN PROTESTIERENDE ...

Auch in China zogen die revolutionären Strömungen die Menschen in ihren Strudel. Hier fiel das Kameraauge auf die Studenten, die sich im April/Mai 1989 auf dem Platz des Himmlischen Friedens im Herzen der Verbotenen Stadt versammelten. Der Polizei trotzend, riefen sie nach Demokratie und Perestroika. Ebenso wie die Osteuropäer verehrten auch sie Gorbatschow als den Alchemisten eines reformierten Kommunismus bzw. Sozialismus. Doch in Peking schossen Soldaten in die Menge, Panzer rollten über die Boulevards und auf den Tiananmen-Platz und zermalmten Demonstranten unter ihren Ketten.

Deng Xiaoping war kein Michail Gorbatschow. Bei ihm würde es keine friedliche Revolution geben. Denn Deng war bereit, den Kommunismus und die Herrschaft der Kommunistischen Partei in China (KPCh) um jeden Preis zu verteidigen, auch durch brutalste Gewaltanwendung. Und so wurde der 4. Juni 1989 zu einer historischen Wasserscheide – einer fundamentalen Divergenz am Ende des Kalten Krieges zwischen China und Osteuropa: *Post-Tiananmen und Post-Mauerfall sollten nicht dasselbe sein.*

Chinas schrittweiser Eintritt in die kapitalistische Weltwirtschaft wurde durch Dengs unbedingte Entschlossenheit, die Herrschaft der Kommunistischen Partei zu erhalten, reguliert. Und so feierte das chinesische Regime am 1. Oktober 1989 trotz des Massakers das 40-jährige Jubiläum der Volksrepublik. Peking würde sich seinen eigenen Weg in die Zukunft bahnen. Deng Xiaoping formulierte damals Chinas Fernziel schlicht wie folgt:

»*Wir legen keinen Wert darauf, was andere über uns sagen. Das Einzige, was uns wirklich wichtig ist, ist ein gutes Umfeld für unsere Entwicklung. Wenn die Geschichte am Ende die Überlegenheit des chinesischen sozialistischen Systems beweist, ist das genug.*«[8]

... DORT UNBLUTIGE UMBRÜCHE

In Europa hingegen bestimmten friedliche Veränderungen die Schlagzeilen: die Öffnung des Eisernen Vorhangs zwischen Ungarn und Österreich, die Verhandlungen am Runden Tisch und die ersten halb-freien Wahlen in Polen am 4. Juni 1989 (demselben Tag wie das Tiananmen-Massaker), das Ende des Kommunismus und die Wiederentdeckung der Nation in Ungarn, der Umstieg von Plan- auf Marktwirtschaft, die Massenflucht der DDR-Bürger mit ihren Trabis über die Tschechoslowakei und Ungarn nach Westdeutschland

[8] Zitat aus Dengs Rede am 02.06.1989 in Peking, abgedruckt in Liang Zhang u. a. (Hg.), The Tiananmen Papers: The Chinese Leadership's Decision to Use Force against Their Own People. In Their Own Words, New York 2001, S. 359.

sowie die Freiheitszüge aus Prag, die die ostdeutschen Botschaftsflüchtlinge in die Bundesrepublik brachten.

Dazu kamen die Herbst-Bilder von den anachronistischen Feierlichkeiten in Ostberlin zum 40. Jahrestag der DDR und den Leipziger Montagsdemonstrationen, die Nachrichten über den Sturz Erich Honeckers, Egon Krenz' lahme Ankündigung einer »Wende« und der Nichtanwendung der chinesischen Lösung in der DDR sowie die Livereportagen über den unerwarteten Mauerfall am 9. November und über das Ende der kommunistischen Herrschaft auch in Bulgarien, der Tschechoslowakei und Rumänien.

Der Ostblock hatte sich, mit Ausnahme Rumäniens, *ohne Gewaltanwendung* aufgelöst. Der Kommunismus à la Moskau hatte sich nicht neu erfunden, er war mit den Füßen und durch Abstimmungen an den Urnen abgewählt worden. Auf Mehrparteienwahlen in einem pluralistischen Kontext folgte wirtschaftliche Schocktherapie. Die neuen Demokratien und Marktwirtschaften mussten gefestigt werden – mit westlicher Hilfe. Der damalige US-Außenminister James Baker formulierte es wie folgt: »Wenn 1989 das Jahr des Wegfegens war, so muss 1990 das Jahr des Neuaufbaus werden.«[9]

Bei all diesen Entwicklungen von Revolution zu politischer Stabilisierung und Neuordnung spielten die Staatenlenker eine große Rolle. Denn sie versuchten die neuen Kräfte, die in ihrer Welt wirksam wurden, zu verstehen und zu kanalisieren; und schon bald bemühten sie sich, die Entwicklungen für ein neues, »freies und ganzes«[10] Europa aktiv zu mitzugestalten.

DIE DEUTSCHE FRAGE

Deutschland – buchstäblich an der Schnittstelle zwischen Ost und West – nahm dabei eine Sonderrolle ein, und Bundeskanzler Helmut Kohl wurde quasi über Nacht zu einer Schlüsselfigur. Denn mit der Öffnung der Berliner Mauer erschien plötzlich die *Deutsche Frage* wieder ganz oben auf der internationalen Agenda. Dabei kam dieser hochdramatische, symbolische Moment auch für Kohl überraschend. Tatsächlich war der Kanzler an jenem Abend gar nicht in Bonn, sondern befand sich – in diesem besonderen Gedenkjahr zur Aussöhnung und zur Erinnerung an die deutschen Verbrechen ab 1939 – in Polen. Schon bald nach seiner Rückkehr nahm er aber das Zepter immer mehr in die Hand. Zumal die DDR-Bürger, in ihrem Drang nach Freiheit und ostdeutschen Reformen, nicht mehr nur insistierten, gehört zu werden (»Wir sind das Volk«), sondern die Einheit forderten, indem sie lautstark skandierten: »Wir sind ein Volk«. Auch ließ der fortwährende Migrationsstrom aus der DDR kaum nach.

Am 28. November 1989 verkündete Kohl unerwartet sein »Zehn-Punkte-Programm« zur graduellen deutschen Wiedervereinigung. Doch bereits nach

9 James A. Baker Papers, Talking Points for Cabinet Meeting, 15.02.1990, Seeley Mudd Library, Princeton, B108/F14, S. 1.

10 George H. W. Bush, Remarks to the Citizens in Mainz, Federal Republic of Germany, 31.05.1990.

seinem Besuch in Dresden am 19. Dezember, als er auf Tuchfühlung mit den Ostdeutschen ging und der totale Staatsbankrott der DDR im Raum stand, veränderte sich sein Fokus erneut. Sein Ziel lautete nun, die deutsche Einheit im Einvernehmen mit den Nachbarn und den Siegermächten möglichst schnell und reibungslos – nämlich von innen heraus – zu erreichen: über den Beitritt der ostdeutschen Länder zur Bundesrepublik gemäß Artikel 23 des Grundgesetzes.

Der Wahlsieg der Allianz für Deutschland (eines Wahlbündnisses bestehend aus CDU-Ost, Deutscher Sozialer Union und Demokratischem Aufbruch) bei den ersten freien Wahlen in der DDR im März 1990 legitimierte und beschleunigte diese Richtung der sogenannten Abwicklung der DDR nur noch, zumal die politische Initiative und Macht von jetzt an eindeutig beim Bundeskanzler lagen.

Obgleich der Weg zur Einheit über Artikel 23 und die deutsche Währungs-, Wirtschafts- und Sozialunion schlussendlich deutsch-deutsche Entscheidungen waren, brauchte es für die endgültige Wiedervereinigung formal die Zustimmung Dritter, aufgrund der alliierten Vorbehaltsrechte insbesondere die der vier Siegermächte. Um eine große Nachkriegs-Friedenskonferenz zu vermeiden, wurde schließlich im kleineren 2+4-Rahmen innerhalb von nur sechs Monaten der »Vertrag über die abschließende Regelung in Bezug auf Deutschland« verhandelt, welcher die Beibehaltung des bisherigen institutionellen Rahmens weiterhin garantierte, das heißt die Einbindung eines nun voll souveränen und vereinigten Deutschlands in den Westen. Dass diese relativ direkten Lösungsansätze und Wege verfolgt werden konnten, lag nicht zuletzt an der Kultivierung spezieller *politischer Partnerschaften.*

DIPLOMATIE DES *INNER CIRCLE*

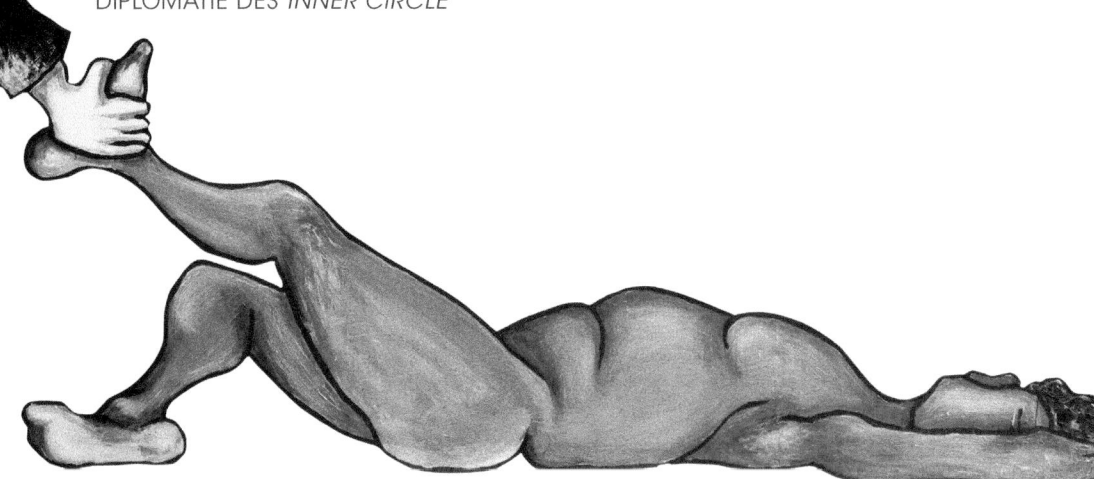

Die beteiligten Politiker waren eine kleine, eng miteinander verbundene Gruppe. Das Machtdreieck, auf das es in Europa nun besonders ankam, wurde von der Sowjetunion, den Vereinigten Staaten und der Bundesrepublik Deutschland gebildet: auf einer Ebene durch die Staats- und Regierungschefs Michail Gorbatschow, George H. W. Bush und Helmut Kohl, auf der anderen durch die Außenminister Eduard Schewardnadse, James Baker und Hans-Dietrich Genscher.

Innerhalb dieser Kraftfelder nahm das Europa der Wendezeit nach dem Kalten Krieg Gestalt an. Dabei spielten auf höchster Ebene die amerikanisch-sowjetischen, deutsch-amerikanischen und deutsch-sowjetischen Duos konstruktiv zusammen, was zur Findung einer allseitig akzeptablen Lösung in der großen Sicherheitsfrage, nämlich der Beibehaltung der NATO-Mitgliedschaft auch des vereinten Deutschlands, enorm beitrug.

Eher am Rand standen zwei mächtige, aber zunehmend isolierte Politiker: die britische Premierministerin Margaret Thatcher und der französische Staatspräsident François Mitterrand. Thatcher war gegen eine schnelle Wiedervereinigung Deutschlands – sie pochte auf ihre *special relationship* mit den USA und war pikiert, dass Bush Kohls Deutschland zum »partner in leadership«[11] erklärt hatte. Auch bot ihr die Aussicht auf »mehr Europa«, politisch wie ökonomisch, keineswegs eine Antwort auf ihr Deutschland-Problem. Mitterrand wiederum akzeptierte widerstrebend die Einheit, aber nur unter der Bedingung, dass ein vereinigtes Deutschland fest im Westen verankert sei. Für ihn bot somit gerade das europäische Einigungsprojekt – nicht zuletzt das Aufgehen der starken deutschen in einer europäischen Währung – eine Lösung für die historische Deutsche Frage. Tatsächlich fungierte das Trio Mitterrand, Kohl und EG-Kommissionspräsident Jacques Delors als Katalysator für die integrative Entwicklung der EG zur EU, während sich auch hier die Dreiecksbeziehung Mitterrand – Thatcher – Kohl als eher schwierig erwies.

Die Welt in den Jahren von 1989 bis 1992 wurde somit durch eine Diplomatie neugestaltet, die vor allem bewahrend wirkte. Da Neuheiten mit Risiken verbunden sind, halten Politiker um der Stabilität und Berechenbarkeit willen lieber am Bestehenden und Bewährten fest und nehmen nur bei Bedarf Korrekturen und Anpassungen vor. Kurzum: Staatenlenker sowie Regierungsbürokratien mögen »bekannte Bekannte« *(known knowns)*.

Dies galt auch für die etablierten »westlichen« Institutionen und Organisationen des Kalten Krieges, die die großen Umwälzungen von 1989/90 überlebten, während sich Warschauer Pakt und COMECON 1991 auflösten. EG und

11 Ebd.

NATO, aber auch die paneuropäische KSZE existierten in ihren Grundzügen fort, wurden nurmehr modifiziert, weiterentwickelt und ausgebaut.

Obwohl dieser gewissermaßen konservative Wandlungsvorgang unter Führung des Westens und insbesondere des US-Präsidenten Bush stattfand, hatte auch Gorbatschow ein ausgeprägtes Interesse, sich an jenem Prozess zu beteiligen, und zwar im Rahmen seines Versuchs, die offizielle Ideologie der Sowjetunion auf die Werte, welche die Sowjetbürger mit dem Westen »gemeinsam« hätten, neu zu orientieren. Die daraus resultierende Annäherung kulminierte in einer kurzen Phase beispielloser Zusammenarbeit zwischen den USA und der UdSSR, zwischen West und Ost. So proklamierte man – nach der Deutschen Einheit – auf dem KSZE-Gipfel von Paris im Herbst 1990 eine »Europäische Charta«,[12] wobei die KSZE – als das »Gewissen des Kontinents«[13] – trotz Institutionalisierung (und Umbenennung in OSZE) nie wirklich in eine operative gesamteuropäische Sicherheitsorganisation umgewandelt wurde. Zu stark war letztlich die Anziehungskraft eines unter der Ägide einer immer stärker integrierten Europäischen Union stehenden und eines durch eine neu erfundene NATO gesicherten Europas.

Auf der Weltbühne wurde der partnerschaftliche Ansatz von USA und UdSSR vor allem ersichtlich bei ihrer Reaktion auf die kriegerische Invasion des Iraks in Kuwait (im Herbst 1990 verurteilten sie im UN-Sicherheitsrat einstimmig Bagdads Eroberungspolitik). Ein solches gemeinsames Vorgehen sollte fortan als Kernstück der »neuen Weltordnung«,[14] wie Präsident Bush es nannte, dienen. Die alte konfrontative Bipolarität schien einem neuen Umgang mit dem Problem globaler Sicherheit zu weichen, der sich auf die beiden Supermächte USA und Sowjetunion stützen sollte, die sich als kooperative Kräfte in den Vereinten Nationen engagierten und sich am Völkerrecht orientierten.

Und doch: Die Hoffnung, dass die Menschheit in eine neue Ära der Freiheit und des dauerhaften Friedens eintreten werde, stand in dem Moment, als die UdSSR Ende 1991 entlang der Grenzen ihrer Teilrepubliken sang- und klanglos auseinanderbrach, in Konkurrenz zu der keimenden Erkenntnis, dass die bipolare Stabilität des Kalten Krieges damals schon einer weniger binären, aber zugleich gefährlicheren Struktur Platz machte. Der Jahreswechsel 1991/1992 stellte somit erneut einen massiven geopolitischen Umbruch dar, nun aber mit noch größeren Folgen für die globale Ordnung als 1989.

EINE NEUE WELT-UNORDNUNG?

Die einen verkündeten triumphalistisch das »Ende der Geschichte« bzw. sprachen von einer »Universalisierung der Demokratie« (Francis Fukuyama, 1989) und vom Anbruch einer »unipolaren« Welt (Charles Krauthammer, 1990).[15]

12 Charter of Paris for a New Europe 1990, tiny.one/indes221c3.

13 James A. Baker, CSCE: The Conscience of the Continent, in: Current Policy, Nr. 1280, U. S. Dept. of State 1990.

14 George H. W. Bush, Address Before a Joint Session of the Congress on the Persian Gulf Crisis and the Federal Budget Deficit, 11.09.1990.

15 Francis Fukuyama, The End of History?, in: The National Interest, H. 16 (1989), S. 3–18; Charles Krauthammer, The Unipolar Moment, in: Foreign Affairs, H. 1/1990–91, S. 23–33.

Die anderen sahen als Folge des sowjetischen Kollapses die Gefahr einer »neuen Welt-Unordnung« (Ken Jowitt, 1991).[16] Man denke etwa an die Frage der Kontrolle über das ex-sowjetische Atomwaffenarsenal, das sich nun zerstreut in Russland, Weißrussland, der Ukraine und Kasachstan befand. Oder an die Unsicherheit um die Waffenproliferation aus den ehemaligen Sowjetrepubliken in alte sowjetische Klientelstaaten wie zum Beispiel Nord-Korea, Libyen oder Syrien. Und nicht zuletzt an das Problem von Dürre, Krieg und Staatszerfall, wie beispielsweise in Somalia.

Auch war die Angst vor Anarchie, Instabilität und Fragmentierung an den Rändern Europas hoch: So hatte Gorbatschow im Herbst 1991, mit Blick auf das Ende der UdSSR, noch vor einer »Balkanisierung«, ja sogar einer »Libanonisierung« seines Staates gewarnt.[17] Was würde aus den postsowjetischen Nationalitäten- oder Grenzkonflikten in Bergkarabach (Aserbaidschan), Südossetien und Abchasien (Georgien), Transnistrien (Moldau) und Tschetschenien (Russland) sowie aus dem Machtkampf zwischen Moskau und Kiew hinsichtlich der Krim, der strategischen Häfen und Militäreinrichtungen in der Ukraine und der ehemals sowjetischen Schwarzmeerflotte werden? Schließlich versank Jugoslawien bereits seit dem Spätsommer in einer Reihe von Sezessionskriegen, die zum Teil nach und nach in genozidale Bürgerkriege ausarteten.

Wie sollten all diese Krisen bewältigt werden? Und von wem? Den USA? Der UNO? Der KSZE? Der EU? Oder gar der NATO? War die neue Welt nach dem Kalten Krieg wirklich so viel besser, wie man es sich in Europa im Rausch der Revolutionen und des Drangs nach Freiheit und Frieden 1989 erhofft hatte?

Was das globale Kräfteverhältnis betraf, machte sich China – unter kommunistischer Führung – den internationalen Sanktionen zum Trotz nach dem Tiananmen-Massaker 1989 auf den Weg vom Entwicklungsland zur aufsteigenden Weltmacht, während der neue Mann im Kreml, Boris Jelzin, nach dem Untergang des sowjetischen Imperiums mit der gigantischen Herausforderung kämpfte, sein kleineres, »neues Russland« in eine kapitalistische Demokratie umzuwandeln. Tatsächlich proklamierte er im Januar 1992 vor den Vereinten Nationen, man habe die kommunistische »Tyrannei« hinter sich gelassen und wolle nun eine »Partnerschaft«, ja sogar eine »Allianz« mit den USA eingehen.[18]

Doch schon bald schaute er nicht mehr nur nach Westen, sondern auch nach Asien – jedoch nicht nach Japan, von dem noch 1991 geglaubt worden war, es würde als Wirtschaftsweltmacht das sogenannte »pazifische Jahrhundert«[19] einläuten, bevor 1992 die Blase des japanischen Wirtschaftswunders geplatzt war. Stattdessen begann Jelzin China zu umgarnen. Allerdings ging es dem russischen Präsidenten um weit mehr als nur um neue Partner. Er

---

[16] Ken Jowitt, After Leninism. The New World Disorder, in: Journal of Democracy, H. 1/1991, S. 11–22.

[17] Gorbatschow zit. nach R. W. Apple, East and West Sign Pact to Shed Arms in Europe, in: New York Times, 19.11.1990.

[18] Robert D. McFadden, Leaders Gather in New York to Chart a World Order, in: New York Times, 31.01.1992; Michael Wines, Bush and Yeltsin Declare Formal End to the Cold War, in: New York Times, 02.02.1992.

[19] Vgl. Special Report. The Pacific Century. Is America in Decline?, in: Newsweek (Titelseite), 22.02.1988.

brauchte enorme Wirtschaftshilfen und er wollte für Russland den ihm seines Erachtens zustehenden Großmachtstatus wieder erlangen. Hierbei deutete Jelzins Verhalten schon früh ein zentrales Dilemma für den Kreml an: Er benötigte dringend Dollars, Deutsche Mark und westliches Knowhow, um sein Land zu stabilisieren und um das riesige Wohlstandsgefälle sowie die massive Technologielücke zwischen Russland und dem Westen zu füllen. Dafür bedurfte es der »Partnerschaft« mit dem Westen. Gleichzeitig aber wollte Jelzin Russlands Unabhängigkeit demonstrieren und strebte nach internationaler Anerkennung der Ebenbürtigkeit seines Landes mit den USA.

RUSSLANDS POSTIMPERIALES TRAUMA

Russland war immer janusköpfig gewesen: ein eurasisches Reich von der Größe eines Kontinents, welches sich von der Ostsee bis hin zum Pazifik erstreckte, das sowohl nach Osten als auch nach Westen blickte, dabei historisch eifersüchtig auf seine Souveränität bedacht. Trotz der bewussten großen politischen sowie finanziellen Anstrengungen vor allem der Vereinigten Staaten und Deutschlands, »Russland nicht zu isolieren« und nicht »von einem potenziellen Freund in einen potenziellen Gegner zu verwandeln«,[20] erwies sich der Umgang mit Moskau von 1992 an als extrem komplex und angespannt. Tatsächlich würde es dem postsowjetischen russischen Rumpfstaat der Nachwendezeit nicht gelingen, sein postimperiales Trauma abzulegen.

Im Gegenteil. Gerade für Russland spielt das Vermächtnis von *1991* entscheidend in der Machtpolitik der Gegenwart mit. So erklärte Jelzins Nachfolger Wladimir Putin 2005 den Zusammenbruch der Sowjetunion zur »größten geopolitischen Katastrophe des 20. Jahrhunderts«.[21] Mehr noch: Aus seiner Sicht war diese ferner auch ein »humanitäres Desaster«, weil so viele Russen seither als Minoritäten im »Nahen Ausland«, das heißt in den unabhängigen Ex-Republiken, lebten.[22] Im Dezember 2021 sprach er gar von der großen »Tragödie«, die der Zerfall des »historischen Russlands unter dem Namen Sowjetunion« darstellte. »Wir haben uns in ein völlig anderes Land verwandelt. Und was über 1.000 Jahre hinweg aufgebaut worden war, ging weitgehend verloren.«[23] Diese »Katastrophe« von 1991 habe Russland zur internationalen »Irrelevanz« degradiert; und so besteht Putins Mission seit seiner Amtsübernahme zu Beginn des neuen Jahrtausends im »Sammeln der historischen Länder Russlands« – wenn nötig, wie wir heute im Falle der Ukraine erkennen müssen, auch mit kriegerischen Mitteln.

Erst im Juni 2022 erinnerte Putin die Welt an Zar Peter I. und an den langen Nordischen Krieg (1700–1721), durch den sich der heutige Kremlchef in

20 Zit. nach Spohr, Wendezeit, S. 783.

21 Rede Putins am 25.04.2005, »Послание Федеральному Собранию Российской Федерации«, tiny.one/indes221c4.

22 Путин разъяснил свои слова о »геополитической катастрофе« в контексте распада СССР, in: ТАСС, 27.06.2019, tiny.one/indes221c5.

23 Wladimir Putin: Zerfall der Sowjetunion ist eine Tragödie, in: Russia Today, 14.12.2021.

seiner Politik autorisiert fühlt. So habe der Zar das Territorium um St. Petersburg den Schweden nicht etwa abgenommen, sondern zurückgewonnen. »Offenbar ist es auch unser Los«, deklarierte Putin, »zurückzuholen und zu stärken.«[24] Die putineske Strategie: unter dem Deckmantel seiner »Geschichtsschreibung« die »territoriale Wiedergewinnung« für Russland zu rechtfertigen, die »Heimholung« als völkisch motivierte Genealogie zu verbrämen und gleichzeitig den Westen als »Reich der Lügen« zu verurteilen.[25]

Putin ließ niemanden im Zweifel, dass er in der jetzigen »Epoche des Wandels« für Russland eine »Führungsrolle« beanspruche. Widerstandsfähigkeit und »Souveränität« seien dabei unverzichtbar. Nach Seiner Ansicht nach sei ein Land nämlich entweder stark und »souverän« – oder eine »Kolonie«, wobei letztere sowieso »keine historische Perspektive […], keine Chance« habe, im »harten geopolitischen Kampf zu überleben. So war es schon immer.«[26]

Die Zeiten, als die Diplomatie zu triumphieren schien, sind im Kontext des fortdauernden Ukrainekrieges eindeutig der gegenwärtig vorherrschenden tödlichen Sprachlosigkeit zwischen dem Westen und Russland gewichen. »Im Verhältnis zu Russland kann es kein Zurück geben in die Zeit vor dem russischen Überfall auf die Ukraine«, so Kanzler Scholz auf dem G7-Gipfel in Elmau am 27. Juni 2022. Eine Partnerschaft mit Russland sei »auf absehbare Zeit« schlicht »unvorstellbar«.[27]

NEUE ORDNUNG MIT KONSTRUKTIONSFEHLERN

Um es noch einmal zusammenzufassen: Die »Wendezeit« und die nachfolgenden drei Jahrzehnte bis zur heutigen »Zeitenwende« waren insgesamt im historischen Rückblick eine Besonderheit.[28]

Die Erfolge der Diplomatie 1989–1992 waren eindrucksvoll. Die Staatenlenker stabilisierten Mitteleuropa in einer Periode des schnellen geopolitischen Wandels – durch kooperative Partnerschaft, Kompromisswilligkeit und über den Weg der institutionellen Bewahrung, Adaptation und Neuerfindung.

Doch das (vor allem von US-Seite) an den Tag gelegte außerordentliche Selbstbewusstsein, dass sich die Welt künftig im Rahmen einer zunehmend auf Washington ausgerichteten Weltordnung immer mehr an den amerikanischen Werten orientieren werde, hat sich im Lauf der Zeit als Illusion entpuppt. Den Kapitalismus zu bejahen, hieß nicht, dass auch die Demokratisierung überall vorangetrieben würde. Tatsächlich befindet sie sich zurzeit global sogar eher in einer Rezession. Die alte Rivalität zwischen den Großmächten ist mit Vehemenz zurückgekehrt, und die traditionellen westlichen Werte von Demokratie und Freihandel werden auf der ganzen

---

24 Putin will in der Ukraine russisches Territorium »zurückholen« – wie einst Zar Peter der Große, in: Redaktionsnetzwerk Deutschland, 09.06.2022.

25 Address by the President of the Russian Federation, 24.02.2022, tiny.one/indes221c6.

26 Putin auf dem »Meeting with Young Entrepreneurs, Engineers and Scientists«, 09.06.2022, tiny.one/indes221c9.

27 Zit. n. Süddeutsche Zeitung, 22.06.2022; tiny.one/indes221c8.

28 Vgl. Spohr, Wendezeit, Einleitung und Epilog.

Welt infrage gestellt. Dies gilt insbesondere für Putins Russland und Xi Jinpings China, aber spätestens seit der Präsidentschaft Donald Trumps auch für die USA selbst.

Die Schwächen der internationalen Regelung, die den Kalten Krieg so friedlich beendete und die vor dreißig Jahren so vielversprechend wirkte, sind heute offensichtlich. Russlands Eroberungskrieg in der Ukraine, eingefrorene Konflikte, die Auflösung aller wichtigen nuklearen Rüstungskontrollabkommen, die Verknöcherung internationaler Institutionen (und nicht zuletzt ein blockierter UN-Sicherheitsrat), der unvorhergesehene Aufstieg mächtiger autoritärer Regime, die hybride Kriegsführung, die gewachsene Bedrohung durch Massenvernichtungswaffen sind nur einige der nicht antizipierten oder teils auch einfach ausgeblendeten Folgen von Konstruktionsfehlern der neuen Ordnung, die von den Gestaltern der Weltpolitik in den Jahren von 1989 bis 1992 mit solcher Hast und solchem Erfindungsgeist improvisiert wurde. Das Bestreben der Staatenlenker war immer, möglichst schnell Stabilität zu schaffen und Krieg zu vermeiden. Gleichwohl, so warnte bereits George Bush am Ende seiner Amtszeit 1992, bestand die Gefahr, dass »die neue Welt […], mit der Zeit, genauso bedrohlich sein [könnte] wie die alte.«[29] Leider, wie wir nur eine Generation später erkennen, sollte er recht behalten.

Schon heute, nach wenig mehr als einem halben Jahr, ist das Ergebnis des Ukrainekrieges eine Zerstörung in einem Ausmaß, welches Europa seit 1945 nicht mehr gesehen hat. Wir erleben gerade die völlige Unterminierung, wenn nicht gar den Versuch der Demontage der europäischen Friedensordnung der Nachwendezeit.

Wohin uns dieser barbarische Konflikt führen wird, bleibt abzuwarten. Diese Geschichte muss erst noch geschrieben werden. Ob es in Europa trotz allem ein neues Langzeitnarrativ von Integration und Demokratisierung geben wird? Es bleibt zu hoffen. Dennoch wird es am Schluss sicher ein anderes, neues Nachkriegseuropa geben. Vielleicht eine ganz andere Welt.

[29] George H. W. Bush, Remarks at Texas A&M University, College Station, 15.12.1992.

© Dermot Tatlow

Kristina Spohr, Ph. D., ist Professorin für Internationale Geschichte an der London School of Economics (LSE) und Senior Fellow am Henry A. Kissinger Center for Global Affairs an der SAIS-Johns Hopkins University in Washington D.C. Sie ist Autorin und Herausgeberin von zahlreichen Büchern. Auf Deutsch erschienen von ihr *Helmut Schmidt – Der Weltkanzler* (Theiss, 2016) und zuletzt *Wendezeit – Die Neuordnung der Welt nach 1989* (DVA, 2019), welches mit dem Preis *Das politikwissenschaftliche Buch* 2020 der DGfP und SWuD ausgezeichnet wurde.

NORDISCHE WENDEMANÖVER
SICHERHEITSPOLITISCHE PARADIGMENWECHSEL
ZWISCHEN KOPENHAGEN UND HELSINKI

Ξ Tobias Etzold

Finnland und Schweden haben Mitte Mai 2022 ihre Anträge auf Beitritt zur Nordatlantischen Vertragsorganisation (NATO) eingereicht und sind während des NATO-Gipfels in Madrid Ende Juni formell zum Beitritt eingeladen worden. Dänemark hat sich Anfang Juni für eine engere sicherheitspolitische Anbindung an die Europäische Union (EU) entschieden. Aus der bisher uneinheitlichen und komplizierten sicherheitspolitischen Landschaft erwächst ein kohärenteres Muster. Dänemark, Island und Norwegen zählen zu den Gründungsmitgliedern der NATO, Finnland und Schweden blieben aus geostrategischen Gründen bislang außen vor. Norwegen und Island gehören nicht der EU an, sind aber über den Europäischen Wirtschaftsraum eng an sie gebunden. Dänemark nahm bislang aufgrund eines Vorbehalts nicht an der Gemeinsamen Sicherheits- und Verteidigungspolitik (GSVP) der EU teil, während sich Norwegen als Nichtmitglied an militärischen EU-Missionen beteiligt. Zwar waren Finnland und Schweden auf Basis von Kooperationsabkommen näher an die NATO herangerückt und hatten die nordischen Länder ihre verteidigungspolitische Zusammenarbeit seit der russischen Annexion der Krim 2014 verstärkt. Doch die unterschiedlichen Anbindungen und politischen Interessen verhinderten ein noch einheitlicheres Auftreten und eine effektivere Kooperation zugunsten der Sicherheit in der gesamten Region. Angesichts des russischen Kriegs in der Ukraine und einer wachsenden Angst vor russischer Aggression durchlaufen die Länder im Norden Europas ihre eigene sicherheitspolitische *Zeitenwende* mit umfassenden Anpassungen bisheriger Ausrichtungen und Grundsätze. Dadurch rücken sie nicht zuletzt enger zusammen.

FINNLANDS UND SCHWEDENS SICHERHEITS-PATCHWORK

Die schwierigsten Debatten und weitreichendsten Kursänderungen standen den Nicht-NATO-Mitgliedern Finnland und Schweden ins Haus. Eine NATO-Mitgliedschaft kam für beide Länder während des Kalten Krieges nicht infrage. Finnland war aufgrund seines besonderen Verhältnisses zur Sowjetunion auf

Basis eines Freundschaftsvertrags zur Neutralität verpflichtet. Schweden hatte sich für die (bewaffnete) Neutralität entschieden, um international freihändiger zwischen den Blöcken agieren und vermitteln zu können. Auch nach Ende des Kalten Krieges sahen beide Länder in einem NATO-Beitritt keine Notwendigkeit. Stattdessen wurden multilateraler Dialog, Vermittlung und Abrüstung großgeschrieben. Dennoch wandelte sich der Status Finnlands und Schwedens von neutral zu bündnisfrei, als sie 1995 der EU beitraten, an deren gemeinsamer Außenpolitik sowie der GSVP teilnahmen und eine Partnerschaft mit der NATO eingingen. Das Sicherheitspaket Finnlands und Schwedens setzt sich daher aus mehreren Bausteinen zusammen, die seit der Krimkrise 2014 kontinuierlich ausgebaut wurden: GSVP, enge Beziehungen zur NATO (inklusive Teilnahme an deren internationalen Missionen und Truppenübungen), bilaterale Verteidigungsabkommen mit den Nachbarländern und den USA sowie regionale Formen der sicherheitspolitischen Zusammenarbeit, insbesondere die *Nordic Defense Cooperation* (Nordefco). Für sich allein wäre jedes dieser Elemente unzureichend gewesen, doch in der Summe reichten sie vielen bislang zur Wahrung der nationalen Sicherheit auch ohne NATO-Mitgliedschaft und das Prinzip der kollektiven Verteidigung aus.

DIE NATO-BEITRITTSDEBATTE: FINNISCHE VORREITER

Eine umfassende Debatte über einen Beitritt war daher seit 2014 nur im Ansatz erkennbar. Das Prinzip der Neutralität bzw. Bündnisfreiheit schien weiterhin fest in den Köpfen vieler Finn:innen und Schwed:innen verankert zu sein, insbesondere auf sozialdemokratischer und linker Seite, sodass es bis zum Februar dieses Jahres weder in Bevölkerung noch Politik Mehrheiten für einen Beitritt gab. Immerhin hatte Finnland bereits seit 2006 eine sogenannte NATO-Option in seiner nationalen Sicherheitsdoktrin verankert, das heißt eine Klausel, die einen NATO-Beitritt im Bedarfsfall schnell ermöglichen würde. Während die finnischen Mitte-links-Parteien einer tatsächlichen Mitgliedschaft dennoch skeptisch gegenüberstanden, sprachen sich die Konservativen früh dafür aus. In Schweden hatte man sich selbst nach 2014 noch nicht einmal auf eine NATO-Option verständigen können. Dort stand die NATO-Frage zwischen den politischen Blöcken. Die Mitte-links-Seite war gegen jegliche Schritte hin zu einer Mitgliedschaft und verschloss sich einer Debatte; ein Bündnis aus vier bürgerlichen Parteien, seit 2014 in der Opposition, sprach sich 2017 für einen Beitritt als den logischen nächsten Schritt in der bisherigen Zusammenarbeit aus.

Die NATO-Frage kam *indes* bereits Anfang 2022 wieder auf im Kontext von Russlands Truppenaufmarsch an der ukrainischen Grenze und russischen

Drohungen gegenüber Finnland und Schweden, scharf zu reagieren, falls diese der NATO beitreten sollten. Nach dem 24. Februar veränderte sich die Stimmungslage rasant und die Debatte in Politik und Öffentlichkeit nahm rasch an Fahrt auf. Von beiden Ländern übernahm Finnland dabei eindeutig die Vorreiterrolle. Waren es zuvor maximal dreißig Prozent, so sprachen sich bereits Anfang März über fünfzig Prozent der Finn:innen in Umfragen für einen Beitritt aus. Paradoxerweise war Russland seit 2014 zugleich ein Grund, der NATO nicht beizutreten – um das empfindliche Verhältnis nicht zu stören — sowie, ihr beizutreten.[1] Jetzt begann eindeutig Letzteres zu überwiegen. Die schnell steigende Zustimmung wurde erleichtert durch ein Wechselspiel von Vorstößen aus der Politik und Initiativen aus der Zivilgesellschaft. Eine von einer Gruppe befreundeter Gamer initiierte Petition Ende Februar, die binnen kürzester Zeit 50.000 Unterschriften erhielt, trug dazu bei, dass das Thema NATO-Beitritt bereits im März im Parlament behandelt wurde. Nach ausführlichen Debatten und Konsultationen legte die Regierung dem Parlament im April einen sicherheitspolitischen Lagebericht vor, der die neue Situation eingehend analysierte und zu dem Schluss kam, dass nur die NATO umfassende Sicherheitsgarantien für Finnland zu leisten in der Lage sei und dass die NATO-Beitritte Finnlands und Schwedens für mehr Stabilität und Sicherheit in der Ostseeregion sorgen würden.[2] Der Bericht fand Zustimmung und eine Partei nach der anderen gab ihren meist historisch begründeten Widerstand auf und sprach sich für die Mitgliedschaft aus. Mitte Mai schließlich empfahl die Regierung den Beitritt, woraufhin das Parlament am 17. Mai den historischen Beschluss dazu fasste.

SCHWEDISCHE NACHZÜGLER

Schweden zögerte länger. Einerseits schien das Land den Druck von außen zu brauchen, andererseits setzte das finnische Tempo die schwedische Regierung gehörig unter Zugzwang. Denn es war immer betont worden, dass alle Schritte mit Finnland abgestimmt werden sollten und man nur gemeinsam der NATO beitreten wolle. Im Falle eines alleinigen Beitritts des östlichen Nachbarn fürchtete man, in eine sicherheitspolitische Isolation zu geraten. Daher fiel, mit konkreter werdenden Beitrittsplänen Finnlands, insbesondere in der regierenden sozialdemokratischen Partei die Zurückhaltung. Noch vor Kurzem bestätigte Überzeugungen über den Nutzen der Bündnisfreiheit und damit verbundener Handlungsfreiheit wurden abgeräumt. Die politischen Wendungen waren dabei mitunter halsbrecherisch. Ministerpräsidentin Magdalena Andersson hatte sich noch kurz nach Beginn der russischen Invasion in die Ukraine gegen einen NATO-Beitritt ausgesprochen, da

[1] Vgl. Hanna Ojanen, Between Russia, Sweden, and NATO. Finland's defence of »sovereignty equality«, European Council of Foreign Relations, 10.01.2022.

[2] Vgl. Ministry for Foreign Affairs, Government report discusses changes in Finland's security environment, Press Release, 13.04.2022.

dieser die Sicherheitslage in Nordeuropa und im Ostseeraum weiter destabilisieren könne aufgrund der von Russland zu erwartenden Gegenreaktionen.³ Zwei Monate später sah sie dann keine Alternative mehr: Die Bündnisfreiheit habe Schweden bislang zwar gut gedient, dies sei aber in der Zukunft nicht mehr im selben Maß der Fall.⁴ Verteidigungsminister Per Hultquist gab Mitte April seinen langjährigen ausdrücklichen Widerstand gegen einen NATO-Beitritt auf, nachdem sich die von ihm gründlich geprüfte alternative Option einer bilateralen Verteidigungsallianz mit Finnland und US-amerikanischer Unterstützung als nicht realisierbar herausgestellt hatte.⁵

Allerdings war in Schweden die öffentliche und politische Zustimmung zu keiner Zeit so hoch wie in Finnland, und das Land war wesentlich gespaltener. Linkspartei und Grüne sowie die Friedensbewegung sprachen sich bis zum Schluss vehement gegen einen Beitritt aus, und auch unter den Sozialdemokraten waren längst nicht alle überzeugt. Vielen ging die Entwicklung zu schnell, war die Debatte zu einseitig und zu wenig inklusiv. Kritiker sprachen sogar von fehlender demokratischer Legitimität.⁶ Für die Sozialdemokraten stand damit trotz guter Umfragelage die Gefahr im Raum, bei den Reichstagswahlen im September Wähler:innen an andere linke Parteien zu verlieren. Ein Abwarten bei der NATO-Frage wiederum wäre allerdings von der oppositionellen konservativen Partei Moderaterna, einer vehementen Befürworterin eines NATO-Beitritts, im Wahlkampf ausgenutzt worden. Am Ende gab es so wenigstens einen seltenen Konsens zwischen den beiden größten Parteien. Die Konservativen einzubinden war insofern schlau, als so nicht alle Verantwortung für etwaige scharfe russische Reaktionen auf den Schultern der Sozialdemokraten läge.⁷ Schließlich stimmte das schwedische Parlament mit einer breiten Mehrheit für den Beitritt. Dennoch ist es in Schweden anders als in Finnland nicht sehr gut gelungen, eine breite öffentliche Zustimmung herzustellen. Selbst zum Zeitpunkt des NATO-Beschlusses waren nur ca. 55 Prozent der Schweden für den Beitritt.

DIE REFERENDUMSFRAGE

Ein interessanter Aspekt hierbei ist in beiden Ländern, wie die Frage nach der Durchführung eines Referendums über einen NATO-Beitritt klammheimlich verschwunden ist. Ein solches schien als finale Beschlussinstanz gesetzt zu sein, solange nur gelegentlich und weniger vehement über einen Beitritt diskutiert wurde und es noch keine konkreten Vorbereitungen dazu gab. Etliche Parteien wie die rechtspopulistischen Schwedendemokraten, die den Beitritt lange ablehnten, hatten ihre Zustimmung zu diesem an die Abhaltung eines Referendums geknüpft. *Indes* kamen in der wissenschaftlichen und medialen

3 Vgl. Linnea Carlén & Jonas Olsson, Andersson om Natomedlemskap: Skulle destabilisera säkerhetsläget, in: SVT Nyheter, 08.03.2022, tiny.one/indes221e1.

4 Vgl. Louise Scharff Thomesen u. a., Sverige vil inn i Nato: – Et enormt skifte i europeisk sikkerhetspolitikk, in: NRK, 15.05.2022, tiny.one/indes221e2.

5 Vgl. Lucas Dahlström, »Då hade jag rätt klart för mig att Finland går mot ett Natomedlemskap«, in: Svenska Yle, 16.05.2022, tiny.one/indes221e3.

6 Vgl. Johan Wicklén & Björn Wiman, En känsla av bristande demokratisk legitimitet, in: SVT Nyheter, 17.05.2022, tiny.one/indes221e4.

7 Vgl. Mats Knutsson, Signal om bred enighet i Natofrågan, in: SVT Nyheter, 16.05.2022, tiny.one/indes221e5.

8 Vgl. Hanna Ojanen, Between Russia, Sweden, and NATO. Finland's Defence of »sovereignty equality«, in: European Council on Foreign Relations, 10.01.2022; Josefin Silverberg, Därför blir det troligen ingen Nato-folkomröstning i Sverige, in: SVT Nyheter, 28.04.2022, tiny.one/indes221e6.

9 Vgl. Silverberg.

10 Vgl. Jenny Jägerhorn & Magnus Swanljung, President Niinistö til Svenska Yle: Det behövs ingen folkomröstning eller officiell opinionsmätning om NATO, in: Svenska Yle, 30.03.2022, tiny.one/indes221e14.

Diskussion Zweifel auf, ob Referenden verantwortbar sind, da sie zu Desinformationskampagnen und Störungsversuchen von außen einladen könnten.[8] Zudem wurde argumentiert, dass sie viel Zeit in Anspruch nehmen und das Thema möglicherweise zu komplex für ein Referendum sei.[9] Als aber in Finnland Ende März in Umfragen die Zustimmung zum NATO-Beitritt auf weit über sechzig Prozent stieg, war Präsident Sauli Niinistö schließlich der Meinung, dass dies als demokratische Legitimierung ausreichend und eine Befragung mittels eines Referendums nicht mehr notwendig sei.[10] Dagegen galt die Prämisse, dass ein entsprechender Regierungsbeschluss von einer breiten Mehrheit der gewählten Volksvertreter:innen getragen werden müsse, um die demokratische Verankerung sicherzustellen. In Schweden hatte Regierungschefin Andersson bereits im März Zweifel geäußert, ob ein Referendum der richtige Weg sei, diese wichtige Frage zu entscheiden. Dort plädierten letztlich auch nur die Linkspartei und die grüne Jugend dafür, nachdem die Schwedendemokraten davon Abstand genommen hatten. Möglicherweise wäre ein Referendum jedoch ein Weg gewesen, die demokratische Legitimation des Beschlusses zu erhöhen.

DÄNEMARK UND NORWEGEN

Dass ein Referendum über bedeutende Fragen nationaler Sicherheit innerhalb kurzer Zeit durchführbar ist und solche Entscheidungen dem Volk anvertraut werden können, zeigte Dänemark. Auch dort, und in geringerem Umfang in Norwegen, hatte Russlands Krieg in der Ukraine sicherheitspolitische Konsequenzen. Bereits Anfang März verkündete ein Mehrparteienbündnis aus regierenden Sozialdemokraten, die Minderheitsregierung unterstützenden Linksliberalen und Linkspartei sowie den oppositionellen Konservativen und Rechtsliberalen, aber ohne die rechtsnationale und europaskeptische Dänische Volkspartei, den nationalen Kompromiss, ab jetzt jedes Jahr zwei Prozent des Bruttoinlandsprodukts für die Verteidigung auszugeben und damit die entsprechende NATO-Zielmarke zu erfüllen. Überraschender kam jedoch die im selben Papier festgehaltene Absicht, den bisherigen Vorbehalt Dänemarks, nicht an der GSVP teilnehmen zu müssen, abzuschaffen. Zu diesem Zweck wurde ein Referendum für den 1. Juni 2022 angekündigt.[11] Neben anderen Vorbehalten (u. a. Wirtschafts- und Währungsunion/Euroeinführung), hatte sich das EU-Mitglied Dänemark diesen Vorbehalt 1993 im Gegenzug zu seiner Zustimmung zum Vertrag von Maastricht ausbedungen. Das hieß in der Praxis, dass Dänemark nicht an militärischen EU-Missionen sowie gemeinsamen Verteidigungs- und Rüstungsprojekten teilnahm. Trotz der schon länger in Expertenkreisen gehegten Zweifel, ob dieser Vorbehalt noch zeitgemäß ist und dänischen Sicherheits- sowie wirtschaftlichen Interessen der dänischen Verteidigungsindustrie dient, schien dieser bis dato unantastbar. Da jedoch die EU angesichts der neuen Situation begann, ihre Verteidigungspolitik strategisch neu auszurichten, ihre militärische Schlagkraft zu verstärken und ihre sicherheitspolitische Zusammenarbeit mit der NATO neu zu definieren, dämmerte Dänemark, dass es unter den gegebenen Bedingungen bei diesen wichtigen Entscheidungen außen vor bleiben würde.[12] Der Ausgang des Referendums war lange Zeit ungewiss, da die alten dänischen Ängste wieder auflebten, im Falle eines Ja mehr Souveränität als gewünscht an die EU abgeben zu müssen. Dies galt insbesondere für den Fall, dass die GSVP vom zwischen- in den suprastaatlichen Modus wechselt, vor allem durch Schaffung eines gemeinsamen Heeres und die Abschaffung des Vetorechts für einzelne Staaten. Zudem hatte die dänische Bevölkerung in Referenden der insgesamt pro-europäischen Elite schon mehrfach einen

[11] Vgl. Statsministeriet Forsvarsministeriet, Nationalt kompromis om dansk sikkerhetspolitik, 06.03.2022, tiny.one/indes221e8.

[12] Vgl. Kai Strittmatter, Neue Nordische Kombination, in: Süddeutsche Zeitung, 10.03.2022, tiny.one/indes221e9.

Strich durch die Rechnung gemacht. Doch der Ausgang des Referendums war klar und deutlich: Zwei Drittel stimmten für die Abschaffung des Vorbehalts, allerdings bei einer ebenso hohen und damit für dänische Verhältnisse geringen Wahlbeteiligung. Wie in Finnland und Schweden führte auch in Dänemark Russlands Aggression zu einem raschen Umdenken in Politik und öffentlicher Meinung und zu einer grundlegenden Veränderung der dänischen Verteidigungspolitik.[13]

Weniger weitgehend waren die sicherheitspolitischen Anpassungen des NATO-Gründungsmitglieds Norwegen. Die Regierung erhöhte jedoch ihr Verteidigungsbudget von ca. sieben Milliarden Euro um ca. dreihundert Millionen Euro allein für das laufende Jahr, baute die Truppenpräsenz und die geheimdienstlichen Aktivitäten in Norwegens arktischem Hohen Norden zu Abschreckungszwecken deutlich aus und erleichterte durch Ausbau seiner Infrastruktur die temporäre Vorortpräsenz ausländischer Truppen, zum Beispiel zu Übungszwecken. Darüber hinaus wird zaghaft Norwegens Verhältnis zur EU neu diskutiert. Manche sehen angesichts der neuen Situation und der enormen globalen und europäischen Herausforderungen in einer EU-Mitgliedschaft Vorteile auch sicherheitspolitischer Art für Norwegen. Laut den norwegischen Grünen ließen sich die gegenwärtigen Probleme nur im Rahmen einer engen Gemeinschaft lösen, der Norwegen daher vollumfänglich angehören müsse.[14] Ein tatsächlicher EU-Beitritt Norwegens liegt in weiter Ferne, aber dass überhaupt wieder eine Debatte darüber angestoßen wird, ist schon an sich bemerkenswert.

EINHEITLICHERE SICHERHEITSARCHITEKTUR UND NORDISCHE SOLIDARITÄT

Infolge dieser weitreichenden Veränderungen wird der Norden als Sicherheitslandschaft einheitlicher und übersichtlicher. Die beschriebenen Beschlüsse der nordischen Länder haben das Potenzial, mehr Stabilität, Sicherheit und Verlässlichkeit zu schaffen. Beobachter sprechen von der größten geopolitischen Veränderung des Nordens seit dem Ende des Kalten Krieges.[15] Diese geht sogar weiter als die deutsche *Zeitenwende*, die für manche Schritte der nordischen Länder, wie Waffenlieferungen an die Ukraine und die Erhöhung der Verteidigungsetats, durchaus eine Inspiration darstellte. Sie enthält unmittelbar eintretende grundsätzliche und institutionelle Anpassungen und besteht nicht primär nur aus Ankündigungen. Im Ostseeraum hofft man mit dem NATO-Beitritt Finnlands und Schwedens auf die Schließung einer signifikanten Sicherheitslücke. So wird insbesondere die Verteidigung der baltischen Staaten für die NATO von der westlichen Seite der Ostsee aus im Ernstfall einfacher werden.

---

13 Vgl. Iben Tybjærg Schacke-Barfoed & Lykke Friis, Denmark's Zeitenwende, in: European Council on Foreign Relations, 07.06.2022, tiny.one/indes221e10.

14 Vgl. Une Solheim & Lisbeth Skel, MDG-topper vil ha Norge med i EU-ber partiet om ja til folkeavstemming, in: NRK.no, 27.04.2022, tiny.one/indes221e11.

15 Vgl. Mikkel Runge Olesen & Jakob Linnet Schmidt, Et samlet Norden i Nato er det største geopolitiske nybrud for regionen siden Den Kolde Krig, in: DIIS, 22.06.2022, tiny.one/indes221e12.

Die baltischen Länder sowie Dänemark, Norwegen und Island unterstützten und begrüßten die Beschlüsse Finnlands und Schwedens daher ausdrücklich. Unter nordischen Politiker:innen und Beobachter:innen war die Rede von einer Wiederbelebung der nordischen Zusammenarbeit und der Möglichkeit, jetzt die nordische Sicherheits- und Verteidigungszusammenarbeit, insbesondere im Rahmen von Nordefco, zu erleichtern und zu intensivieren und so eine echte kollektive Sicherheitsgemeinschaft im Norden zu gründen.[16] Ob das tatsächlich gelingt, bleibt abzuwarten, doch arbeiten alle fünf Länder in der NATO zusammen, ist keine Rücksicht mehr auf unterschiedliche Zugehörigkeiten und politische Interessen notwendig, wovon der Zusammenhalt profitieren dürfte. Mit zwei weiteren militärisch starken nordischen Mitgliedsländern könnte die Bedeutung des Nordens innerhalb der NATO wachsen. Die NATO-Mitgliedschaft aller fünf Länder schafft neue Möglichkeiten bei militärischer Planung, Arbeitsteilung, Operabilität, Materialbeschaffung, Übungen und Truppentransporten.[17]

Im Zuge der NATO-Beitrittsdebatte und der aktuellen Bedrohungsperzeption lebten das nordische Solidaritätsprinzip und das Interesse aneinander wieder auf. Zu Zeiten der Migrationskrise 2015/16 und der Corona-Pandemie hatten die anderen Länder ein gewisses Misstrauen insbesondere gegenüber Schweden gehegt, das in beiden Fällen einer wesentlich liberaleren Linie gefolgt war, in der Pandemie auf Lockdowns verzichtet hatte und so für die Verbreitung des Virus im gesamten Norden mitverantwortlich gemacht wurde. Diese Skepsis, unter der die nordische Zusammenarbeit gelitten hatte, scheint nun neuem Vertrauen gewichen. Finnland und vor allem Schweden orientierten sich zudem am NATO-Modell Norwegens und Dänemarks, wonach auf deren Territorium weder NATO-Truppen noch Atomwaffen dauerhaft stationiert werden dürfen. In Schweden hatte insbesondere die Atomwaffenfrage vielen Kopfschmerzen bereitet. Wenigstens einige Elemente der bisherigen Außen- und Sicherheitspolitik und eine gewisse Eigenständigkeit, etwa zugunsten internationaler Vermittlungstätigkeiten, beibehalten zu können, ist trotz der Aufgabe des traditionellen Neutralitätsprinzips insbesondere in Schweden wichtig für das nationale Selbstverständnis.

[16] Vgl. ebd.

[17] Vgl. Albin Lindström u. a., Försvarsministern: Nordens försvarsformåga starkare vid ett Natomedlemskap, in: SVT Nyheter, 10.05.2022, tiny.one/indes221e13.

Stiftung Wissenschaft und Politik

Dr. Tobias Etzold ist Politikwissenschaftler und Dozent für Europastudien am Institut für Geschichte und Klassische Studien an der Naturwissenschaftlichen und Technischen Universität Norwegens in Trondheim. Er ist spezialisiert in politischen Entwicklungen, EU-Fragen, Sicherheit und regionaler Zusammenarbeit in Nordeuropa.

CYBERWAR

DIE DIGITALE ARENA DES UKRAINEKRIEGS

Ξ Philipp von Wussow

Folgt man der durchschnittlich informierten deutschen Presse, so zeichnet sich der gegenwärtige Krieg zwischen Russland und der Ukraine durch einen zunehmenden Gebrauch von Cyberwaffen und digitalen Desinformationstechniken aus.[1] Die Erwartung, dass Kriege immer mehr Cyberkriege sein werden, kursiert bereits seit vielen Jahren. Doch bislang hat es keinen Krieg gegeben, bei dem die Cyberkomponente tatsächlich eine mehr als unterstützende Rolle gespielt hätte. Der Ukrainekrieg macht vollends erkennbar, was in strategischen Analysen schon seit einiger Zeit als Szenario diskutiert wird und jetzt möglicherweise Realität gewinnt: das nahezu völlige Fehlen einer ernsthaften Cyberkomponente. Russland hat auch nach mehreren Monaten der Kampfhandlungen keine großen Cyberangriffe unternommen. Schon Anfang März stellte ein Artikel im *Economist* fest: »It is the dog that has yet to bark«.[2] Solche Diagnosen wurden anfangs noch vorsichtig geäußert, da jederzeit zu befürchten war, dass sie von der Realität eingeholt werden konnten. Doch inzwischen zeichnet sich ab, dass sie genau richtig lagen. Der Ukrainekrieg ist kein Cyberkrieg; er markiert vielmehr die Rückkehr zum »alten« Krieg, wie Europa ihn seit dem Zweiten Weltkrieg nicht mehr gesehen hat.

Dabei gab es durchaus Cyberoperationen. So wurden ukrainische Infrastrukturen kurzzeitig lahmgelegt; es fanden Phishing-Angriffe auf ukrainische und polnische Regierungsmitarbeiter und Militärs statt; ferner wurden zwei Wochen vor dem Einmarsch Angriffsversuche auf amerikanische Energieversorger, zu Beginn des Kriegs dann auf die Schweizer Börse unternommen. Solche Angriffe auf Ziele außerhalb der ukrainischen Staatsgrenzen können als Signale an potenzielle Unterstützer der Ukraine verstanden werden. Verantwortlich waren die üblichen Verdächtigen – vor allem die russische Gruppe FancyBear und die weißrussische Gruppe Ghostwriter –, die entweder im staatlichen Auftrag oder mit staatlicher Duldung handeln.[3] Auch die Ukraine verzeichnete gewisse Erfolge in Zusammenarbeit mit einer internationalen Koalition von Hackern (insbesondere mit dem Anonymous-Kollektiv) bei der Angriffsabwehr sowie bei eigenen Angriffen auf Systeme des russischen Militärs. Aber das Geschehen hält sich in maximaler Distanz zu jenen großen militärischen Cyberangriffen, die lange Zeit als die Zukunft des Kriegs vorausgesagt wurden. Die bislang gravierendsten russischen Cyberangriffe verwendeten Wiper-Software, mit der

---

[1] Vgl. bspw. Lara Kirschbaum, »Alle Abteilungen zum Kampf!«, in: Frankfurter Allgemeine Zeitung, 01.07.2022, tiny.one/indes221i1.

[2] O. A., Cyber-attacks on Ukraine are conspicuous by their absence, in: The Economist, 01.03.2022, tiny.one/indes221i2.

[3] Diese Hackergruppen sind den Cybersicherheitsunternehmen wohlbekannt. FancyBear (nach der Bezeichnung von CrowdStrike) wurde von FireEye als Advanced Persistent Threat eingestuft und ist etwa auch als APT28 (Mandiant), Sofacy Group (Kaspersky) oder STRONTIUM (Microsoft) bekannt. Ghostwriter (UNC1151 nach der Bezeichnung von Mandiant) ist insbesondere für Phishing-Angriffe und Propaganda-Aktionen bekannt. Beide Gruppen waren auch an Angriffen in Deutschland beteiligt.

Daten der betroffenen Rechner gelöscht werden; doch an diesen Angriffen fiel vor allem auf, dass sie *nicht* zur Vorbereitung und Tarnung eines größeren Angriffs dienten, wie das bei früheren Angriffen üblich war.

Nach einer Analyse des Politikwissenschaftlers und Osteuropaexperten Mitchell Orenstein gibt es bislang drei Arten des Gebrauchs von Cyberangriffen. Russland nutzt Cyberangriffe erstens, um kritische Infrastrukturen anzugreifen, darunter Regierungswebsites, IT-Server, Banken, Medienhäuser und Kraftwerke. Zweitens werden Cyberangriffe als Teil einer Strategie des hybriden Kriegs vorgenommen, der an die Stelle des klassischen Kriegs tritt. In diesen Fällen geht es nicht um unmittelbare militärische Ziele, sondern um die Schwächung der gegnerischen Verteidigung. Drittens werden Cyberangriffe als Bedrohungssignale verwendet und stehen damit diplomatischen Warnungen zur Seite.[4] Selbst diese Analyse, die auf einem *zunehmenden* Gebrauch von Cyberkapazitäten basiert, geht von einem durchweg begrenzten Einsatz von Cyberangriffen aus.

Zudem geht Orenstein in seiner Analyse nicht weit genug. Die erste Art des Gebrauchs – der Angriff auf kritische Infrastrukturen – war lange Zeit das bevorzugte Szenario eines zukünftigen Cyberkriegs; doch gerade diese Variante kommt im Ukrainekrieg nicht ernsthaft zur Anwendung. Die zweite Art des Gebrauchs – Cyberangriffe als Teil von hybriden Kriegen – wird in geringem Ausmaß durchaus angewendet, hat aber keine nennenswerten Auswirkungen auf das Kriegsgeschehen. Die dritte Art des Gebrauchs – Cyberangriffe als Bedrohungssignal – ist *vor* Beginn des eigentlichen Kriegs von einer gewissen, wenn auch geringen Bedeutung gewesen, dürfte jedoch nach den massiven Panzer- und Raketenangriffen kaum mehr als diplomatisches Signal dekodiert werden.

RUSSLANDS ZÖGERLICHER EINSATZ VON CYBERANGRIFFEN

Um zu erklären, warum die Angriffe bislang so überschaubar ausfielen, spielen Kommentatoren verschiedene Erklärungsansätze durch. Eine mögliche Begründung lautet, dass Russland die Weiterentwicklung der Cyberkapazitäten vernachlässigt und sich mit niedrigschwelligen Angriffen durch nichtstaatliche Gruppen begnügt hat. Demnach sind die russischen Cyberkapazitäten in einem ebenso schlechten Zustand wie das Equipment, das die Soldaten mit sich führen – etwa die kommerziellen Mobiltelefone, die sich leicht orten lassen, oder Giftgasmasken aus dem Zweiten Weltkrieg.

Eine weitere mögliche Erklärung lautet, dass Russland bloß vorsichtig ist, weil ein großer Cyberangriff nicht auf die Ukraine beschränkt bliebe, sondern sich mindestens auch auf Polen, wenn nicht auf den gesamten Westen ausdehnen würde. Diese unfreiwillige Ausbreitung ließ sich bereits bei NotPetya

4 Mitchell Orenstein, Russia's Use of Cyberattacks. Lessons From the Second Ukraine War, in: Foreign Policy Research Institute, 07.06.2022, tiny.one/indes221i3.

(2017) beobachten, dem bis dato größten Cyberangriff der Geschichte, der mit einem Hybrid aus Wiper- und Ransomware-Software geführt wurde. Bei dem Angriff, der weltweit – vor allem aber in der Ukraine – Computersysteme verschlüsselte, blockierte und beschädigte, wurden als Kollateralschäden kurzfristig weltweite Lieferketten unterbrochen. In Kriegszeiten könnten solche kollateralen Effekte durch Cyberangriffe unbeabsichtigt Artikel 5 des NATO-Vertrags auslösen. Russland hat jedoch kein Interesse daran, den Krieg derart auszuweiten. Auch wenn die Drohung einer Ausbreitung auf NATO-Staaten von Anfang an zur Strategie der Einschüchterung gehört, hat Russland den Krieg bis dato auf die Ukraine beschränkt gehalten.

Eine dritte mögliche Erklärung lautet, dass russische Truppen auf die ukrainischen Kommunikationsnetze angewiesen sind, um auf ukrainischem Territorium operieren zu können. Das gilt allerdings nur für die 3G- und 4G-Netze und berührt viele andere mögliche Angriffsziele nicht.

Viertens scheint es, als sei die Ukraine mittlerweile besser vorbereitet, auch mithilfe von verbündeten Staaten und privaten Sicherheitsakteuren. So wird die ukrainische Cyberabwehr sowohl durch das U. S. Cyber Command als auch durch Microsoft und Elon Musks SpaceX unterstützt.[5] Während das Land im Jahr 2014 gegenüber Angriffen auf kritische Infrastrukturen noch höchst wehrlos war, lassen sich heute viele russische Cyberoperationen rasch und effektiv abwehren.[6]

DIE ÜBERBEWERTUNG VON CYBERKRIEGSFÜHRUNG

Viel naheliegender ist die Annahme – die zudem ganz auf der Linie anderer Cyberkriege liegt, die nie stattgefunden haben –, dass Cyberangriffe nicht mehr dieselbe taktische und strategische Bedeutung haben, die ihnen noch vor zehn bis zwölf Jahren zugeschrieben wurde. Die Cyberkriegstheorie ging lange von dem Szenario eines Kriegs aus, der von Computer zu Computer geführt wird und zugleich ungeahnte Zerstörung anrichtet. Es schien ausgemacht, dass der Cyberkrieg die nächste große Bedrohung der Menschheit sein würde, vergleichbar allein mit der Atombombe in Zeiten des Kalten Kriegs. Die Experten waren sich nahezu einig, dass der nächste große Krieg nicht auf dem Schlachtfeld, sondern im Cyberspace geführt werde.[7] Im Extremfall würde ein solcher Konflikt viele Millionen Tote fordern – etwa durch Angriffe auf kritische Infrastrukturen – und sich zu einem Dritten Weltkrieg ausweiten.

Doch Cyberkrieg hat sich ganz anders entwickelt. Angriffe bleiben fast durchweg unterhalb der Schwelle zum Krieg im engeren, völkerrechtlich definierten Sinn. Die meiste Zeit wissen wir nicht einmal, ob wir uns gerade im Krieg befinden.

[5] Seth G. Jones, Russia's Ill-Fated Invasion of Ukraine. Lessons in Modern Warfare, CSIS Brief, 01.06.2022, tiny.one/indes221i4.

[6] James Andrew Lewis, Cyber War and Ukraine, CSIS, 16.06.2022, tiny.one/indes221i5.

[7] »Military and intelligence leaders agree that the next major war is not likely to be fought on the battleground but in cyberspace.« Richard Stiennon, Surviving Cyberwar, Lanham u. a. 2010 (Klappentext).

Gleichzeitig werden immer noch Menschen mit Macheten zerhackt oder ihre Köpfe mit Messern abgeschnitten. Solche vermeintlich »archaischen« Formen von Gewalt und Krieg sind im 21. Jahrhundert weiterhin an der Tagesordnung. Sie laufen der Erwartung zuwider, dass Krieg zunehmend »virtuell« geworden sei. Die großen geopolitischen Konflikte der Gegenwart enthalten punktuelle Cyberangriffe, aber die entscheidenden Faktoren militärischer Macht sind immer noch Langstreckenraketen und Flugabwehrsysteme, U-Boote und Panzer. Es gibt Kriege um Ressourcen, Ideologien und Religionen, an denen vielleicht auch der eine oder andere Hacker beteiligt ist, die aber keine Cyberkriege sind. Anstelle einer linearen Entwicklung lässt sich vielmehr eine Gleichzeitigkeit von »alten« und »neuen« Kriegen beobachten.

Es gibt seltene große Cyberangriffe, die jedoch auf ein spezifisches strategisches Ziel ausgerichtet sind und in ihrem Umfang beschränkt bleiben. Sie sind in hybride Angriffsformen eingegangen, in denen sie einen bestimmten (und gar nicht so großen) Platz in einer Abfolge von Maßnahmen haben. In den meisten Fällen geht es jedoch darum, Geld zu erpressen, Informationen zu stehlen oder eine Botschaft zu übermitteln. Es gibt eine Vielzahl von Cyberangriffen, von denen die meisten jedoch der Cyberkriminalität oder Cyberspionage zugehören. Nur einige wenige lassen sich als kriegerische Angriffe verstehen, so wie Stuxnet (2010), der mutmaßlich amerikanisch-israelische Angriff auf die Nuklearanlage im iranischen Natanz, und vielleicht NotPetya (2017). *Cyber* ist zu einem niedrigschwelligen Mittel der geopolitischen Auseinandersetzung und zu einem Tummelplatz für Spione und Kriminelle jeglicher Couleur geworden.

Der Cyberanalyst James Andrew Lewis bringt es auf den Punkt:

»It may offend the cyber community to say it, but cyberattacks are overrated. While invaluable for espionage and crime, they are far from decisive in armed conflict. A pure cyberattack, as most analysts note, is inadequate to compel any but the most fragile opponent to accept defeat. No one has ever been killed by a cyberattack, and there are very few instances of tangible damage.«[8]

Diese These existiert schon länger, aber sie drang nie recht durch, vor allem in Deutschland, wo wir doch arg von der einen Erzählung geprägt sind, dass Digitalisierung eskaliert und wir die Kontrolle über die Technik verlieren, die wir selbst geschaffen haben.

Der gegenwärtige Ukrainekrieg veranschaulicht, dass Cyberangriffe in ihrer Intensität rückläufig sind und dass unsere Befürchtungen, dass es immer schlimmer wird, vielleicht unbegründet waren. Die Cyberanalysten Tyson

[8] James Andrew Lewis, Cyber War and Ukraine, CSIS, 16.06.2022, tiny.one/indes221i6.

Barker und Heli Tiirmaa-Klaar pointieren dies in der *Welt am Sonntag:* »Warum sollte man den ukrainischen Flugverkehr mit ausgeklügelten Hackerangriffen stören, wenn man einfach die Flughäfen bombardieren kann?«[9]

Das alles heißt nicht, dass Cyberangriffe gänzlich verschwinden werden; aber es läuft unserer Erwartung zuwider, dass Kriege immer mehr Cyberkriege sein werden. Und all das widerspricht unserer moralischen Erwartung, die stark durch die Annahme einer gegenwärtigen oder zukünftigen Eskalation geprägt ist, und passt nicht in unsere Epistemologie der neuen Technologien. So entsteht eine geradezu bizarre Diskrepanz zwischen Tatsachen und Interpretationen. Die Interpretationen haben sich derart verselbstständigt, dass wir lieber nach dem alten Motto verfahren: »Umso schlimmer für die Tatsachen.«

DESINFORMATION IN EINEM HYBRIDEN KRIEGSSZENARIO

Viele Ängste über zukünftige »virtuelle« Kriege werden auf Cyberwaffen projiziert. Doch *Cyber* eignet sich hierfür lediglich deshalb so gut, weil der Cyberbegriff notorisch unscharf ist.[10] Etwas überraschend lässt sich immer wieder feststellen, wie Desinformation oder »Fake News« herangezogen werden, um den allzu schwammigen Begriff *Cyber* mit Bedeutung zu füllen. Die Verbreitung von Fake News gilt als Inbegriff der »dunklen« Seite des Internets, das uns miteinander vernetzt, aber zugleich auf neuartige Weise voneinander zu trennen scheint. Viele dieser Techniken und Operationen sind jedoch aus der Geschichte der politischen Kommunikation hinreichend bekannt und lassen sich selbst mit größtmöglicher Vorstellungskraft nicht sinnvoll mit Cyberangriffen verknüpfen.

Es gibt jedoch auch russische Konzepte, in denen Desinformation eine militärische Strategie innerhalb eines hybriden Kriegsszenarios darstellt. So schilderte der russische Generalstabschef Valery Gerasimov 2014 in einem vielzitierten Vortrag, wie ein Land durch Desinformation in wenigen Monaten oder gar Tagen von außen destabilisiert werden könne. Gerasimov wandte sich gegen die Auffassung, dass es sich dabei nicht um Krieg handle. Im Gegenteil: Dieses Vorgehen sei gerade typisch für die Kriegführung im 21. Jahrhundert, und es sei auch im Hinblick auf das Maß an Opfern und Zerstörung sowie die katastrophalen sozialen, ökonomischen und politischen Folgen vergleichbar. Vielmehr hätten sich die Regeln des Kriegs verändert. Entscheidend sei die größere Bedeutung nichtmilitärischer Mittel für die Erreichung politischer und strategischer Ziele. Die nichtmilitärischen Mittel würden in vielen Fällen die Macht der Waffen überwiegen. Der Fokus liege stärker auf einem breiten Gebrauch von politischen, ökonomischen, informationellen und humanitären Mitteln, die es mit dem Protestpotenzial der

---

[9] Tyson Barker & Heli Tiirmaa-Klaar, Die Bedrohung durch russische Cyber-Angriffe, in: Die Welt, 13.03.2022, tiny.one/indes221i7.

[10] Vgl. Philipp von Wussow, »Cyberkrieg«. Geschichte und Gegenwart eines umkämpften Begriffs, in: Ethik und Militär, H. 1/2019, S. 11–17.

Bevölkerung zu koordinieren gelte. All dies sei zu ergänzen durch versteckte militärische Mittel, darunter die Herbeiführung von Informationskonflikten und Aktionen von sogenannten Spezialeinheiten. Der offene Gebrauch von Streitkräften – oftmals unter dem Deckmantel der Friedenssicherung und Krisenbewältigung – bleibe einem bestimmten Stadium des Konflikts vorbehalten, in erster Linie der Sicherung des letztendlichen Siegs in dem Konflikt.[11]

Von diesem Szenario ist wenig übrig geblieben. Was auch immer die Stärke russischer Desinformationskampagnen gewesen sein mag, sie kam im Krieg gegen die Ukraine bislang nicht zum Tragen. Putin hat es geschafft, Russland innerhalb weniger Wochen zu einem Paria-Staat zu machen. Der Krieg hat den Westen geeint, der lange Zeit jeglichen Sinn für Einheit verloren hatte. Die neue Allianz von NATO, EU und anderen westlichen Bündnissen mag in Zukunft durch die drohende Energieknappheit auf die Probe gestellt werden, aber einstweilen erweist sie sich als unerwartet stabil. Desinformationskampagnen haben jedoch stets nur dann Erfolg, wenn sie auf bestehende Spaltungen im öffentlichen Diskurs aufsetzen und diese Spaltungen verbreitern können.

Auch in Deutschland scheinen russische Einflussoperationen bislang einen gegenteiligen Effekt gehabt zu haben. Doch die Nachrichten, die aus einem Paralleluniversum zu stammen scheinen *(Russia Today)*, und die Kommentare von sogenannten Putin-Trollen in sozialen Medien und den Online-Auftritten der etablierten Tageszeitungen sind schlicht zu absurd, um entscheidenden Einfluss auf die deutsche Stimmungslage nehmen zu können. Die Ukraine hat den Informationskrieg haushoch gewonnen. Zumindest im Westen hat sich ein unerwartet breiter Konsens herausgebildet, dass der russische Krieg ein *ungerechter* Krieg ist und dass die Ukraine einen *gerechten* Kampf gegen die russische Übermacht führt. Im Krieg der Bilder und Narrative ist die Ukraine also höchst erfolgreich. Noch nicht absehbar ist, wie sich dieser Erfolg im Kampf um die öffentliche Meinung in militärische Erfolge umsetzen lässt.

Der Verdacht, dass russische Desinformationskampagnen in ihrer Wirkung überschätzt wurden, kam nicht erst mit dem Krieg gegen die Ukraine auf. Schon die im Zusammenhang mit der US-Präsidentschaftswahl 2016 von der unterlegenen Seite postulierte These, dass Putin die Wahl für Donald Trump gewonnen habe, war am Ende ein Phantasma, um von den Schwächen des eigenen Wahlkampfs abzulenken. Der dafür eingesetzte Sonderermittler Robert Mueller brachte es zu einer Anklage gegen 13 sogenannte Facebook-Trolls – aber es wurde nie recht klar, wie solche Akteure damit eine entscheidende Wirkung auf das Wahlergebnis ausgeübt haben sollten.

Die US-Wahl von 2016 markiert somit – zusammen mit dem nahezu zeitgleichen Brexit – einen Einschnitt, was die gefühlte Vulnerabilität westlicher

[11] Valery Gerasimov, The Value of Science Is in the Foresight. New Challenges Demand Rethinking the Forms and Methods of Carrying out Combat Operations, in: Military Review, Januar/Februar 2016, S. 23–29, tiny.one/indes221i8.

Öffentlichkeiten für Desinformationskampagnen betrifft. In der Folge hat sich eine große Desinformationsbekämpfungsindustrie herausgebildet, die aus Politikern, Journalisten, Faktencheckern und Vertretern der großen Tech-Konzerne besteht.[12] Stets wird dabei die Anfälligkeit von Öffentlichkeiten für russische Desinformation so stark überbetont, dass dagegen nur eine sorgfältige Auswahl von adäquaten, relevanten und wahren Informationen helfen kann. Mit anderen Worten, durch »russische Desinformation« wird die Notwendigkeit von Eingriffen in sozialen Medien begründet.

Der Ukrainekrieg legt den Verdacht nahe, dass die vermeintliche russische Stärke bei der Desinformation selbst nur ein Teil einer Desinformationsstrategie war – ähnlich wie die vermeintliche nukleare und konventionelle militärische Stärke der Sowjetunion sich 1989/90 als potemkinsches Dorf erwies.

DIE RÜCKKEHR ZUM »ALTEN« KRIEG

Wenn das 21. Jahrhundert durch ein Nebeneinander von »alten« und »neuen« Kriegen gekennzeichnet ist, dann markiert der Krieg zwischen Russland und der Ukraine die Rückkehr zum »alten« Krieg, wie er in Europa seit dem Zweiten Weltkrieg nicht mehr geführt worden war. Russland hatte angesichts der unerwartet starken Gegenwehr, der schlechten militärischen Organisation, des schwachen Equipments und der niedrigen Truppenmoral anfänglich große Schwierigkeiten, militärische Fortschritte zu erzielen. Diese stellten sich erst ein, nachdem im Mai 2022 die Strategie geändert wurde. Die russischen Erfolge im Donbass verdanken sich einer Wendung zu klassischen Mitteln des militärischen Kampfes auf dem Schlachtfeld. Dazu gehören veränderte Panzerformationen, die sich nicht mehr so leicht angreifen lassen, ferner der taktische Einsatz von Raketen und insbesondere die taktische Überlegenheit in konkreten Kampfsituationen. Letztere wurde durch das Zusammenziehen von Truppen erreicht, sodass im Donbass eine Stadt nach der anderen eingenommen werden konnte. Die zahlenmäßige Überlegenheit bei Soldaten, Panzern und Raketen konnte auf diese Weise in eine taktische Übermacht umgesetzt werden. Der ohnehin spärliche Nachschub für die Ukraine, der von Westen aus über Land in den Osten des Landes gebracht werden musste, konnte mit Raketen leicht beschossen werden. Die ukrainische Armee mag aufopferungsvoll kämpfen, aber gegen diese Übermacht hat sie kaum eine Chance.

Der relative russische Erfolg beruht zugleich auf dem Umstand, dass die ukrainische Armee dieselbe Taktik verfolgt, nur dass sie dabei lediglich etwa ein Zehntel von dem hat, was Russland an Soldaten, Panzern und Raketen aufzubieten hat. Westliche Militäranalysten sind mittlerweile überrascht, dass

---

[12] Vgl. Joseph Bernstein, Bad News. Selling the Story of Disinformation, in: Harper's Magazine, 9/2021, tiny.one/indes221i9.

die Ukraine nicht versucht, stattdessen eine Guerilla-Taktik anzuwenden. Für den »alten« Krieg kommen nicht genug Waffen an; und selbst wenn sie ankommen, ist es schwierig, sie weiter an die Front zu befördern.

SCHLUSSBEMERKUNGEN

Die Analyse des Ukrainekriegs legt den unerwarteten Befund nahe, dass Kriege wieder lokal geführt und in viel höherem Maß als angenommen auch lokal entschieden werden. Statt *soft power* (Joseph Nye) ist im Ukrainekrieg die alte *hard power* gefragt, die noch vor zwanzig Jahren weitgehend obsolet erschien. Und statt einer Zukunft der *virtuellen* Kriege, die quasi per Mausklick geführt werden, haben wir es mit einem blutigen und in seiner Zerstörungskraft unerreichten *kinetischen* Krieg zu tun.

Fraglich ist, was die nunmehr erwartbaren militärischen Erfolge für Russland wert sind: Wie lassen sie sich in politische und diplomatische Erfolge umsetzen? Russland kann den Krieg gewinnen und allzu wenig davon haben, da es durch den Krieg zu einem Paria-Staat geworden ist. Dieser Befund lässt zugleich theoretisch die Möglichkeit attraktiv erscheinen, zu einem späteren Zeitpunkt den Gebrauch von Cyberwaffen zu intensivieren. Es ist prinzipiell möglich, dass Russland versuchen könnte, in einer nächsten oder übernächsten Phase des militärischen Kampfes mit zusätzlicher Hilfe von Cyberangriffen den Kampfwillen der ukrainischen Armee zu brechen. Cyberoperationen haben für Russland wenig strategischen Nutzen, aber das heißt nicht, dass Russland auf solche Operationen gänzlich verzichten würde. Fraglich ist jedoch, was auf diese Weise tatsächlich erreicht werden könnte. Alles, was der russischen Seite für den Gebrauch von Cyberkapazitäten bleibt, ist der zukünftige Einsatz in einem Szenario, in dem eine unmittelbar bevorstehende militärische Niederlage der Ukraine durch gezielte Angriffe *beschleunigt* wird. Selbst unter der Voraussetzung, dass Russland damit auf der operationellen Ebene erfolgreich ist, wird sich dadurch an Sieg oder Niederlage nichts entscheidend ändern. Mit Desinformationskampagnen wird Russland in diesem Stadium ohnehin wenig ausrichten können.

Man sollte jedoch vorsichtig sein, aus dem Ukrainekrieg allzu viel über die allgemeine Zukunft des Kriegs abzuleiten. Der tatsächliche Verlauf eines jeden Kriegs hängt in hohem Maß von taktischen, geopolitischen und logistischen Eigentümlichkeiten ab, die sich anderswo nicht umstandslos reproduzieren lassen. So ist auch denkbar, dass in zukünftigen Kriegen die Cyberkomponente eine größere Rolle spielen wird, als sie das im Ukrainekrieg zu tun vermag. Es scheint jedoch, als würde ihr Einsatzbereich immer spezifischer und ihre Auswirkung auf den Gesamtverlauf des Kriegs immer geringer werden.

PD Dr. Philipp von Wussow lehrt an der Goethe-Universität Frankfurt am Main. 2018–2020 leitete er am Institut für Theologie und Frieden (Hamburg) ein Forschungsprojekt zu Cyberkrieg.

ÜBERRASCHEND ABWEHRBEREIT

DIE POLITISCHE DIMENSION DES UKRAINISCHEN WIDERSTANDSKAMPFES

Ξ André Härtel

Lange bevor Russland die Ukraine am 24. Februar dieses Jahres überfiel, wurde über eine mögliche weitere Eskalation des zwischen beiden Ländern seit 2014 bestehenden Konflikts spekuliert. Für den Fall einer Invasion aus mehreren Richtungen, wie sie Russland seit dem Truppenaufmarsch im Frühjahr 2021 andeutete, sahen westliche Militärexpert:innen eine rasche Niederlage der ukrainischen Armee voraus. Wesentlich für diese Einschätzung waren die kampflose Aufgabe der Krim durch die Ukrainer im Frühjahr 2014 und die enormen Probleme, auf die die ukrainische Armee bei der anschließenden Verteidigung der Ostukraine immer dann stieß, wenn Russland direkt eigene Truppe entsendete. Aber auch nicht-militärische Bereiche waren dafür verantwortlich, dass man dem Land für einen erneuten Angriffsfall wenig Resilienz zusprach. So galt die Ukraine als gespaltener, wenn nicht sogar »gescheiterter Staat«, wo schwache zentralstaatliche Institutionen starken regionalen Netzwerken gegenüberstanden, Oligarchen den politischen Raum beherrschten und die Korruption selbst nach jahrelangen Reformbemühungen noch weit verbreitet war. Was erklärt dann die Widerstandsfähigkeit der Ukrainer:innen, ihres Staates und politischen Systems im nun über ein halbes Jahr andauernden, »totalen«[1] Krieg mit Russland?

In diesem Beitrag werden zwei Thesen entwickelt: Zum einen hat die Ukraine in dem knappen Jahrzehnt vor der Invasion eine Phase beschleunigter Historie erlebt, die sie als Staat und Nation auf eine qualitativ neue Ebene gehoben hat. Dies hilft dem Land heute entscheidend dabei, die jetzige Invasion zu bekämpfen. Der Anteil von Regierungsstil und persönlichen Eigenschaften des aktuellen Präsidenten und Oberbefehlshabers Wolodymyr Selenskyj ist

---

1 Die Bezeichnung verwendete der ukrainische Präsident Wolodymyr Selenskyj im Interview mit der *Zeit*, 14.06.2022, tiny.one/indes221h12.

dagegen ambivalent zu beurteilen. Selenskyjs Machtanspruch steht im Gegensatz zu einem auf vielen Schultern ruhenden Abwehrkampf.

EUROMAIDAN, KRIM-ANNEXION UND INTERVENTION ALS ZÄSUREN

Die Ukraine war seit ihrer Staatsgründung im Jahr 1991, als sich in einem landesweiten Referendum über neunzig Prozent der Wahlberechtigten für die Unabhängigkeit aussprachen, bis zu den Ereignissen des Euromaidan 2014 ein in der spätsozialistischen »Unordnung« gefangener Staat geblieben. Zwar existierte seit 1996 formal eine demokratische Verfassungsordnung, die Verfassungswirklichkeit wurde jedoch von informellen politökonomischen Netzwerken bestimmt. Diese untergruben die Gewaltenteilung und verhinderten die Herausbildung starker staatlicher Institutionen. Im besten Fall funktionierte das Land als neopatrimonialer Rentier-Staat, in dem der Staatspräsident als zentrale Machtfigur unterschiedliche Clans über Kooptation und lukrative Lizenzvergaben vor allem in der Energiewirtschaft gegeneinander ausspielte.[2] Daneben existierte aber auch ein gewisser Pluralismus, der sich aus dem temporären Widerstand des Parlaments gegen den jeweiligen Präsidenten, aus der Konkurrenz regionaler und lokaler Elitennetzwerke, aber seit der »Orangenen Revolution« 2004 auch aus der Anerkennung des Prinzips freier Wahlen ergab. Diese spezifische Melange, von ukrainischen Expert:innen auch »amorphes System«[3] genannt, hatte ihre Entsprechung in der Außenpolitik – ähnlich wie die Eliten war auch die öffentliche Meinung uneins darüber, ob das Land sich stärker gen EU und NATO oder aber doch nach Russland entwickeln sollte. Bis 2014 blieb die mnogovekornost', die Politik der allseitigen Anschlussfähigkeit bzw. Blockfreiheit, eine populäre Option.

Dieses Gleichgewicht *indes* wurde durch eine innen- wie außenpolitische Ereigniskette erschüttert, die mit der Absage des Ex-Präsidenten Wiktor Janukowytsch an das schon ausverhandelte Assoziierungsabkommen mit der EU im November 2013 begann. Die folgende Protestbewegung, später Euromaidan oder »Revolution der Würde« genannt, führte zum Sturz des Präsidenten und des »Partei der Regionen«-Netzwerks. Gleichzeitig nahm die russische Führung den Sieg der pro-westlichen und pro-demokratischen Protestbewegung zum Anlass, die Krim im Handstreich zu annektieren und eine separatistische Bewegung im ostukrainischen Donbass direkt militärisch zu unterstützen. Beide Ereignisse, sowohl der Erfolg der Protestbewegung gegen die Janukowytsch-Herrschaft als auch die Intervention Russlands, verstärkten sich gegenseitig und führten zu einer starken Verschiebung der politischen Werteordnung des Landes. Zwar war der Euromaidan keine

2 Siehe hierzu beispielsweise Katerina Malygina, Ukraine as a Neo-Patrimonial State: Understanding Political Change in Ukraine in 2005–2010, in: Journal for Labour and Social Affairs in Eastern Europe, H. 1/2010, S. 7–27.

3 Das Zitat stammt aus einem Vortrag des Direktors des ukrainischen Ablegers der Renaissance-Foundation, Oleksandr Sushko, auf einem gemeinsamen Workshop mit dem Autor in Berlin, Februar 2018.

klassische Revolution – so war beispielsweise der ihr folgende Elitenwandel nur partieller Natur –, jedoch rückten fortan Versuche zur Errichtung einer autoritären Machtvertikale, die uneingeschränkte Bereicherung der Machteliten sowie die auch nur implizite Infragestellung der nationalen Identität und Souveränität in den Bereich des politisch Inakzeptablen. Gleichzeitig sorgten partielle Revolution und Krieg für eine starke gesellschaftliche Mobilisierung, die den bisher sehr großen Spielraum der politischen Eliten verengte und echten politischen Wandel begünstigte.[4]

QUALITATIVER WANDEL DES POLITISCHEN SYSTEMS NACH 2014

Die Flucht Wiktor Janukowytschs und dessen anschließende Absetzung durch die Werchowna Rada, das ukrainische Parlament, waren eine Zäsur für das politische System der Ukraine. Nicht nur kehrte das Land per verfassungsändernder Mehrheit zur 2004 beschlossenen parlamentarisch-präsidentiellen Regierungsform zurück, auch das bisher so zentrale Amt des Präsidenten war durch Janukowytschs autoritären Politikstil und die Revolution beschädigt. Der Erfolg des Euromaidan und die Erschütterung des politischen Systems eröffneten ein Möglichkeitsfenster für andere Akteure, insbesondere für die während der Protestmonate angewachsene Zivilgesellschaft und echte Reformpolitiker:innen. Das Legitimationsdefizit der politischen Elite, die bis auf die ehemalige »Partei der Regionen« mehr oder weniger unangetastet blieb, führte zur Erhebung zahlreicher Reformer:innen und teils auch ausländischer Technokrat:innen in politische Spitzenämter. Zudem wurde die Zivilgesellschaft bei Gesetzgebungsverfahren in den Institutionenlauf mit einbezogen. Demgegenüber blieb der »Marsch in die Institutionen« für die Protestbewegung aus – auch bei den Parlamentswahlen im Oktober 2014 siegte die ehemalige Opposition mit ihren Parteineugründungen, während die progressiven politischen Projekte des Euromaidan außen vor blieben.

Der nachhaltige Wandel spielte sich deshalb zunächst auf gesellschaftlicher Ebene ab. Im Zuge von Revolution und Krieg kam es zu einer bis heute beobachtbaren verstärkten Identifikation aller Ukrainer:innen mit dem ukrainischen Staat und seinen Symbolen. Dagegen nahm die bisher vor allem in der Ost- und Südukraine sehr bedeutsame Identifikation mit der Region, aus der man stammte, deutlich ab. Eine weitere Entwicklung war die nun deutlich stabilere Unterstützung der Ukrainer:innen für eine EU- und auch NATO-Integration des Landes, während sich pro-russische Haltungen deutlich abschwächten.[5] Beide Tendenzen hatten zudem partiell damit zu tun, dass die Ukraine mit den Territorien der Krim und Teilen der Donezker und Luhansker Gebiete auch eine latent pro-russische und EU- bzw.

---

4 Vgl. Yuriy Shveda, Juong Ho Park, Ukraine's Revolution of Dignity: The Dynamics of Euromaidan, in: Journal of Eurasian Studies, H. 1/2016, S. 85–91.

5 Vgl. Volodymyr Kulyk, Shedding Russianness, recasting Ukrainianness: the post-Euromaidan Dynamics of Ethnonational Identifications in Ukraine, in: Post-Soviet Affairs, H. 2–3/2018, S. 119–138.

NATO-kritische Bevölkerung verloren hatte, deren Haltungen jetzt nicht mehr in Umfragen oder Wahlen einflossen. Allerdings trug auch die beobachtbare Realität der Lebensbedingungen in den Separatistengebieten, der sogenannten Donezker Volksrepublik (DNR) und Luhansker Volksrepublik (LNR), in den Jahren nach dem Minsker Abkommen zu einer stärkeren Orientierung der Ost- und Südukrainer nach Kyjiw bei. Politisch waren diese Prozesse sehr bedeutsam – sie führten einerseits zur Überwindung langjähriger Spaltungen, die eine stärkere Integration der ukrainischen politischen Nation und damit auch starke zentralstaatliche Institutionen und Entwicklungsimpulse verhindert hatten. Zum anderen eröffneten sie einer gemäßigten pro-westlichen Reformpolitik die Perspektive nachhaltiger struktureller Mehrheiten.

Auf diesem Fundament begann in den Jahren 2014/15 ein im postsowjetischen Raum nur mit dem Baltikum und teils auch Georgien vergleichbares Reformprojekt. Dieses hatte die Ambition, den nach 1991 faktisch verpassten Systemwandel in der Ukraine eine Generation später und innerhalb nur weniger Jahre nachzuholen. Mit Justiz-, Polizei-, Bildungs-, Gesundheits-, Militär-, Verwaltungs- und anderen Reformen wurde ein tiefgreifender Strukturwandel des Staates begonnen, der zunächst vor dem Hintergrund des Krieges und ab 2015 unter der Bedingung eines brüchigen Waffenstillstandes in der Ostukraine durchgeführt werden musste. Vor der Invasion Russlands im Februar 2022 ergab sich eine gemischte Erfolgsbilanz. Einige Reformen, wie die des Bildungs- oder Gesundheitssystems, waren auf halbem Wege abgebrochen worden oder erlahmt, andere – wie die des mächtigen und intransparenten Geheimdienstes – gerade erst begonnen worden. Im kritischen Bereich der Rechtsstaatlichkeit ergab sich eine besondere Situation: Hier entstanden beispielsweise bei der Korruptionsbekämpfung neue Strukturen, die teils sehr effektiv arbeiten, aber sich auch permanenter Politisierungstendenzen erwehren müssen. Im Vergleich zu Russland oder Belarus ist dies dennoch ein bemerkenswerter Fortschritt.[6] Auch werden die Auseinandersetzungen zwischen Reformer:innen und Reformgegner:innen hier seit Jahren offen ausgetragen – was eine neue Form der Transparenz geschaffen und die Öffentlichkeit nachhaltig sensibilisiert hat. Die größten Reformerfolge ergaben sich jedoch in den Reformbereichen Militär, Bankenwesen, Dezentralisierung und öffentliche Verwaltung, die unmittelbar mit der Staatlichkeit der Ukraine in Zusammenhang stehen. Gerade die Dezentralisierung bzw. Ermächtigung von lokalen Gebietskörperschaften (sogenannte *hromadas*) ist ein für den postsowjetischen Raum revolutionärer Prozess und hat Millionen Ukrainer:innen die Vorteile von Subsidiarität und Selbstverwaltung vor Augen geführt.[7] Hierdurch hat sich ein vorher nicht dagewesenes Vertrauen

6 Vgl. John Lough & Vladimir Dubrovskiy, Are Ukraine's Anti-Corruption Reforms Working?, Chatham House Research Paper, London 2018, tiny.one/indes221h1.

7 Vgl. Valentyna Romanova & Andreas Umland, Ukraine's Decentralization Reforms since 2014. Initial Achievements and Future Challenges, Chatham House Research Paper, London 2019, tiny.one/indes221h2.

in politische Strukturen sowie eine stärkere Verbundenheit mit dem ukrainischen staatlichen Projekt an sich ergeben.

Direkten Einfluss auf die neue Qualität des postrevolutionären ukrainischen Staates hat auch die veränderte Rolle der internationalen, westlichen Gemeinschaft. Diese ist Folge des klaren Bekenntnisses ukrainischer Regierungen zu einer starken Anbindung an EU und NATO seit 2014, aber auch der schlichten ökonomischen Bedürftigkeit des von Revolution, Krieg und Besatzung geschwächten Landes. Diese Abhängigkeit erlaubt es beispielsweise dem IWF, der EU und den USA, über eine Politik der Konditionalität quasi zum politischen Akteur in der Ukraine zu werden und im Verbund mit Reformkräften, Zivilgesellschaft und Öffentlichkeit auf die Umsetzung von Reformen zu drängen. Zwar ist diese Form der externen Einflussnahme gerade von politisch interessierter Seite immer wieder als zu übergriffig und letztlich undemokratisch kritisiert worden. Angesichts der anhaltenden Korruptionsanfälligkeit der ukrainischen Eliten steht das Gros der öffentlichen Meinung und der zivilgesellschaftlichen Akteure im Land aber hinter dieser Rolle.[8]

DIE SELENSKYJ-PRÄSIDENTSCHAFT BIS ZUR RUSSISCHEN INVASION

Wolodymyr Selenskyjs auch für ukrainische Beobachter:innen plötzlicher und unerwarteter Aufstieg ins Präsidentenamt hatte im Jahr 2019 auch mit den oben beschriebenen Entwicklungen zu tun. Dabei geht es allerdings nicht um ideologische Fragen und die Verbindung Selenskyjs zum Euromaidan und den dort beschworenen Werten – bis heute ist der einstige Entertainer und Komödiant für progressive Liberale und große Teile der Zivilgesellschaft in der Ukraine kein Wunschpräsident. Allerdings war seine überzeugende Wahl durch ein landesweites Votum im zweiten Wahlgang (73,22 Prozent der Stimmen bei einer Wahlbeteiligung von 61,37 Prozent) auch eine Folge der oben angesprochenen Überwindung bisheriger regionaler *cleavages* in der ukrainischen Wählerschaft. Schon im ersten Wahlgang schaffte es Selenskyj, in fast allen Wahlbezirken entweder klar an erster oder zweiter Stelle zu liegen – ein Novum in der jüngeren ukrainischen Geschichte. Neben der Attraktivität seines Versprechens, den Konflikt mit Russland zu beenden, setzte sich Selenskyj von seinem Hauptgegner Petro Poroschenko aber vor allem dadurch ab, dass er nicht aus der alten politischen Klasse stammte, sondern ein »neues«, unbelastetes Gesicht war. Eine Rolle dürfte auch Selenskyjs Verkörperung eines zum Präsidenten gewordenen Lehrers in der sehr populären ukrainischen TV-Serie *Sluga Narodu* (dt.: *Diener des Volkes*) gespielt haben. Diese trug entscheidend zu seinem nationalen Bekanntheitsgrad bei

8 Vgl. beispielsweise Ukraine World, True or Not? How the Narrative of »External Governance« Spreads on Facebook, 16.06.2021, tiny.one/indes221h3.

und projizierte gesellschaftliche Hoffnungen auf eine finale Überwindung der korrupten Elitenwirtschaft und Oligarchie direkt auf ihn.

In den knapp drei Jahren seiner Präsidentschaft bis zur Invasion Russlands in die Ukraine gelang es Wolodymyr Selenskyj allerdings noch nicht, sein ambitioniertes Versprechen einer Erneuerung des Landes einzulösen. Dies wurde kurz vor dem Krieg auch in Umfragen deutlich, in denen der Präsident nur noch von circa einem Drittel der Ukrainer:innen positiv eingeschätzt wurde und die Unterstützung seiner nach der TV-Serie benannten Partei Sluga Narodu von über vierzig Prozent auf teils unter zwanzig Prozent abgestürzt war. Derlei Tendenzen sind für junge Demokratien im Allgemeinen und die Ukraine im Besonderen keine Überraschung. Nur in der Frühphase der Unabhängigkeit war mit Leonid Kutschma ein Präsident in der Lage, sich eine zweite Amtszeit zu sichern. In der Regel aber war die Kluft zwischen unrealistischen Erwartungshaltungen der Bevölkerung und dem für die politisch Handelnden tatsächlich Erreichbaren zu groß. Auffällig an Selenskyj war aber dessen Politikstil, der ihm unmittelbar vor der Invasion sogar die Kritik eintrug, er würde einen »autoritären Populismus«

etablieren.⁹ In der Tat sah sich der neue Präsident durch sein individuell starkes Mandat in Verbindung mit der absoluten Parlamentsmehrheit von Anfang an in einer Ausnahmesituation. So missachtete er zunehmend andere Verfassungsorgane wie Regierung und Parlament, wertete nicht gewählte und ihm selbst unterstehende Institutionen wie den Sicherheitsrat und die Präsidialadministration auf und kommunizierte mit den Wähler:innen über soziale Medien direkt bzw. an den traditionellen Kanälen vorbei.¹⁰ Daraus folgte jedoch nicht das von Selenskyj beabsichtigte erfolgreiche Durchregieren, sondern immer größere Konflikte mit Vertreter:innen anderer Gewalten und einflussreichen Akteuren des politischen Systems – von Richter:innen über Teile des Parlaments bis hin zu Oligarchen, Medienvertreter:innen und starken Bürgermeister:innen. Der neue Präsident war schlicht zu unerfahren im Umgang mit dem komplexen, eher fragmentierten denn pluralistischen politischen System des Landes, das vor allem die Fähigkeit zum Schmieden von Allianzen und zur Kooptation erfordert. So war Selenskyj kurz vor der Invasion auf dem Weg zu einem Außenseiter der ukrainischen Politik, der sich in der Präsidialadministration mit einem kleinen Kreis alter Freunde und Berater:innen zunehmend isolierte.

GRUNDLEGENDE ÄNDERUNG DER SELENSKYJ-PRÄSIDENTSCHAFT DURCH DIE INVASION

Mit dem russischen Angriffskrieg gegen die Ukraine hat sich der Kontext für die Selenskyj-Präsidentschaft grundlegend geändert. Denn faktisch rückte Selenskyj durch den Kriegszustand in die vom politischen System dafür vorgesehene Position des Oberbefehlshabers, die genau jene Durchgriffsmöglichkeiten gestattet, die er seit Beginn seiner Amtszeit anstrebte. Konflikte mit anderen Gewalten und Machtakteuren sind nach Kriegsbeginn aber auch deshalb zunächst quasi obsolet geworden, weil eine neue politische Einheit lagerübergreifend als existenziell betrachtet wurde.¹¹ Zudem lässt das Kriegsrecht Einschränkungen der Meinungsfreiheit zu, die dem vom Medienprofi zum Präsidenten aufgestiegenen Selenskyj eine noch stärkere Rolle im öffentlichen Raum erlauben. Daneben muss aber auch Erwähnung finden, dass Selenskyjs Persönlichkeit und Talente in dieser außerordentlichen Situation von hohem Wert für die Verteidigungsfähigkeit des ukrainischen Staates waren. Mit seinen rhetorischen Fähigkeiten in der direkten täglichen Ansprache fand Selenskyj oft die passenden Worte, um der Bevölkerung Mut zu machen und gleichzeitig enorme Anstrengungen zur Bekämpfung der Invasoren erfolgreich einzufordern. Gegenüber dem Ausland konnte er sich – anders, als dies beispielsweise Amtsvorgänger Poroschenko möglich gewesen wäre –,

---

9   Vgl. Oleksij Haran, V Ukraïni vynykla zagroza populistskogo avtoritarizmu, Ilko Kucheriv Democratic Initiatives Foundation, 07.10.2021, tiny.one/indes221h4.

10   Vgl. Media Movement Warns President Zelensky's Team: Society is not just your Friends and Followers. Institut Demokratiï imeni Pilipa Orlyka, 08.08.2019, tiny.one/indes221h5.

11   Usi frakciï Verchovnoï Rady pogodylysja stvoryty Oboronnu koaliciju (Video), Fokus, 23.02.2022, tiny.one/indes221h6.

als junger, moderner und von der postsowjetischen Geschichte des Landes unbelasteter Staatsmann darstellen. So gelang es ihm, der Ukraine vor allem über die Öffentlichkeiten westlicher Staaten Unterstützung durch Waffenlieferungen, Diplomatie und ökonomische Hilfe zu sichern und eine in der jüngeren Geschichte ihresgleichen suchende Welle der Solidarität auszulösen.

Indes werfen einige Expert:innen Selenskyj fünf Monate nach Kriegsbeginn bzw. nach Überwindung des ersten Invasionsschocks und der existenziellen Bedrohung Kyjiws vor, die Lage zu nutzen, um seine Dominanz im politischen Raum auszubauen.[12] Dafür sprechen die Gleichschaltung der TV-Kanäle mit dem Verweis auf Informationssicherheit schon im März, die vorübergehende Sperrung der Kanäle des Ex-Präsidenten Poroschenko bzw. dessen Gängelung durch die Justiz- und Grenzbehörden, das pauschale Verbot »pro-russischer« Parteien durch den Sicherheitsrat und zuletzt auch die unerwartete Absetzung des Geheimdienstchefs sowie der Generalstaatsanwältin. Gerade im Falle letzterer wird deutlich, dass Selenskyj einen Teil der Justizbehörden ähnlich wie seine Vorgänger als ihm verpflichtete politische Instrumente betrachtet und zu viel Unabhängigkeit missbilligt.[13] Hinzu kommt, dass der Präsident weiterhin aktiv zur Machtkonzentration in den Händen einiger weniger, nicht gewählter Staatsvertreter beiträgt. Dazu gehören vor allem Präsidialamtsleiter Andrij Jermak und Sicherheitsratschef Oleksij Danilow. Zumindest indirekt führt dies dazu, dass sich um den Präsidenten eine nicht zum Reform- und Westkurs des Landes passende Atmosphäre der Intransparenz ergibt. Diese wiederum kann – wie an der Diskussion um die Aussagen der US-Kongressabgeordneten Victoria Spartz ersichtlich[14] – Kräften auch im Westen Auftrieb geben, die die Unterstützung der Ukraine infrage stellen.

Über die Rolle Selenskyjs als Kriegsherr ist zu diesem Zeitpunkt mitten im Krieg kein abschließendes Urteil möglich. Sein bisheriges Handeln ist ambivalent zu beurteilen. Einerseits war er mit seinen Talenten in der Außendarstellung gerade in der existenziellen Frühphase des Krieges der richtige Anführer zum richtigen Zeitpunkt. Das Sammeln um den Präsidenten und die neue Einigkeit aller politischen Akteure wäre in derselben Situation aber höchstwahrscheinlich auch bei anderen Amtsinhabern eingetreten. Andererseits scheint es gerade in der aktuellen Phase des Krieges so zu sein, dass die Unzulänglichkeiten der Amtsführung Selenskyjs und dessen fehlende Erfahrung in politischen Ämtern wieder offenkundiger werden. So beklagen sich Kritiker:innen vor allem über Selenskyjs erratische Personalpolitik, die sein Allheilmittel auch für tiefergehende strukturelle Probleme des Regierungsapparates zu sein scheint, über den großen Spielraum seiner Berater:innen in vielen Politikbereichen sowie über ein unprofessionelles und wenig dialogorientiertes Herangehen der Staatsführung

12 Vgl. das Interview mit Serhi Kudelia, »Je länger der Krieg dauert, desto stärker ist die ukrainische Demokratie bedroht«, 11.05.2022, tiny.one/indes221h7.

13 Vgl. Aleksandr Lemenov, Genprokurorskoje Lože: to udlinjaem, to ukoračivaem, in: Zerkalo Nedeli, 20.07.2022, tiny.one/indes221h8.

14 Vgl. Isabel van Brugen, Victoria Spartz Doubles Down, Calls on Zelensky Aid to Quit, in: Newsweek, 12.07.2022, tiny.one/indes221h9.

etwa an das in der Ukraine sensible Thema der Zentrum-Peripherie-Beziehungen.[15] Hinzu kommt, dass die ultimative Prüfung des Krieges – das Aushandeln einer viel Verhandlungsgeschick fordernden Friedensregelung – für Selenskyj erst noch ansteht. Da über achtzig Prozent der Ukrainer:innen[16] jegliche Zugeständnisse an den Aggressor ablehnen, wird der Präsident hier einen Großteil seines während des Krieges erarbeiteten politischen Kredits benötigen, um auf eine eigene Zukunft im Amt hoffen zu können.

ERFOLGREICHER WEG, UNGEWISSE ZUKUNFT

Der bisher erfolgreiche Abwehrkampf der Ukrainer:innen gegen den russischen Angriffskrieg hat seine Ursachen vor allem in den 2014 mit dem Euromaidan begonnenen politischen und gesellschaftlichen Umwälzungen. Seitdem hat die Ukraine eine Phase beschleunigter Historie erlebt, die sie als Staat und Nation auf eine qualitativ neue Ebene gehoben hat und die derzeitige Mobilisierung aller politischen, militärischen und gesellschaftlichen Ressourcen für die Invasionsabwehr erst möglich macht. Die nach den erfolgreichen Protesten gegen das korrupte Regime von Ex-Präsident Janukowytsch eingeleiteten Reformen waren insbesondere dort sehr erfolgreich, wo es um die Stärkung der wichtigsten staatlichen Kapazitäten unter anderem im Bereich der inneren und äußeren Sicherheit oder um die allgemeine Funktionsweise des Staates wie etwa die Dezentralisierung ging. Noch entscheidender als das multisektorale Reformprogramm, das sich immer noch in der Umsetzung befindet, waren die durch die partielle Revolution und den ersten Krieg mit Russland bedingten gesellschaftspolitischen Veränderungen. Anders als noch 2014/15 hatte die politische Ukraine im Jahr 2022 Spaltungen überwunden, die die Entwicklung des Landes lange gehemmt und eine effektive Mobilisierung von Eliten und Gesellschaft – selbst zum Erhalt von Souveränität und territorialer Integrität – verhindert hatten. Der derzeitige Präsident Wolodymyr Selenskyj spielte in der Frühphase des aktuellen Krieges eine besondere Rolle bei der Invasionsabwehr, als ihm vor allem sein Rednertalent bei der Mobilisierung der ukrainischen und internationalen Öffentlichkeit half. Selenskyj, so zeigen es auch spätere Kriegsphasen, bleibt darüber hinaus aber ein unerfahrener Staatsmann, der sich stark auf einen kleinen Kreis von Berater:innen verlässt und dessen Machttechniken andere Akteure abstoßen. Die Ambition des Präsidenten, den politischen Raum immer mehr zu dominieren, steht im Gegensatz zur Realität eines auf vielen Säulen und Akteuren – wie der Zivilgesellschaft und regionalen Politiker:innen – basierenden Abwehrkampfes. So könnte Selenskyj vom Kriegshelden und Glücksfall der ukrainischen Politik auch bald zu deren Belastung werden.

---

15 Vgl. Inna Wedernikowa, Mėr Dnepra Boris Filatov o Kabmine: »Esli lošad' sdochla, perestan'te na nej skakat'. Tem bolee na pereprave«, in: Zerkalo Nedeli, 01.07.2022, tiny.one/indes221h10.

16 Vgl. Poll: 84 % of Ukrainians are against peace with Russia if it involves territorial concessions, in: The Kyiv Independent, 04.08.2022, tiny.one/indes221h11.

Dr. André Härtel, Politikwissenschaftler, wurde 2011 mit einer Arbeit zur ukrainischen Außenpolitik vor dem Hintergrund der inneren Transformation promoviert. Seit 2021 ist er Wissenschaftler in der Forschungsgruppe Osteuropa und Eurasien der Stiftung Wissenschaft und Politik in Berlin. Davor hat er unter anderem für das Institut für Friedensforschung und Sicherheitspolitik der Uni Hamburg, als DAAD-Fachlektor an der Nationalen Universität Kiewer Mohyla-Akademie und als politischer Berater am Europarat in Straßburg gewirkt.

WIEDERGESEHEN

»DIENER DES VOLKES«
EINE TV-SERIE ZWISCHEN SATIRISCHER FIKTION UND POLITISCHER REALITÄT

Ξ Matthias Schwartz

SELENSKYJ – VOM SCHAUSPIELER ZUM PRÄSIDENTEN

Nach der Invasion russischer Truppen in die Ukraine verkörpert der ukrainische Präsident Wolodymyr Selenskyj in der westlichen Wahrnehmung die heroische Widerstandskraft seines Landes gegen den russischen Aggressor. Mit Dreitagebart, wohltrainiertem Oberkörper und gekleidet in legerem Militärgrün steht er bei seinen Fernsehauftritten und Ansprachen an die Welt für den unerschütterlichen Willen, das vermeintlich übermächtige russische Militär zurückzuschlagen und Freiheit und Demokratie gegen Wladimirs Putins repressive Autokratie zu verteidigen. Dabei ist er unwillentlich in eine Rolle gerutscht, gegen die er noch zwei Jahre zuvor auf sensationelle Weise einen Wahlkampf gewonnen hatte. Denn es war sein damaliger Opponent, der seinerzeit amtierende Präsident Petro Poroschenko, der sich im Präsidentschaftswahlkampf Anfang 2019 als einzig wahrer Verteidiger der europäischen Werte und als Retter der Ukraine vor dem Präsidenten Russlands inszeniert hatte. Mit der Parole »Armee, Sprache, Glaube« (»*Armija, Mowa, Wira*«) setzte er auf einen religiös und sprachlich begründeten militanten Nationalismus. Doch die Bevölkerung war des patriotischen Pathos, das nur notdürftig die korrupten Machenschaften und sozialökonomischen Probleme verdeckte, sichtlich überdrüssig. So wurde der Komiker und Schauspieler Selenskyj am 21. April 2019 mit einer überwältigenden Mehrheit von 73 Prozent der Stimmen in der Stichwahl zum Präsidenten der Ukraine gewählt. Bei den anschließenden Parlamentswahlen im Juli 2019 gewann seine Partei Sluha narodu (»Diener des Volkes«) die absolute Mehrheit.

Man hatte gehofft, mit Selenskyj statt heroischer Vaterlandsrhetorik endlich eine erträgliche Perspektive für das Zivilleben zu bekommen.[1] Doch noch Anfang des Jahres 2022 drohte Selenskyj ein ähnliches Schicksal wie seinem

[1] Siehe hierzu ausführlicher: Roman Dubasevych & Matthias Schwartz, Einleitung, in: dies. (Hg.), Sirenen des Krieges. Diskursive und affektive Dimensionen des Ukraine-Konflikts, Berlin 2020, S. 7–46; Matthias Schwartz, Servants of the People. Populism, Nationalism, State-Building, and Virtual Reality in Contemporary Ukraine, in: Telos. Critical Theory of the Contemporary, H. 195 (2021), S. 65–81.

Vorgänger Poroschenko: In der öffentlichen Wahrnehmung wandelte er sich immer mehr vom Hoffnungsträger zu einem weiteren typischen Repräsentanten der postsowjetischen politischen Elite, der sich in die Intrigen der Macht verstrickt, statt das Land nachhaltig zu reformieren. In seiner Amtszeit war es ihm bislang nicht gelungen, im Osten des Landes einen dauerhaften Frieden zu sichern, und auch an der desolaten ökonomischen Situation hatte er nichts verändern können. Im Gegenteil, die Lage hatte sich durch die Corona-Pandemie noch verschärft und man blieb weiterhin abhängig von westlichen Krediten und den vielen Ukrainer:innen, die in der Europäischen Union, aber auch in der Russischen Föderation ihr Geld im Niedriglohnsektor verdienen und es nach Hause schicken. Zudem war Selenskyj selbst mit massiven Korruptionsvorwürfen konfrontiert. Daher verlor er massiv an Zustimmung. Doch mit dem russischen Einmarsch am 24. Februar 2022 erübrigten sich all diese Alltagsprobleme zunächst und an ihre Stelle trat das Kriegsrecht.

Die eigentliche Sensation von Selenskyjs spektakulärem Wahlsieg bestand 2019 allerdings in etwas anderem – und zwar darin, dass er die Rolle des Präsidenten schon einmal innegehabt hatte: in der Fernsehserie *Diener des Volkes* (*Sluha narodu*, 2015–2019), die auch seiner Regierungspartei den Namen gab. Nun hat es in der Geschichte immer wieder Schauspieler und auch Komödianten gegeben, die später eine politische Karriere gemacht haben, man denke nur an Ronald Reagan oder Arnold Schwarzenegger. Und auch, dass Fernsehserien tiefe Einblicke in die »wahren« Zusammenhänge einer vermeintlich immer unübersichtlicher werdenden globalisierten Welt versprechen – heißen sie nun *Homeland*, *Borgen* oder *House of Cards* –, ist nicht neu. Dass aber der Name einer Fernsehserie einer Partei als Erfolgsgarant dient und ein Schauspieler in genau jenes Amt gewählt wird, das er zuvor schon einmal auf der Leinwand gemimt hatte, ist ein Novum.

EIN GESCHICHTSLEHRER ALS »DIENER DES VOLKES«

Nun ist Wolodymyr Selenskyj nicht erst mit seiner Rolle in der genannten Fernsehserie berühmt geworden. Seine Karriere begann bereits in den 1990er Jahren mit der von ihm mit gegründeten Kabarett-Show *Kwartal-95*, die dank zahlreicher Fernsehauftritte schnell im gesamten russischsprachigen postsowjetischen Raum populär wurde. Die gleichnamige Produktionsfirma, an der Selenskyj ebenfalls Anteile hatte, etablierte sich zudem erfolgreich mit der Produktion von Konzerten, Fernsehshows, Serien und Filmen für verschiedene staatliche und private Sender in Russland und der Ukraine. Selenskyj übernahm in vielen dieser Produktionen die Hauptrolle, oft war er auch als Drehbuchautor und Produzent tätig. Seine enorme Beliebtheit gewann er aber erst durch seine Hauptrolle in *Diener des Volkes*. Die erste Staffel wurde im November 2015, knapp zwei Jahre nach Beginn des Euromaidans, erstmals ausgestrahlt und pünktlich zur Parlamentswahl 2019 lief die dritte und bislang letzte Staffel.[2]

Kennzeichnend für die Politserie sind die vielen Sitcom-, Comedy- und Slapstick-Elemente. Im Mittelpunkt steht der von Selenskyj gespielte Lehrer Wassil Holoborodko (was auf Deutsch so viel wie der »Nacktbärtige« bedeutet, ein von dem Beruf des Barbiers abgeleiteter Familienname), der Geschichte in einer Oberstufenklasse unterrichtet, allerdings ständig von der Schuldirektorin diskreditiert wird, da sie Mathematik für wichtiger erachtet als die Beschäftigung mit der Vergangenheit. Als eines Tages ausgerechnet seine Klasse Wahlkampfplakate aufhängen soll, rastet der Geschichtslehrer aus und überzieht in einer eineinhalb Minuten langen Schimpftirade seine Vorgesetzten, sämtliche Politiker sowie die korrupten Eliten mit allen nur erdenklichen Schimpfwörtern, wobei »Päderasten« die mit Abstand am meisten gebrauchte Bezeichnung ist.[3]

Diesen Wutausbruch des Lehrers hat ein Schüler heimlich gefilmt und die Aufnahme ins Internet gestellt. Umgehend haben nicht nur sämtliche Schüler:innen und deren Eltern das Video gesehen und gelikt, sondern auch alle Lehrer:innen der Schule. Und alle stimmen ihm in seinen Flüchen über die Herrschenden zu. Innerhalb kurzer Zeit erreicht das Video Millionen von Klicks, woraufhin die Schüler ihn dazu überreden, als Präsident zu kandieren, und ein Crowdfunding für Holoborodko starten, um seinen Wahlkampf zu finanzieren. Gesagt, getan, und dank eines etwas dubiosen, aber sympathischen Strippenziehers namens Juri Tschujko, der seine Wahl perfekt inszeniert, wird er tatsächlich zum Präsidenten gewählt. Tschujko, eine typische Trickster-Figur, kürt sich daraufhin selbst zum Ministerpräsidenten und versucht von Anfang an eine perfekte Luxuswelt um den neuen Präsidenten herum zu inszenieren, kann ihn aber nicht korrumpieren, wobei er zugleich ein doppeltes Spiel mit den mächtigen Oligarchen spielt, was ihm mehrmals beinah zum Verhängnis wird.

Was in den kommenden Folgen und Staffeln auf diese Weise gezeigt wird, ist ein durch und durch korruptes, von einflussreichen Oligarchen beherrschtes politisches System, in dem alle käuflich sind und nur Geld, Einfluss und Statussymbole zählen: Das ukrainische Parlament wird als gewissenloser, geldgieriger und streitlustiger Haufen dargestellt, Fernsehjournalist:innen und Reporter:innen manipulieren die Wirklichkeit und Politiker:innen erfinden notfalls sogar einen Meteoriteneinschlag, um das Volk vom Aufruhr

[2] Die Serie wurde, wie alle anderen Shows und Produktionen von *Kwartal 95*, von Anfang an auf Russisch produziert (Originaltitel: *Sluga Naroda*), was auch kommerzielle Gründe hatte. Ukrainisch wird in der Serie meist nur gesprochen, wenn offizielle Sprechakte – wie bei Fernsehnachrichten – oder ein ideologisierter Sprachnationalismus vorgeführt werden sollen. ARTE zeigt inzwischen Staffeln der Serie mit deutschen und französischen Untertiteln (in der Mediathek bis Ende 2022 abrufbar: tiny.one/indes221k1), allerdings wird hier das Spiel mit dem russisch-ukrainischen Sprachwechsel und diversen umgangssprachlichen Abweichungen innerhalb der Serie nicht markiert, wodurch viel von deren Humor verloren geht.

[3] Man kann in der Serie durchaus einen homophoben Subtext erkennen, doch bleibt dieser ambivalent, da dem Format entsprechend auch viele nationale, Gender- und Klassenstereotypen ironisch zitiert werden.

abzuhalten oder aber zu einem neuen Maidan anzustacheln. Jeder Straßenprotest, jede sonstige Unmutsäußerung der Bevölkerung ist immer eine von Oligarchen mithilfe der Medien inszenierte Aktion. Und die ebenfalls extrem klischeehaft dargestellten politischen Abgesandten westlicher Staaten oder internationaler Institutionen handeln auch nur gemäß ihrer Eigeninteressen oder aufgrund ganz privater Vorlieben. Da Holoborodko niemandem in dieser politischen Welt der Manipulation und Bestechlichkeit vertraut, rekrutiert er nach und nach alte Freunde und Bekannte für Ministerposten.

Anfangs stolpern der naive Geschichtslehrer und sein unerfahrenes Team von einer Falle in die nächste; doch im Lauf der Serie gelingt es ihnen immer öfter, Habgier und Verlogenheit bloßzustellen und den dunklen Hintermännern die Fäden der Macht zu entreißen. Alle Klischees von Parlament und Staat als Marionetten der Oligarchen sind hier in teils grotesker Überzeichnung vertreten, wie man sie aus diversen Verschwörungstheorien oder sowjetischen Kapitalismusdarstellungen kennt. Gleichzeitig werden diese Stereotypen, tradierten Bilder und normierten Wertungen aber ständig unterlaufen, gebrochen und in ihr Gegenteil verkehrt. So wird der Präsident des Internationalen Währungsfonds, Otto Adelweinsteiner, der sich seiner guten Ukrainischkenntnisse rühmt, mit allen vermeintlichen Ritualen und Traditionen ukrainischer Gastfreundschaft herzlich empfangen, die aber nur dazu dienen, ihn hinzuhalten und eingeforderte Kreditzahlungen zu torpedieren, ehe Holoborodko persönlich den Gast mit einem »Leck mich am Arsch« des Landes verweist.

Das titelgebende einfache *Volk* taucht hingegen in der Serie eigentlich nur als manipulierte Masse von Protestierenden auf, sei es beim Euromaidan oder bei Protesten vor dem Regierungssitz – jede größere Menschenansammlung ist bestellt und bezahlt. Handelt es sich um einzelne Straßenarbeiter:innen, Taxifahrer:innen oder Verkäufer:innen, dann schimpfen diese, ähnlich wie Holoborodko als Lehrer, wie Rohrspatzen auf *die da oben*, solange sie selbst keine Chance haben, an der Korruption teilzuhaben.

Pars pro toto für dieses ambivalente Bild des Volkes steht in der Serie die Kleinfamilie von Holoborodko, die meist vor dem Fernseher sitzt und über die Oberen flucht, im Alltag aber kein Stück besser ist als diese: seine fleißige und fürsorgliche Mutter, die ständig Essen zubereitet und teure Kleider liebt, sein gewitzter und korrupter Vater, der gerne Bier trinkt und kitschige Einrichtungsgegenstände begehrt, seine zanksüchtige und sich ewig benachteiligt fühlende Schwester, die tollpatschig, intrigant und geldgierig ist, sowie deren Tochter, die jedem Modetrend hinterherrennt und statt zu studieren lieber im Bordell schnelles Geld verdient. Auch Holoborodkos ehrgeizige

Ex-Frau offenbart ihre schwachen Seiten, indem sie auf der Suche nach dem perfekten Gatten auf mehrere Aufschneider und Heiratsschwindler reinfällt, wohingegen der gemeinsame Sohn von seinen Eltern verwöhnt wird – gelten ihm doch alle Zukunftshoffnungen.

Trotz all dieser Schwächen wird die Präsidentenfamilie als durch und durch sympathisch und letztlich herzensgut gezeigt. Holoborodko als *Diener des Volkes* ist derjenige, der den korrumpierten Reichtum der Herrschenden bekämpft, um die »einfachen Leute« jenseits von Staat, Kirche und Militär wieder auf den richtigen Weg zu bringen. Die perfekte Herrschaftsform ist nach dieser Logik die der familiären Fürsorge anstelle von bürokratischen, korrupten, staatlichen Strukturen.

Historisch verweist der Begriff des *Dieners* auf ein aristokratisches Herrschaftsverhältnis, das spätestens seit der Französischen Revolution nicht länger nur ständisch und religiös, sondern auch ökonomisch oder national begründet wird: Nicht mehr nur Gott, Kaiser und Adel diente man, sondern auch Vaterland und Arbeitgebern. Politisch wurde *das Volk* bereits während der Aufklärung gelegentlich als der »neue Herr« bezeichnet, dem die von ihm gewählten Repräsentanten zu dienen hätten, so zum Beispiel bei Edmund Burke. Tony Blair hat später mit Verweis auf Burke die Parole »The Servant of the People« für *New Labour* berühmt gemacht, als er nach seinem ersten Wahlsieg 1997 die geplanten Reformen zur Modernisierung des ineffektiven Sozialstaates als Dienst am ganzen Volk anpries. Die Serie *Diener des Volkes* nimmt dieses wirtschaftsliberale Versprechen gewissermaßen auf, münzt es aber auf den oligarchischen Staat der Ukraine um.

Dieser anti-staatliche Affekt wird dadurch noch verstärkt, dass Selenskyj einen Geschichtslehrer spielt, der – angefangen von Plutarch und Machiavelli bis zu Lincoln und Al Capone – die Machenschaften von Staat und organisierter Kriminalität bestens kennt und in seinen nächtlichen Alpträumen regelmäßig von deren Gewaltpraktiken heimgesucht wird. Dabei stellt das russische Staatswesen von seinen Anfängen unter Iwan dem Schrecklichen bis zur Gegenwart ein besonders abschreckendes Beispiel dar. Ob Autokratie oder antike Demokratie, Tyrannei oder Oligarchie, immer erweisen sich die historischen Alternativen im Traum als blutige Irrwege.

Diese Perspektive hat Selenskyj auch 2019 in den realen Wahlkampf hineingetragen, indem er die Parole vom »Staat im Smartphone« populär machte, in dem die korrupte Bürokratie vollständig durch digitale Dienstleistungen ersetzt werden könne. Erst wenn alles der freien und eigenverantwortlichen Initiative des Volkes überlassen werde, blicke die Ukraine in eine rosige Zukunft. Und so spielt die Rahmenhandlung der finalen dritten Staffel der Serie dann auch im Jahr 2049, in dem man die oligarchische Zersplitterung des Landes endgültig überwunden und ein auf der freien Eigeninitiative aller aufgebautes, wirtschaftlich vollkommen autarkes und schuldenfreies, blühendes Musterland geschaffen hat mit entwickelter Hochtechnologie, das sogar über ein eigenständiges Satelliten- und Raumfahrtprogramm verfügt.

Wir haben es in *Diener des Volkes* gewissermaßen mit einem primär antistaatlichen Populismus zu tun, der an den fast ausschließlich maskulinen Vertretern des politischen Establishments kein gutes Haar lässt, für den die heterosexuell orientierte Kleinfamilie als höchste Form der Gemeinschaft gilt, der sich aber zugleich dezidiert freiheitlich, individualistisch und weltoffen gibt, ohne jeglichen identitären Nationalismus oder religiösen Fundamentalismus. Als Lehre aus der Geschichte wird ein allein auf individueller Verantwortung und persönlicher Verbindlichkeit beruhender Marktliberalismus propagiert, der alle Widrigkeiten des Krieges und sämtliche Missstände in dem Moment überwinden wird, da die korrupten Staatseliten und oligarchischen Schattenregime entmachtet sind.

DAS ENDE DER ILLUSIONEN

Im Frühjahr 2019 hatte dieses von Wassil Holoborodko personalisierte Weltbild in einem von Krieg, Korruption und nationalistischen Identitätskämpfen ausgezehrten Land eine enorme Anziehungskraft, gleichwohl man wusste, dass der ausstrahlende Fernsehsender dem mächtigen Oligarchen im Exil, Ihor Kolomojskyj, gehörte, Schauspieler nicht per se bessere Menschen sind und Fernsehserien kein Parteiprogramm darstellen.[4] Zwei Jahre später hat der Angriffskrieg Putins wohl alle an Selenskyj geknüpften Illusionen zerstört, auch wenn sie in dem Ruf nach einem europäischen Marshallplan für die Ukraine noch nachschwingen mögen. Karl Kraus hat 1917 angesichts des Ersten Weltkriegs geschrieben:

»*Krieg ist zuerst die Hoffnung, dass es einem besser gehen wird, hierauf die Erwartung, dass es dem anderen schlechter gehen wird, dann die Genugtuung, dass es dem anderen auch nicht besser geht, und hernach die Überraschung, dass es beiden schlechter geht.*«[5]

Noch sind Russland ebenso wie die Ukraine und ihre Unterstützer in der Phase der Erwartung und Genugtuung. Man kann nur hoffen, dass die Überraschung nicht allzu verheerend ausfallen wird, für alle Seiten.

---

4 Obgleich sowohl der Schauspieler Selenskyj als auch der ihn fördernde Oligarch Ihor Kolomojskyj jüdischer Herkunft sind, spielten das wie auch generell antisemitische Elemente in der öffentlichen Debatte in der Ukraine bislang kaum eine oder nur eine recht marginale Rolle. Eine einseitige Lobbypolitik zum Nutzen von Kolomojskyj konnte Selenskyj entgegen aller Unkenrufe bislang nicht nachgewiesen werden.

5 Karl Kraus, Erfahrungen, in: Die Fackel, Oktober 1917, S. 172–174, hier S. 174.

Matthias Schwartz ist Leiter des Forschungsbereichs Weltliteratur am Leibniz-Zentrum für Literatur- und Kulturforschung (ZfL), Berlin. Er forscht zu osteuropäischen Gegenwartsliteraturen, Populärkulturen, Jugendkulturen und Erinnerungskulturen, zu sozialistischer und postsozialistischer Science-Fiction und Abenteuerliteratur, zu Wechselwirkungen von Wissenschaften und Künsten sowie zur Kulturgeschichte der Raumfahrt. Jüngste Buchpublikationen: *After Memory. World War II in Contemporary Eastern European Literatures* (2021, Mitherausgeber), *Sirenen des Krieges. Diskursive and affektive Dimensionen des Ukraine-Konflikts* (2020, Mitherausgeber).

IM ALLTAG GEBOREN

HELDENBILDER POSTHEROISCHER GESELLSCHAFTEN IN ZEITEN DES KRIEGES

Ξ Anna Kavvadias

Der völkerrechtswidrige Angriffskrieg Russlands gegen die Ukraine stellt die bis dato in Europa als verbindlich aufgefasste Regelordnung, den Glauben vieler an die Möglichkeit der Lösung von Konflikten mit politischen Mitteln – in Aushandlungsprozessen, aufbauend auf der Kompromissbereitschaft aller Beteiligten – infrage. Auch die Werteordnung wird erschüttert. Welche Folgen hat der Ukrainekrieg für das Selbstverständnis einer Gesellschaft, die sich als »postheroisch« definiert, Heldentum nur jenseits kriegerischer Handlungen anerkennt und gleichzeitig die Ukraine durch Waffenlieferungen unterstützt? Wird sich die Bedeutung dessen, was als heroisch angesehen wird, mit Verlauf des Ukrainekriegs wandeln?

Was als heroisch galt oder eben nicht, war seit jeher stark von gesellschaftlichen und politischen Entwicklungen abhängig und prägte wiederum diese. Den letzten bedeutenden Einschnitt stellt das Ende des Zweiten Weltkriegs dar. Das Heroische schien abgedankt zu haben, völlig verbraucht und nicht mehr gesellschaftsfähig zu sein. Einige bedauerten diese Entwicklung und suchten nach den Gründen für die Ablehnung jeglichen Heldentums. So attestierte Victor Klemperer in seinen einleitenden Bemerkungen zu *LTI. Notizbuch eines Philologen* seinen Gesprächspartnern völlige Befangenheit beim Aufkommen des Themas Heroismus und erklärte dies damit, dass zwölf Jahre lang »der Begriff und […] der Wortschatz des Heroischen in steigendem Maße und immer ausschließlicher auf kriegerischen Mut, auf verwegene todverachtende Haltung in irgendeiner Kampfhandlung angewandt worden«[1] sei. Heroismus, so Klemperer, sei *indes* »umso reiner und bedeutender, je stiller er ist, je weniger Publikum er hat, je weniger rentabel er für den Helden selber, je weniger dekorativ er ist«[2]. Klemperers Heldenverständnis unterscheidet sich damit grundlegend vom nationalsozialistischen Heldentum. Auch in

[1] Victor Klemperer, LTI. Notizbuch eines Philologen, Stuttgart 2015, S. 13.

[2] Ebd., S. 15.

Nazideutschland habe es Helden gegeben: auf der Gegenseite, bei den Unterstützern und Rettern verfolgter Juden, in den Konzentrationslagern, unterstreicht Klemperer und wirbt für eine Entnazifizierung des Verständnisses von Heldentum. Klemperers Plädoyer scheint teilweise auf fruchtbaren Boden gefallen zu sein. In Form von Mosaiken auf Häuserfassaden sogar durchaus auffallend, waren Heldinnen und Helden auf dem Gebiet der ehemaligen DDR doch allgegenwärtig. In der Bundesrepublik dagegen scheint Klemperers Aufruf kein Gehör gefunden zu haben.

HELDENWANDEL SEIT 1945

Ein Blick sowohl auf die westdeutsche als auch auf die seit 1989 entstandene gesamtdeutsche Gedenkstättenlandschaft zeigt, dass nicht der Held, sondern das Opfer im Mittelpunkt der heutigen Geschichtskultur steht. Erklärt wird dieser Befund als »Paradigmenwechsel von der historischen Heroisierung zur historischen Viktimisierung«[3] durch die Diffamierung des Helden im Nationalsozialismus und die Erfahrung von Krieg und Tod – letzterer werde nicht mehr als »Bestandteil des Gesellschaftsvertrages«[4] angesehen. Die westlichen Gesellschaften gelten als »post-heroisch«[5]. Sie seien gekennzeichnet durch »die schwindende Bedeutung eines Kämpfertyps, der durch gesteigerte Opferbereitschaft ein erhöhtes Maß gesellschaftlicher Ehrerbietung zu erwerben trachtet«[6]. So sollten nicht Helden, sondern »demokratische Deliberationsprozesse, Wohlstand und Massenkonsum«[7] als Integrations- und Loyalitätsfaktoren der Bevölkerung der Bundesrepublik dienen. Dies waren die neuen Mythen, nachdem fast alle vor 1945 im Umlauf befindlichen Mythen und damit ihre Helden desavouiert waren.[8]

Doch wurde der Held tatsächlich aus dem kommunikativen und kulturellen Gedächtnis in Deutschland entfernt? Mehrere Untersuchungen belegen für das deutsche Familiengedächtnis das Gegenteil.[9] Helden scheinen, folgt man der Terminologie Jan Assmanns, aus dem kommunikativen in das kulturelle Gedächtnis vorzudringen. So haben »Stille Helden« – Menschen, die verfolgten Juden zur Zeit der nationalsozialistischen Diktatur halfen – seit November 2008 in der Berliner Gedenkstättenlandschaft ihren Platz gefunden. Auch in den Massenmedien, in Wissenschaft und Forschung sind Helden zunehmend *en vogue*.[10]

Die neuen Heldinnen und Helden retten Katzen von Dächern, engagieren sich in der Nachbarschaftshilfe oder bleiben einfach zu Hause, um sich vor Ansteckung mit Corona und damit andere vor der Weiterverbreitung des Virus zu schützen. Die Anerkennung solcher Taten als heldenhaft ruft freilich nicht nur Befürwortung, sondern auch vehemente Ablehnung

---

3 Martin Sabrow, Heroismus und Viktimismus. Überlegungen zum deutschen Opferdiskurs in historischer Perspektive, in: Potsdamer Bulletin für Zeithistorische Studien, H. 43–44/2008, S. 7–20.

4 Michael Howard, Die Erfindung des Friedens. Über den Krieg und die Ordnung der Welt, München 2005, S. 99.

5 Herfried Münkler, Der Wandel des Krieges. Von der Symmetrie zur Asymmetrie, Weilerswist 2006, S. 310

6 Ebd.

7 Ute Frevert, Die kasernierte Nation, München 2001, S. 324.

8 Vgl. Herfried Münkler, Die Deutschen und ihre Mythen, Berlin 2009, S. 19.

9 Vgl. Harald Welzer & Claudia Lenz, Opa in Europa. Erste Befunde einer vergleichenden Tradierungsforschung, in: Harald Welzer (Hg.), Der Krieg der Erinnerung. Holocaust, Kollaboration und Widerstand im europäischen Gedächtnis, Frankfurt a. M. 2007, S. 7–40, hier S. 10.

10 Im Juni 2009 fand im Einstein Forum eine Tagung zum Thema »Verdammte Helden/Heroism reconsidered« statt, die Zeitschrift *Merkur* widmete den »Helden« eine Doppelausgabe (September/Oktober 2009), freilich mit der Intention, den antiheroischen Affekt unserer postheroischen Gesellschaft herauszustellen, so die Herausgeber im Vorwort. Seit Oktober 2009 sucht die *BZ* unter dem Titel »Berliner Helden« ehrenamtliche Helfer für verschiedene Projekte in Berlin, und auch die *tageszeitung* vergibt seit 2009 den »Panter-Preis« an »Alltagsheldinnen und -helden«, tiny.one/indes221d1.

hervor. Beide Reaktionen zeigen, wie vielfältig das Verständnis von Heldentum ist. So ist für einige ein selbstloser Einsatz für Mitmenschen oder schlicht ein Verzicht auf physische soziale Kontakte in Befolgung der Corona-Beschränkungen vollkommen ausreichend für die Anerkennung sogenannter Alltagshelden.[11] Diejenigen, die diese Art von Heldentum ablehnen, halten an einem Verständnis von Heroismus fest, für das neben Selbstlosigkeit die Inkaufnahme eigenen Schadens physischer und psychischer Natur Bedingung ist. Sie begreifen die neuen Alltagshelden als »aktuelle Schwundstufe«[12] des Heroischen.

NIEDRIGSCHWELLIGER HEROISMUS

Zumindest in einem Punkt entsprechen die neuen Alltagshelden Klemperers Vorstellung von Heldentum: Nicht aufgrund kriegerischer todesverachtender Kampfhandlungen werden sie zu Helden gekürt, sondern aufgrund außergewöhnlichen und uneigennützigen Engagements. Selbst die Eintagsfliegen unter den Helden, gekürt und gestürzt von den Massenmedien, entsprechen diesem Bild. Sie sind trotz aller Kritik äußerst populär, denn sie stillen das Bedürfnis nach kollektiver Identität und damit einhergehend nach identitätsstiftenden und integrativ wirkenden Symbolen, ein Bedürfnis, das trotz fortschreitender gesellschaftlicher Ausdifferenzierung und Individualisierung nicht verschwindet.[13]

Die breite positive Rezeption von »Alltagshelden« erfüllt eine weitere Funktion: Sie bestätigt die neue, auch dem Selbstverständnis nach »postheroische« Gesellschaft. Die neuen Helden werden nicht im Krieg, sondern im Alltag geboren. Das Heldenpodest ist nicht allzu hoch und kann von allen betreten werden, die etwas Herausragendes im vorstehenden Sinne geleistet haben. Dabei muss nicht einmal viel herausragen, es reichen wenige Zentimeter über dem Durchschnitt. Durch das Küren von Menschen zu »Alltagshelden« wird freilich auch signalisiert, dass Heldentum im kriegerischen Sinne in einer postheroischen Gesellschaft keinen Platz und man aus der Geschichte gelernt habe. Somit wird auf heroische Zeiten »aus einem Selbstverständnis des Fortgeschritten-Seins und Gelernt-Habens«[14] zurückgeblickt. Dabei darf nach Herfried Münkler postheroisch nicht mit pazifistisch, der Rückgang der Todesbereitschaft nicht mit dem Schwinden der militärischen Aktionsfähigkeit der Staaten gleichgesetzt werden. Vielmehr sei die militärische Aktionsfähigkeit von Staaten durch die Ersetzung der Wehrpflicht durch Berufs- und Freiwilligenarmeen sowie das Aufstellen schneller Eingreiftruppen und moderne Waffentechnik gewährleistet.[15] Die Institutionen und Organisationen, die zum Schutz und zur inneren und äußeren Abwehr

[11] Zur Demokratisierung und Zivilisierung des Heldischen vgl. Ute Frevert, Vom heroischen Menschen zum »Helden des Alltags«, in: Merkur, H. 9–10/2009, S. 803–812.

[12] Karl Heinz Bohrer & Kurt Scheel, Zu diesem Heft, in: Merkur, H. 9–10/2009, S. 751–752, hier S. 751.

[13] Vgl. Jens Hacke & Herfried Münkler, Einleitung, in: Dies. (Hg.), Wege in die neue Bundesrepublik. Politische Mythen und kollektive Selbstbilder nach 1989, Frankfurt a. M. 2009, S. 7–13, hier S. 8.

[14] Herfried Münkler, Militärisches Totengedenken in der postheroischen Gesellschaft, in: Manfred Hettling & Jörg Echternkamp (Hg.), Bedingt erinnerungsbereit. Soldatengedenken in der Bundesrepublik, Göttingen 2008, S. 22–30, hier S. 25.

[15] Vgl. Herfried Münkler, Die Kriege der Zukunft und die Zukunft der Staaten. Von der prekären Verständigung politischer Akteure und der Rolle der Gewalt, in: Wolfgang Knöbl & Gunnar Schmidt (Hg.), Die Gegenwart des Krieges. Staatliche Gewalt in der Moderne, Frankfurt a. M. 2000, S. 52–71, hier S. 65.

von Bedrohungen ausgebildet wurden, können durchaus »Charakterzüge heroischer Gemeinschaften«[16] aufweisen.

HELDEN- STATT MÄRTYRERPRODUKTION IM STAHLWERK

Wie aber steht es um das Heldische seit dem 24. Februar 2022? Der Blick auf die Ukraine ist kein Blick zurück, kein Blick in eine vergangene heroische Zeit. Es ist ein Blick in die Gegenwart eines Landes, das seit dem völkerrechtswidrigen Angriffskrieg Russlands täglich Helden schafft. Diese sind nicht auf Militärs beschränkt, sondern umfassen Soldatinnen und Soldaten ebenso wie Menschen, die in zivilen Einrichtungen wie Krankenhäusern arbeiten, aber auch Fluchthelfer und ehrenamtlich Tätige. Während in Deutschland zu Kriegszeiten Helden, Krieg und Tod eng miteinander assoziiert wurden, erkennt die Ukraine ihre Heldinnen und Helden nicht erst posthum als solche an: »Wir brauchen unsere Helden lebend.« Dies war die Erklärung Selenskyjs für die Aufgabe des von der Ukraine lange gegen die russischen Truppen gehaltenen Asow-Stahlwerks in Mariupol. Die Aussage verweist nicht nur auf ein grundlegend anderes Heldenverständnis. Sie zeigt noch weitaus mehr: Es wird auch klar, dass der Geltungsradius der Definition von Gesellschaften als »postheroisch« wohl recht klein ist, ferner dass die Grenze zwischen heroischen und postheroischen Gesellschaften nicht zwischen Autokratien und Demokratien gezogen werden kann.

Der völkerrechtswidrige Angriffskrieg Russlands gegen die Ukraine offenbart, dass militärische Gewalt zur Durchsetzung von Zielen genutzt wird, die auf politischem Weg nicht erreicht wurden. Die Bundesrepublik hat mit wirtschaftlichen Sanktionen und einer Stärkung ihrer Verteidigungsfähigkeit reagiert, also mit militärischer Aufrüstung zur Abschreckung potenzieller Gegner. Der Krieg führte somit auch zu einem fundamentalen Bruch mit sehr vielen Glaubenssätzen der Vergangenheit, die an Abrüstung sowie an den Bestand der internationalen Werte- und Rechtsordnung gekoppelt waren. Ob die deutsche Gesellschaft eine Entwicklung in Richtung »heroische Gesellschaft« durchleben wird, ist fraglich. Doch wird sich – nicht zuletzt durch Fluchtbewegungen und Integration – das Bild von Heldentum ändern.

[16] Münkler, Heroische und postheroische Gesellschaften, in: Merkur, H. 8–9/2007, S. 742–752, hier S. 752.

Dr. Anna Kavvadias studierte Neuere und Neuste Geschichte, Philosophie und Politikwissenschaft an der Freien Universität Berlin, an der Adam-Mickiewicz-Universität Posen/Polen und an der Humboldt-Universität zu Berlin. Sie wurde am Institut für Sozialwissenschaften der Berliner Humboldt-Universität mit der Arbeit *Umstrittene Helden. Heroisierungen in der Bundesrepublik Deutschland* promoviert.

WIEDERGELESEN

DANTES APOKALYPSE
DIE *GÖTTLICHE KOMÖDIE* ALS LITERARISCHE BEWÄLTIGUNG EINER ZEITENWENDE

Ξ Franziska Meier

Angesichts sich häufender Nachrichten von privaten, politischen, wirtschaftlichen und ökologischen Katastrophen, die seit Jahren über uns hereinbrechen, drängen sich uns – vor wie nach der 2022 deklarierten Zeitenwende – zunehmend Worte wie »apokalyptisch« auf, um unser Entsetzen und unsere Ohnmacht auszudrücken. Seuche, Krieg, da muss nur noch einer von vier Reitern reden, damit jedem von uns irgendein apokalyptisches Szenarium vor Augen steht. Diese Motive, vielleicht auch die unheilgeladene Atmosphäre, die auf dem letzten Buch des Neuen Testamentes lastet, haben sich tief in unserem kollektiven Gedächtnis abgelagert, ohne dass wir darum die Offenbarung des Johannes gelesen haben müssten.

Aufgelöst hat sich hingegen die ursprünglich eschatologische Annahme, die Katastrophen müssten Teil eines länger anhaltenden Strafgerichts sein, auf das eine Zeit des Heils – für die Erwählten und Gerechten natürlich – folge. Anders gesagt: Heute sind wir im Sprachumgang mit dem seltsamen Phänomen konfrontiert, dass sich »Apokalypsen« akkumulieren, diese *indes* nicht länger in einem narrativen, von Gott gefügten Sinnzusammenhang stehen.

Anfang des 14. Jahrhunderts hielt auch der Florentiner Dichter Dante Alighieri manches von dem, was er erlebte, für apokalyptisch. Aber ihm waren die Offenbarung des Johannes ebenso wie die alttestamentarischen Bücher der Propheten höchst vertraut. Er kannte nicht nur die bildgewaltigen Beschwörungen drohenden großen Unheils, sondern auch die im Alten wie im Neuen Testament vermittelte Vorstellung, dass sich daran eine Zeit des Heils anschließe. Doch auch Dante schien das Ende der Welt, wie es der auf die Insel Patmos verbannte Johannes geschaut hatte, fremd geworden zu sein. Wie viele seiner Zeitgenossen suchte er Orientierung bei den mittelalterlichen

Kommentatoren, die seit Ende des 12. Jahrhunderts aus der Apokalypse nicht nur moralische Lehren zogen; vielmehr legten sie in ihr eine Allegorie der Geschichte der christlichen Kirche und ihres Kampfes gegen das Römische Kaiserreich frei. Die sieben Briefe etwa, die Johannes den Gemeinden sendet, wurden als die sieben Phasen der Weltgeschichte verstanden. Bei Dante finden sich apokalyptische Motive entsprechend im Zusammenhang mit seiner scharfen Kritik an der Verkommenheit der Kirche oder den weltlichen Ambitionen der Päpste.

PERSÖNLICHES UNGLÜCK VON KOSMISCHEN DIMENSIONEN

Von Anfang an hatte Dante die Neigung, persönlichem Unglück quasi kosmische Dimensionen zuzusprechen. Er begann als Liebeslyriker, den der Anblick eines jungen Mädchens in Florenz so in Bann schlug, dass er sich entschied, nur noch ihr Lob zu singen. Als Beatrice jung starb, übertrug er die eigene Verzweiflung nicht nur auf ganz Florenz, sondern sogar auf die Pilger, die zufällig über den Arno zogen. Er schreckte nicht einmal davor zurück, sich der Klageworte des Propheten Jeremias über die Zerstörung Jerusalems zu bedienen. Aus seinem – historisch gesehen – nebensächlichen Unglück machte er ein welterschütterndes Ereignis, dessen Bedeutung sich ihm erst nach und nach erschloss – und dann natürlich so, dass es die gesamte Christenheit anging.

Nach dem Tod Beatrices 1290 orientierte sich Dante neu. Trost suchte er in einem (weithin autodidaktischen) Studium der Philosophie, die ihm auf seine drängenden Fragen zu Natur, Ethik und Kosmos Antwort geben sollte. Darüber kam er 1295 zu dem, was man heute eine politische Laufbahn nennen würde, was damals jedoch zu den Pflichten eines Bürgers in Stadtkommunen gehörte. Als »savio« (Weiser) wurde er erstmals in ein Gremium berufen und durchlief danach rasch die wichtigsten Stationen, bis er schließlich im höchsten Rat turnusgemäß zwei Monate lang die Position des Priors innehatte. Im Nachhinein beklagte Dante die politische Tätigkeit als Ursache seines großen persönlichen Leids, des Exils. Es müssen indes gerade diese in der Politik, auf diplomatischen Missionen – unter anderem zum Sitz des Papstes – gemachten Erfahrungen gewesen sein, die seinen Blick für die Zeitgeschichte ungemein schärften, ihn zu Zeitfragen immer wieder Stellung nehmen ließen und schließlich zu dem machten, als der er bis heute bewundert wird: zum Autor der *Göttlichen Komödie*, in der er seine vielfältigen Lebenserfahrungen, ja seine Sicht auf die ganze Welt in eine überragende Form goss.

KIND DER ZEITENWENDE

1265 wurde Dante in eine Zeit ebenso rasanter wie tiefgreifender Veränderungen hineingeboren. Seine Heimatstadt Florenz hatte in wenigen Jahrzehnten einen ungeheuren wirtschaftlichen Aufschwung erlebt. Viele gelangten durch Handwerk und Handel zu solch immensen Vermögen, dass sie den alteingesessenen Florentiner Familien die Stirn bieten konnten und die bisherige klar hierarchisierte Ordnung ins Wanken brachten.

Die ökonomischen – oft als frühkapitalistisch bezeichneten – Entwicklungen wirkten sich auf sämtliche Bereiche des Lebens aus. Teile des aufsteigenden Bürgertums bemühten sich darum, sich die kultivierten Sitten des Adels anzueignen. Zudem wollten sie an der nur auf Latein zugänglichen Bildung teilhaben. Antike Texte wurden zuhauf in die Volkssprache übertragen, denn die Nachfrage war groß. Die Erfordernisse des Handels und der Buchführung bewirkten in Florenz Schulreformen, damit die Kinder, darunter auch Mädchen, in kurzer Zeit eine möglichst solide Ausbildung erhielten. Bis zum Ende des 13. Jahrhunderts pendelte sich die Alphabetisierungsrate in Florenz auf einer auch für heutige Maßstäbe erstaunlichen Höhe ein.

Zudem pochten die aufsteigenden Schichten im Laufe des 13. Jahrhunderts immer vehementer auf das Recht politischer Mitsprache. Emsig wurde nach Wegen gesucht, wie man die Vorrechte des Adels beschneiden und den wachsenden Ansprüchen anderer Schichten gerecht werden konnte. Es waren Jahrzehnte des zum Teil radikalen Experimentierens. Jedoch gelang es nicht, die Rivalitäten sowie zahllosen Fehden unter den Familien in Florenz auf Dauer beizulegen. In den 1290er Jahren, als Dante politisch tätig wurde, bekämpften sich zwei Faktionen, die schlicht *Neri* (Schwarze) und *Bianchi* (Weiße) genannt wurden. Dante gehörte den Bianchi an, die im November 1301 mit Unterstützung französischer Truppen und des Papstes Bonifaz gestürzt wurden. Im Januar 1302 wurde er zusammen mit seinen Mitstreitern wegen Amtsmissbrauchs zu einer Geldstrafe verurteilt (ein Vergehen, dessen nun missliebige politische Gegner bezichtigt wurden). Da er sich weder stellte noch die Strafe beglich, wurde er *in absentia* zum Tode verurteilt.

Dante bekam die politischen Auswirkungen des Wandels also unmittelbar zu spüren. Aus seinen Schriften lässt sich nicht mit Sicherheit sagen, ob er sich in den Regierungsgeschäften tatsächlich nur jenem Ideal des Gemeinwohls verschrieb, das Ambrogio Lorenzetti später in der Allegorie des *buon governo* – was natürlich die Assoziation des populären Schlagwortes vom *good government* weckt – auf den Wänden des Palazzo Pubblico in Siena festhalten sollte. In der *Göttlichen Komödie*, deren Jenseitsreise die Figur namens Dante an Ostern 1300 antritt, finden sich nur Hinweise auf die moralische

Verworfenheit seiner Landsleute allgemein. Im Paradies angelangt, lässt sich Dante von seinen Ahnherren prophezeien, dass er sich später im Exil von seinen ebenfalls fragwürdig gewordenen Parteigenossen trennen und eine Partei für sich bilden werde, die über allen Faktionen schwebe. Allein, auch im Exil war Dante kein Weiser oder Schlichter. Er blieb ein ziemlich streitbarer, scharf polemisierender Intellektueller, der sich mit seinen Äußerungen viele Feinde schaffte.

In Florenz ebenso wie während des Exils gehörte Dante letztlich zu den Verlierern des historischen Wandels, der in seinen Augen bald die Züge einer nicht mehr aufzuhaltenden apokalyptischen Zeitenwende annahm. Nach mehreren Versuchen, auf die Entwicklungen politisch wie moralisch Einfluss zu nehmen, sah er sich mehr und mehr in die Rolle des ohnmächtigen Beobachters gedrängt, der das, was da Ungeheures passierte, verstehen, einordnen und wohl auch die Konsequenzen antizipieren wollte.

EIN WERK DER VERZWEIFLUNG

Fast zwei Jahrzehnte – vermutlich von 1306 bis 1321 – hat Dante an den Terzinen seiner *Göttlichen Komödie* gearbeitet. Die Wechselfälle, die der Dichter im Exil erlebte, haben in dieser atemberaubenden, bis ins Detail ausgeklügelten Komposition durchaus Spuren hinterlassen. Das zeigt sich auch im Umgang mit endzeitlichen Modellen und Motiven der Apokalypse im Laufe der Niederschrift der Reise durch die drei Jenseitsreiche.

Im ersten Gesang bleiben die Anklänge an die entsprechenden biblischen Passagen vage, punktuell. Dante schildert ein Ich, das in der Mitte seines Lebens in eine Krise geraten ist, aus der es allein nicht herauskommen kann. Die Erzählung ist so allgemein gehalten, dass jeder sich angesprochen fühlt. Dantes Tendenz, dem eigenen Erleben universale Dimensionen zu verleihen, setzt sich hier fort. Am Fuße eines Hügels, der im hoffnungsfrohen Morgenlicht erstrahlt, trifft der vom rechten Weg abgekommene Protagonist auf drei Tiere, die ihm den Aufstieg versperren: eine Pantherkatze, ein Löwe und ein Wolf. Sie stehen für die drei wichtigsten Übel, die der Dichter für den Wandel verantwortlich macht: Wollust oder körperliches Begehren, Hochmut und *last but not least* die Habgier in Gestalt eines abgemagerten, nimmersatten Wolfs, der jeden in die Flucht schlägt.

Von der Seele des römischen Epikers Vergil, der dem Mann zu Hilfe eilt, ist zu hören, dass ein Einzelner im Kampf gegen den Wolf nicht bestehen könne. Gleich danach spendet Vergil *indes* Trost: Er verheißt, ähnlich wie die Propheten Israels, dass in Bälde ein »veltro« (Jagdhund) kommen werde, der den habgierigen Wolf vertreiben und Italien wieder zu seinen einfachen,

guten – letztlich altrömischen – Ursprüngen zurückführen werde. Dante legt also dem römischen Dichter Vergil (das Mittelalter schätzte ihn für seine Ekloge über die Geburt eines Knaben und künftigen Friedensherrschers) im Eröffnungsgesang der *Komödie* in den Mund, dass die bis in die tiefsten Wurzeln verdorbene Gegenwart, in der und durch die wohl auch der Protagonist

selbst vom Wege abkam, demnächst schrecklich heimgesucht werde, damit sich danach wieder eine Phase des Glücks oder Heils einstellen könne. Von irgendwelchen Gerechten ist an dieser Stelle nicht die Rede.

Übrigens ist bis heute unklar, wen der Dichter in der Figur des »veltro« vor Augen hatte: die von Osten einbrechenden Mongolen, die von einem Khan (im Italienischen missverstanden als »cane«, Hund) angeführt wurden, oder den Stellvertreter des Kaisers in Verona namens Cangrande? Im 20. Jahrhundert glaubten wenige sogar, Dante habe Benito Mussolini vorhergesagt, der das wiedervereinte Italien zu seinen großen römischen Anfängen zurückführen wollte. Wie dem auch sei, auf den rasanten Wandel reagiert der traumatisierte Dichter mit Eschatologie, die jedoch isoliert bleibt.

Da Dantes Vergil weiß, dass all das Zukunftsmusik ist, empfiehlt er dem Protagonisten pragmatisch einen Umweg, über den er das Licht in der Höhe doch noch erreichen könne. Dafür müsse er erst in die Tiefe der Hölle hinab- und danach den Läuterungsberg hinaufsteigen. Die Figur Dante, die gleichzeitig Individuum und Stellvertreter aller ist, muss sich zunächst der unmittelbaren Anschauung grausam vollstreckter göttlicher Strafjustiz aussetzen, um sich danach von ebenjenen Übeln, jener Gier zu läutern, die die Zeitenwende vorantrieb.

Dem Jenseitsreisenden kommen im Inferno noch viele dunkle Prophezeiungen zu Ohren, doch beziehen sich diese meist auf sein eigenes künftiges Geschick. Erst in den letzten Gesängen des zweitens Teiles auf der Spitze des Läuterungsberges macht Dante wieder – höchst verdichtete – Anleihen bei der biblischen Apokalypse. Diesmal entwirft er eine Art apokalyptisches Welttheater, das sich in Stil und allegorischem Gehalt stark von der erstaunlich realistisch gehaltenen Darstellung der Jenseitsreise abhebt.

Zunächst schreitet majestätisch eine Prozession von 24 alten Männern, die die Bücher des Alten und Neuen Testamentes darstellen, hinter sieben Leuchtern apokalyptischer Provenienz her. In ihrer Mitte zieht ein Greif – Personifikation Christi – einen Wagen, der wiederum von den vier Evangelisten umgeben ist. Zurück bleiben schließlich nur noch Beatrice und der Karren. Der eingeschlafene Protagonist wird von einem Blitz aufgeschreckt und ermahnt, sich das folgende Geschehen – einen Bilderbogen, dessen Sinn nicht immer klar ist – exakt einzuprägen, um es in seinem Werk allen Menschen zu verkünden.

Zu sehen ist, wie Beatrice den verlassenen Karren an einen verdorrten Baum bindet, der daraufhin sofort wieder grüne Zweige ausschlägt. Seit den frühen Kommentatoren wird das als Hinweis auf Christus aufgefasst, der den Sündenfall am Baum der Erkenntnis sühnte. Dann stürzt von oben ein Adler auf Baum und Karren nieder – gemeint ist die Verfolgung der ersten Christen im Römischen Kaiserreich. Wenig später fährt abermals ein Adler auf den Wagen herab und bestückt ihn mit seinen Federn – eine Anspielung auf die Konstantinische Schenkung (Kaiser Konstantin hatte dem Papst vermeintlich die Oberhoheit über Rom übertragen, was sich jedoch als Fälschung erwies), Dante zufolge die Ursache dafür, dass die Päpste weltliche Ambitionen zu hegen begannen. Wie in der Apokalypse wachsen dem Wagen sieben Köpfe und zehn Hörner, zwischen denen sich wenig später eine Hure – sprich: das verrottete Papsttum – niederlässt, die von einem Giganten – dem französischen König – eifersüchtig bewacht, dann geschlagen und zuletzt in den wilden Wald entführt wird. Darin spielt Dante zum einen auf die Papst Bonifaz III. (der ihm verhasst war, da er in ihm die Ursache des eigenen Unglücks sah) durch den Kanzler des französischen Königs Philip IV. verpasste »Ohrfeige von Anagni« von 1303 an, in der der Zwist zwischen Papst und französischem König einen ersten Höhepunkt fand. Zum anderen rekurriert er auf die Verlegung des Papstsitzes nach Avignon 1309, die damals viele mit der babylonischen Gefangenschaft des Volkes Israel verglichen.

An dieser Stelle endet das Spektakel abrupt. Die plötzlich eingetretene Leere lässt den zuschauenden Dante ebenso wie die Leser *in suspense*. Darüber wird das ganze Ausmaß der Verstörung spürbar, in die große Teile der Christenheit damals stürzten, als die Institution des Papsttums von weltlichen Herrschern beleidigt, missachtet und sogar zum Umzug nach Avignon gezwungen wurde (was Papst Bonifaz persönlich erfuhr, dürfte Dante dagegen mit Schadenfreude erfüllt haben). All das kam einer Zeitenwende gleich. Ähnlich wie im ersten Gesang lässt Dante im letzten Gesang des Purgatoriums auf dieses schreckliche Ende eine tröstliche Prophezeiung folgen.

Den dunklen Worten Beatrices ist zu entnehmen, dass Gottes Strafgericht angesichts so viel Anmaßung und Hybris nicht mehr lange auf sich warten lasse. Statt eines »veltro« bringt sie einen Boten Gottes ins Spiel, der das Steuer wieder übernehmen und den Karren aus dem Dreck ziehen werde. Sie nennt ihn »cinquecento diece e cinque«, was in lateinischer Zählung DXV ergibt, ein Anagramm für DUX (Führer).

Dantes frühe Kommentatoren vermuteten dahinter die Figur des Kaisers, von dessen Zug nach Italien sich Dante tatsächlich die Wiederkehr von Frieden und Moral erhoffte. In zwei lateinischen Briefen hatte er – in Anlehnung an die kaiserliche Propaganda – Heinrich VII. mit einem Gesandten Gottes gleichgesetzt, nachdem dieser 1309 seinen Plan kundgetan hatte, nach Rom zur Kaiserkrönung zu fahren. Nach der unheilvollen Entwicklung, die das Papsttum 1309 nahm, schien das Kommen des Kaisers die ersehnte eschatologische Wende zum Heil zu bringen. Übrigens verband sich für Dante selbst damit auch die konkrete Hoffnung, mit den kaiserlichen Truppen in die Heimatstadt Florenz zurückzukehren. Zum Zeitpunkt der Niederschrift des letzten Gesangs des Purgatoriums hatten sich diese Hoffnungen *indes* längst zerschlagen. Der Kaiser hatte die verfeindeten Faktionen nicht versöhnt, im Gegenteil. Als er nach der Krönung im Sommer 1313 an Malaria starb, war alles verloren. Noch dazu hatte sich Dante mit seinem Engagement für den Kaiser die Aufnahme in die Liste derer verscherzt, denen Florenz angesichts der Bedrohung durch den Kaiser Amnestie gewährte. Wenn also das allegorische Spektakel auf einmal abbricht und Beatrices Worte unklar bleiben, spiegelt sich darin wohl die Desorientiertheit des Dichters, zu dessen Lebzeiten sich kein Kaiser mehr über die Alpen nach Süden aufmachen würde.

Bis zu seinem Tod wird Dante die Idee einer Universalmonarchie nicht verwerfen, obgleich der von ihm in Italien wahrgenommene Wandel die Institution des Kaiserreichs längst hatte obsolet werden lassen. Er wird das wohl selbst geahnt haben, denn im letzten Teil der *Göttlichen Komödie* konzentriert sich die Hoffnung gänzlich auf das Heil, ins Paradies zu kommen, sowie auf das ersehnte definitive Strafgericht auf Erden. In den höchsten Sphären des Himmels wird der Apostel Petrus noch vom heiligen Zorn über das Treiben seiner Nachfolger ergriffen. Seine Ungeduld ist so groß, dass sie ihn mit der Langmut des Herrn beinahe hadern lässt. Der Gedanke an die schon offenbarte Rache allein lässt die Seligen ihre Erregung aushalten.

Aus Dantes Hinweis, dass um 1300 nur noch wenige Sitze in der Himmelsrose, in der alle Seligen versammelt sind, frei seien – einer davon war für Heinrich VII. bestimmt – hat man geschlossen, dass das Ende der Welt bevorstehe. Aber man kann diesen Hinweis natürlich auch darauf zurückführen, dass es Dante zufolge auf Erden eben keine Gerechten mehr geben werde. Der große Wutausbruch des Apostels Petrus kurz vor Ende der *Göttlichen Komödie* dient wohl vor allem dazu, den Protagonisten, seinen Autor und dessen Leser aufzumuntern: Das Übel, das man allerorts erfahre, werde nicht ungesühnt bleiben. Die Beschwörung eines apokalyptischen Strafgerichts entspringt der Ohnmacht eines Zeitgenossen, der kein anderes Mittel mehr wusste gegen die Zeitenwende, gegen die Entfesselung egoistischer Begierden.

DIE KOMÖDIE ALS AUSWEG

Gleichwohl wäre es falsch, in solchem Umgang mit der Apokalypse lediglich einen Ausdruck der Ohnmacht auszumachen. Die *Göttliche Komödie* entstand aus einem ungeheuerlichen Akt der Kompensation heraus, der nicht nur die biografischen Katastrophen in der Dichtung »wiedergutmachen«, sondern überdies die Figur des Autors in die Rolle eines Zeitgenossen heben würde, der über die aus der Kontrolle geratene Welt anstelle Gottes, oder besser: im Namen Gottes zu Gericht sitzt. Insofern hatte Dante in der Gestaltung seines Meisterwerks Anteil an ebenjenem historischen Wandel, den er so scharf verurteilte. Auch Dante war hochmütig, auch er usurpierte letztlich in seiner Dichtung das, was allein Gott zustand.

Nicht nur gewährt er dem Jenseitsreisenden Einblick in Gottes Strafgericht, wie es die Seelen der Verstorbenen unmittelbar nach dem Tod erfasst. Er gewährt ihm überdies die Möglichkeit, sich selbst zu läutern und so gottgerecht zu machen, dass er am Ende des Purgatoriums sogar den Garten Eden betreten darf, also den Ort, aus dem Adam und Eva nach dem Sündenfall vertrieben wurden. Mit anderen Worten: Durch Ratio und Tugend scheint der Mensch grundsätzlich in der Lage zu sein, sich aus den Fängen des Bösen zu lösen und womöglich aus der geschichtlichen, im steten Wandel begriffenen Welt herauszutreten. Dante hält bis zuletzt an der persönlichen Verantwortung eines jeden fest. Die Zustände in Italien Anfang des 14. Jahrhunderts mögen derart verfahren gewesen sein, dass ein Einzelner wenig dagegen auszurichten vermochte, das bedeutete aber nicht, dass ohnehin alles sinnlos war. Letztlich verbindet sich mit der *Komödie* ja auch die Absicht, die Menschheit wieder auf den rechten Weg zurückzuführen, zu einer Art moralischer Erneuerung von unten anzutreiben – durch die Kraft der Literatur.

Als Dichter wiederum maßte sich Dante die Rolle Gottes an, indem er über das üble Treiben der Menschen, die Verfehlungen vieler Kirchenleute, einschließlich der Päpste, und die Korruption der Regierenden nach einem größtenteils der Nikomachischen Ethik Aristoteles' abgewonnenen differenzierten Kriterienkatalog zu Gericht saß. Als einem solchen Richter hat ihm Heinrich Heine in *Deutschland, ein Wintermärchen* ein Denkmal gesetzt:

> Kennst du die Hölle des Dante nicht,
> Die schrecklichen Terzetten?
> Wen da der Dichter hineingesperrt,
> Den kann kein Gott mehr retten.

Allein, Dante hat auf dem Papier nicht nur an anderen sein Mütchen gekühlt. Was die *Komödie* so großartig macht, ist gerade, dass die Seelen darin nicht einfach abgeurteilt und den jeweiligen Kreisen zugeordnet werden. Die lebensprallen Selbstporträts einzelner Sünder wollen ihre Hörer in Bann schlagen und Verständnis für ihre jeweiligen Lebenswege wecken. Dadurch kommt ein faszinierendes Moment der Ambiguität hinein, aufgrund dessen modernen Leser:innen die göttliche Justiz geradezu als Unrecht vorkommt, vor der wir die Betroffenen in Schutz nehmen. Auch in diesem Sinne befeuert Dante als Dichter das Aufkommen jener selbstbewussten Individuen, die das Recht ihres gelebten Lebens gegen Kirche und Gott behaupten und damit eine neue Zeit einläuten.

Anfang des 14. Jahrhunderts stand Dante nicht allein mit seinen endzeitlichen oder apokalyptischen Vorahnungen und Prognosen. Die klimatischen, wirtschaftlichen, epidemischen und politischen Krisen, die der Westen Europas im Laufe des 14. Jahrhunderts durchmachte, drängten diese endzeitliche Stimmung regelrecht auf. Anders als heute blieben diese Krisen *indes* sehr viel stärker auf ihre biblischen Modelle und auf die Geschicke von Papst und Kirche bezogen. Darüber hinaus versprach die Bibel eine Zeit des Heils. Das Beispiel Dantes veranschaulicht eindrücklich, wie das Modell der Apokalypse auch einen gewissen Halt gewähren konnte und der Zeitenwende einen insgesamt doch tröstlichen Sinn zu geben vermochte.

Prof. Dr. Franziska Meier ist Professorin für französische und italienische Literaturwissenschaft an der Georgia-Augusta-Universität Göttingen sowie Ordentliches Mitglied der Akademie der Wissenschaften zu Göttingen. Über Dantes *Göttliche Komödie* erschienen von ihr *Einführung in Dantes Göttliche Komödie*, Reihe Wissen, München: CH Beck 2018 sowie *Besuch in der Hölle. Dantes Göttliche Komödie. Biographie eines Jahrtausendbuchs*, München: CH Beck 2022.

ANALYSE

ASYLPOLITISCHE WENDE IN EUROPA?
WIE DER UMGANG MIT UKRAINISCHEN FLÜCHTLINGEN EINE NEUE AUFNAHMEPOLITIK INSPIRIEREN KÖNNTE

Ξ Bernd Kasparek

Eines der großen EU-Projekte jenseits der Schaffung des Binnenmarktes und der Währungsunion ist die Errichtung des *Raums der Freiheit, der Sicherheit und des Rechts* als Chiffre für die Etablierung einer europäischen Innenpolitik. Dieses Projekt nahm seinen Anfang mit dem Inkrafttreten des Vertrags von Amsterdam im Jahr 1999 und schloss von Beginn an eine gemeinsame Asylpolitik *(Raum des Schutzes)*, eine gemeinsame Migrationspolitik sowie eine gemeinsame Grenzschutzpolitik (Inkorporierung des Schengener Vertragswerks in die EU-Verträge und Schaffung der europäischen Grenzschutzagentur Frontex) als gewichtige Bestandteile ein.

Ich möchte mich in diesem Beitrag auf den Aspekt des *Gemeinsamen Europäischen Asylsystems* (GEAS) konzentrieren. Denn die Entwicklung der europäischen Migrationspolitik, die sich nicht auf erzwungene Migration, sondern etwa auf Arbeitsmigration bezieht, ist schnell zusammengefasst: In den fast 25 Jahren seit Amsterdam wurden kaum nennenswerte Instrumente der Ermöglichung von Arbeitsmigration geschaffen; die sogenannte *Blue Card* ist die berühmte Ausnahme, die die Regel bestätigt. Schwieriger ist es schon, die Grenzpolitiken der Europäischen Union in den Hintergrund treten zu lassen. Zwar habe ich an anderer Stelle deren Entwicklungen und Rationalitäten ausführlich beschrieben,[1] jedoch sind diese aufgrund ihrer mannigfaltigen Verflechtungen mit den europäischen Asylpolitiken und -praktiken kaum von jenen zu trennen und insbesondere nicht separat analysierbar. Das unauflösbare Spannungsverhältnis zwischen einer Verpflichtung zur Aufnahme von Schutzsuchenden – welche sich nicht nur aus internationalem Recht, sondern auch aus europäischem Selbstverständnis ergibt – und dem grenzpolizeilichen

[1] Vgl. Bernd Kasparek, Europa als Grenze. Eine Ethnographie der Grenzschutz-Agentur Frontex. Kultur und soziale Praxis, Bielefeld 2021.

Imperativ der Kontrolle grenzüberschreitende Mobilität – womit eine Praxis der »differenziellen Inklusion«[2] ihren Ausgang nimmt – ist charakteristisch für die Entwicklungslinie des europäischen Migrations- und Grenzregimes.[3]

Festzuhalten ist an dieser Stelle lediglich, dass der Ausbau der Grenzschutzsysteme in der EU in den letzten zwanzig Jahren massiv vorangeschritten ist. Nicht nur wurde mit der Grenzschutzagentur Frontex eine exekutive europäische Agentur geschaffen, die bis 2027 mit 10.000 uniformierten Grenzpolizist:innen an den Grenzen Europas stationiert sein soll.[4] Mit dem europäischen Grenzüberwachungssystem EUROSUR wurde eine umfangreiche Überwachungsplattform geschaffen, die mit der technologischen Aufrüstung der europäischen Grenzen einherging.[5] Gleichzeitig wurde der Ausbau der *digitalen Grenzen*, also die Einführung von Datenbanken, vorangetrieben. Zum Schengener Informationssystem (SIS), der ersten europäischen Fahndungsdatenbank, gesellten sich schnell weitere Datenbanken zur Registrierung von Asylsuchenden (EURODAC) und zur Erfassung von Visa-Antragsteller:innen (VIS), um nur einige Beispiele zu nennen. Diese digitalen Grenzinfrastrukturen wuchsen so schnell, dass nun ihre Verknüpfung, also die Gewährleistung der Interoperabilität, die große Herausforderung ist, an der die EU arbeitet.

RAUM DES SCHUTZES?

Im auffälligen Kontrast dazu ist die Entwicklung eines tatsächlichen Raums des Schutzes, also das *Gemeinsame Europäische Asylsystem* (GEAS), in den letzten zwanzig Jahren kaum vom Fleck gekommen. Zwar wurden im Rahmen der Einführung des GEAS Anfang der 2000er Jahre eine Reihe von legislativen Maßnahmen ergriffen, die auf die Harmonisierung der nationalen Asylsysteme in der EU abzielten. Doch grundlegender für die Entwicklung des GEAS war das Gespann der Dublin- und EURODAC-Verordnungen, also die Festschreibung des Prinzips, dass das Land der ersten Ankunft – meist im Süden oder Südosten der EU gelegen – für die Durchführung des Asylverfahrens zuständig ist, in Verbindung mit dem technischen Unterbau der europäischen Fingerabdruckdatenbank EURODAC, die eine tatsächliche Bestimmung des Landes der ersten Einreise überhaupt erst ermöglichte. Die Durchsetzung des Dubliner Prinzips ab der zweiten Hälfte der 2000er Jahre führte zu einer Divergenz der Asylsysteme in der EU: Sinkende Asylantragszahlen im Norden standen chronisch unterfinanzierten und teilweise nur auf dem Papier existierenden Asylsystemen im Süden und Südosten der EU entgegen. Die zunehmenden kriegerischen Auseinandersetzungen in der Nachbarschaft der EU sowie die Folgen der demokratischen Aufbrüche des

---

[2] Vgl. Sandro Mezzadra & Brett Neilson, Border as Method, or, the Multiplication of Labor, Durham 2013. Der Begriff der »differenziellen Inklusion« verweist darauf, dass Grenzen im Normalfall keine absolute Abschottung darstellen, sondern eine selektive Mobilität produzieren, die zudem durch verschiedene Aufenthaltsrechte hierarchisiert ist.

[3] Vgl. Sabine Hess & Bernd Kasparek (Hg.), Grenzregime. Diskurse, Praktiken, Institutionen in Europa, Berlin 2010.

[4] Die konstitutionellen Implikationen der Schaffung einer europäischen Polizeieinheit für das europäische Projekt sind meiner Meinung nach viel zu wenig diskutiert worden.

[5] Vgl. Sabrina Ellebrecht, Mediated Bordering. Eurosur, the Refugee Boat, and the Construction of an External EU Border, Bielefeld 2020.

sogenannten Arabischen Frühlings verschärften diese Unwucht im GEAS. Dies wurde zwar zu Beginn der 2010er Jahre etwa auch von der Europäischen Kommission erkannt, doch die Bewältigung der Eurokrise band alle politischen Kapazitäten jener Jahre. Die Folgen waren ein zunehmend dysfunktionales Asylsystem in der EU sowie der Versuch, dieser Dysfunktionalität durch die Verschärfung von Grenzschutzmaßnahmen entgegenzutreten.

Die Migrationen des Jahres 2015, also das Ereignis, das wahlweise als »europäische Flüchtlingskrise« oder als »Sommer der Migration« bezeichnet wird, erwiesen sich als Katalysator für diese Entwicklung. Die manifeste Krise des europäischen Migrations- und Grenzregimes führte zu einem beschleunigten Ausbau eines europäischen Grenzschutzsystems – eine Vielzahl der oben geschilderten Maßnahmen fallen in die Jahre nach 2015. Und erneut erwies es sich als unmöglich, die schon lange überfällige Reform des GEAS voranzubringen. Die Juncker-Kommission versuchte sich ab 2016 an einem Reformpaket, das *indes* schon im Rat der Innenminister:innen der EU steckenblieb und vom Europäischen Parlament stark kritisiert wurde. In einer Stellungnahme mahnte das Parlament einen fundamentalen Wandel in der europäischen Asylpolitik in Richtung einer echten Aufnahmepolitik an und forderte insbesondere, das Dublin-System im Sinne der Schutzsuchenden zu reformieren.

NEUES MIGRATIONS- UND ASYLPAKET

Auch das *Neue Migrations- und Asylpaket*, welches die Kommission von der Leyen im September 2020 als Reaktion auf den verheerenden Brand des Flüchtlingslagers Moria auf der griechischen Insel Lesbos vorstellte, geht nun bald ins dritte Jahr seines Bestehens, ohne dass nennenswerte Umsetzungen stattgefunden hätten. Erneut scheiterte der Reformvorschlag nicht am Streit zwischen einem eher grundrechtsfreundlichen Europäischen Parlament und einem eher restriktiv argumentierenden Rat der Innenminister:innen als Ko-Legislative. Vielmehr konnte sich in beiden Fällen der Rat, also die Vertretung der Regierungen der EU-Mitgliedstaaten, nur in den wenigsten Punkten auf eine gemeinsame Position verständigen. Im Kern scheitert die Reform des *Gemeinsamen Europäischen Asylsystems* daher am Streit zwischen einerseits der Position, die Europa menschen- und völkerrechtlich in der Pflicht sieht, schutzbedürftige Personen aufzunehmen, dies aber restriktiv handhaben will und zu diesem Zweck eine Einschränkung des Zugangs zum Asylsystem durchsetzen will, sowie andererseits einer Haltung, die der Migration nach Europa generell, auch wenn es sich um Flucht-Migration handelt, einen Riegel vorschieben will.

Im oben skizzierten Spannungsverhältnis zwischen Flüchtlingsaufnahme und Grenzschutz erweist sich der Grenzschutz – und vor allem die Idee der Grenze – als kleinster gemeinsamer Nenner der zwei Positionen, was den überproportionalen Ausbau des Grenzschutzes in der EU erklärt: Es ist der Minimalkonsens, auf den sich die EU schon immer einigen konnte. Im Zuge dieser Entwicklung etabliert sich auch eine Imagination von Grenze als einzig möglicher politischer Technologie, die eine effektive Steuerung von Migration erlaube. Im Neuen Migrations- und Asylpaket nimmt die Grenze eine prominente Rolle ein. An den Grenzen sollen Zugangsprüfungen zum Asylsystem möglich sein; es sollen beschleunigte Grenz- und Asylverfahren durchgeführt werden und das System der grenznahen Internierungslager der Hotspots soll verstetigt werden.

TEMPORÄRER SCHUTZ FÜR UKRAINISCHE FLÜCHTLINGE

Angesichts dieser Entwicklungslinie, die in Richtung eines immer restriktiveren Asylsystems weist, war die pragmatische und unbürokratische Aufnahme der Kriegsflüchtlinge aus der Ukraine eine absolute Überraschung. Anfang März 2022 beschloss der Rat der Innenminister:innen der EU einstimmig, die sogenannte *Massenzustromrichtlinie* oder auch *Richtlinie für vorübergehenden Schutz* zu aktivieren. Die Kombination aus der Tatsache, dass alle Halter:innen eines biometrischen ukrainischen Passes schon seit vielen Jahren von der Visumspflicht für den Schengen-Raum ausgenommen waren (die Bedingung des biometrischen Passes wurde mit Kriegsbeginn schnell fallen gelassen), logistischen Hilfsleistungen wie etwa der kostenfreien Nutzung des öffentlichen Nah- und teilweise Fernverkehrs sowie einer pragmatischen und überwältigen Solidarität von unten ergab eine Flüchtlingsaufnahmepolitik und -praxis, die im scharfen Kontrast zur üblichen Politik der EU und ihrer Mitgliedstaaten steht.

Die bereits 2001 beschlossene *Richtlinie für vorübergehenden Schutz*[6] wurde in den mehr als zwanzig Jahren ihres Bestehens kein einziges Mal angewandt. 2015 stand die Anwendung im Raum, scheiterte aber am Widerstand einiger Mitgliedstaaten.

Die Richtlinie selbst ist Ergebnis der postjugoslawischen Kriege in den 1990er Jahren. Auch damals kam es zu großen Fluchtbewegungen, und zwar vor allem nach Österreich und Deutschland. Diese beiden Staaten drangen daher auf eine europäische Lösung – die »ausgewogene Verteilung der Belastungen« im Namen der Richtlinie verweist auf diese Forderung, stellt aber ebenso ein Echo der damaligen Diskussionen um das Dublin-System der Flüchtlingsaufnahme in Europa dar. Dieses sollte ebenso darauf abzielen, eine gleichmäßige Verteilung von Schutzsuchenden zu gewährleisten. Angesichts

---

6 Ausführlich heißt diese *Richtlinie 2001/55/EG des Rates vom 20. Juli 2001 über Mindestnormen für die Gewährung vorübergehenden Schutzes im Falle eines Massenzustroms von Vertriebenen und Maßnahmen zur Förderung einer ausgewogenen Verteilung der Belastungen, die mit der Aufnahme dieser Personen und den Folgen dieser Aufnahme verbunden sind, auf die Mitgliedstaaten.*

des Alters der Richtlinie haben zudem alle Mitgliedstaaten der EU (mit Ausnahme Dänemarks) längst nationale Umsetzungen der Richtlinie beschlossen.

DEUS EX MASSENZUSTROMRICHTLINIE

Die Richtlinie demonstriert, welchen massiven Verschärfungen und Restriktionen das *Gemeinsame Europäische Asylsystem* in den letzten zwanzig Jahren unterzogen wurde, da diese nicht in die Richtlinie übernommen wurden. Ich vermute, dass die Richtlinie als dem Asylsystem nicht zugehörig eingestuft und daher in den vielfachen Reformen einfach »vergessen« wurde. Auffällig ist *erstens*, dass die Grenze in der Richtlinie kaum eine Rolle spielt. Selbst wenn ukrainischen Staatsbürger:innen nicht schon die Visafreiheit, somit die weitestgehend ungehinderte Einreise in die EU, zustehen würde, wäre die Vorstellung einer Etablierung von grenznahen Auffanglagern für Kriegsflüchtlinge aus der Ukraine – also die Anwendung des Hotspot-Ansatzes der EU – kaum vorstellbar. Die Pragmatik des 2022 gewählten Ansatzes bestand gerade darin, die freie Einreise auszuweiten und somit eine quasi natürliche Verteilung von Schutzsuchenden in der EU zu erreichen.

Zweitens existiert im bestehenden System der Richtlinie auch keine dem Dublin-System vergleichbare Logik. Ein Land der ersten Einreise, das für die Erstaufnahme und gegebenenfalls für die weitere Unterbringung zuständig sein soll, ist als realistische Politik ebenfalls nicht vorstellbar. Dies unterstreicht erneut die Absurdität des Dublin-Systems. Die Tatsache, dass es den Ukraine-Flüchtlingen *de facto* freigestellt war, in welchen EU-Mitgliedstaat sie sich begeben würden, führte vor allem dazu, dass die schutzsuchenden Personen die ihnen zur Verfügung stehenden Ressourcen in Form von in der EU lebenden Verwandten oder Bekannten aktivieren konnten, oder auch in Länder gingen, die ihnen aus eigener Migrationserfahrung schon bekannt oder deren Sprache sie mächtig waren.

Drittens erzwingt die Aktivierung der Richtlinie eine schnelle soziale Integration der Schutzsuchenden. Indem sie nicht durch Verbote vom Arbeitsmarkt ferngehalten werden, haben sie Zugang zu diesem für erfolgreiche Integration wichtigsten Ort. Der ebenfalls zu gewährende Zugang zu den nationalen Sozialsystemen garantiert nicht nur die Grundsicherung der geflohenen Personen. Oftmals ermöglicht er auch den Zugriff auf Bildungsressourcen, wie etwa Sprachkurse oder andere Formen der beruflichen Weiterbildung. Der zudem uneingeschränkte Zugang zum Gesundheitssystem ermöglicht über die Behandlung akuter Erkrankungen hinaus, auch psychologische Behandlungen von Traumata, vor allem infolge von Kriegs- und Fluchterfahrungen, zu gewährleisten.

ZEITENWENDE IM EUROPÄISCHEN ASYLSYSTEM?

Der Kontrast zwischen der Aufnahme der Kriegsflüchtlinge aus der Ukraine einerseits und dem Umgang mit Schutzsuchenden aus anderen Kriegs- und Krisenregionen der Welt durch die EU und ihre Mitgliedstaaten andererseits könnte also größer kaum sein. Zu hoffen wäre, dass die Erfahrungen aus der Aktivierung der Richtlinie zum temporären Schutz nun auch in eine tatsächliche Reform des *Gemeinsamen Europäischen Asylsystems* einfließen.

Bedeuten würde dies in erster Linie, die in der EU bestehende fatale Verflechtung zwischen Grenzschutz und Asylsystem zu beenden. Zwar würden Grenzschutzbeamt:innen auch in Zukunft den ersten Kontakt von Schutzsuchenden an der europäischen Grenze darstellen. Doch schon heute sind Grenzschutzbeamt:innen verpflichtet, schutzbedürftige Personen in das nationale Asylsystem zu überstellen. Dabei müssen diese Personen nicht einmal explizit ein Asylbegehren vorbringen. Schon der bloße Anschein, eine Person könnte schutzbedürftig sein, erzeugt die Verpflichtung, eine Prüfung zu veranlassen. Grenzschutzbeamt:innen sind jedoch nicht dazu qualifiziert, eine solche Prüfung durchzuführen: Dies ist die originäre Aufgabe eines Asylsystems.

Die vielfach dokumentierten Verfehlungen der europäischen Grenzschutzagentur Frontex, die im erzwungenen Rücktritt ihres Exekutivdirektors im April dieses Jahres gipfelten, unterstreichen, wie wichtig eine solche funktionale Trennung wäre. Nachweislich hat sich die Agentur durch ihre operativen Aktivitäten in die illegale Praxis der *Pushbacks* an Europas Grenzen verstrickt: Illegale Rückführungen von potenziell Schutzsuchenden in ein Land, in denen ihre Sicherheit nicht garantiert ist, sind Verstöße gegen internationales wie auch europäisches Recht. Dennoch ist eine Vielzahl von nationalen Grenzschutzinstitutionen in der EU seit 2015 verstärkt zu dieser Praxis zurückgekehrt. An dieser Stelle erweisen sich nun die neuen Grenzschutztechnologien, die im Rahmen der Europäisierung des Grenzschutzes eingeführt wurden, als fatal. Denn sie erlauben eine nahezu lückenlose Überwachung der Grenze, ohne aber natürlich den Schutzbedarf von Personen erkennen zu können. Frontex hat diese Überwachungsdaten jedoch verstärkt nationalen Grenzschutzinstitutionen verfügbar gemacht und so zur Ausweitung der *Pushbacks* beigetragen.

Ein zweiter wichtiger Schritt hin zu einer echten Zeitenwende im europäischen Asylsystem wäre die Abschaffung des Dublin-Systems. Tatsächlich kann dem System nicht einmal attestiert werden, dass es funktional wäre. Die Anzahl der tatsächlich durchgeführten Dublin-Überstellungen innerhalb der EU ist seit Jahren auf niedrigem Niveau, das System beschäftigt *indes* eine riesige Bürokratie und verhindert das tatsächliche Ankommen und die Integration einer Vielzahl von Geflüchteten. Anstelle eines Systems, das die Feststellung der Nichtzuständigkeit eines Staates priorisiert, sollte ein System geschaffen werden, welches die Aufnahme von Schutzsuchenden und deren Integration in die europäischen Gesellschaften belohnt. Insbesondere wäre es dadurch möglich, die vielfältigen zivilgesellschaftlichen Initiativen, die nicht nur 2015, sondern auch 2022 bewiesen haben, dass es eine starke Bereitschaft für die Aufnahme von Schutzsuchenden gibt, zu unterstützen und Infrastrukturen für deren Arbeit bereitzustellen.

Die Migrationsforschung, insbesondere die historische, kann zeigen, dass restriktive Migrationspolitiken im Normalfall nicht zu den erwarteten Ergebnissen führen, sondern paradoxe Effekte auslösen. Das Beispiel des deutschen Anwerbestopps für die sogenannten Gastarbeiter:innen im Jahr 1973 ist in dieser Hinsicht instruktiv. Erhofft war, dass die Maßnahme zu einer Reduzierung der migrantischen Bevölkerung in der Bundesrepublik Deutschland führen würde, doch effektiv entschieden viele Migrant:innen, sich tatsächlich niederzulassen und auch ihre Familien nach Deutschland zu holen. So vervierfachte sich der migrantische Anteil an der Bevölkerung der Bundesrepublik innerhalb weniger Jahre. Diese Paradoxie erklärt sich meiner Meinung nach aus der Tatsache, dass Migrationspolitiken per definitionem undemokratische Politiken sind: Sie mögen zwar in einem formal demokratischen Verfahren zustande kommen, doch sie beziehen sich auf eine Bevölkerungsgruppe, die qua Status keinerlei Beteiligung an der Art und Weise hat, wie sie regiert wird. Ob dies nun für falsch oder richtig befunden wird: Der Effekt ist, dass es keine Übereinstimmung über die Ziele von Migrationspolitiken geben kann.

Die Aufnahme der Kriegsflüchtlinge aus der Ukraine hat jedoch gezeigt, dass es einen anderen Modus geben kann, sich mit der Migration in Bezug zu setzen. Die schnelle formale Integration auf der Ebene der sozialen Rechte, die Entwicklung hin zu politischen Rechten aufgrund des beschlossenen Kandidatenstatus für eine EU-Mitgliedschaft der Ukraine können auch als Versuch einer demokratischen und inklusiven Migrationspolitik interpretiert werden. Es wäre sehr zu wünschen, dass sich diese Herangehensweise an die Migration verallgemeinert. Notwendig ist es auf jeden Fall.

© Monika Keiler

Bernd Kasparek ist Kulturanthropologe und Mathematiker und forscht zu Migrations- und Grenzregimen, Europäisierung, Rassismus und digitalen Infrastrukturen. Aktuell arbeitet er als wissenschaftlicher Mitarbeiter im Projekt »Transforming Solidarities. Praktiken und Infrastrukturen in der Migrationsgesellschaft« am Institut für Europäische Ethnologie der Humboldt-Universität zu Berlin. 2021 erschien seine Monografie *Europa als Grenze. Eine Ethnographie der Grenzschutz-Agentur Frontex* im transcript Verlag.

»WIR TRAUEN UNS KEINE NEUEN ÄNGSTE ZU«

Ξ Interview mit Stephan Grünewald über die psychische Lage der Nation im Angesicht von Pandemie und Krieg

Herr Grünewald, Sie sind Experte für Tiefenpsychologie. Wie erfassen Sie das Deutschland, das bei Ihnen auf der metaphorischen Couch liegt?

Wir verfolgen einen breiten Methodenmix, aber das wichtigste Erkenntnisträgermedium ist immer noch das psychologische Tiefeninterview. Das dauert etwa zwei Stunden und läuft ab wie beim Psychoanalytiker. Der Proband sitzt dem Psychologen gegenüber; die Couch ist sinnbildlich, denn es entsteht ein Raum, in dem der Proband das Gefühl hat, hier ist alles erlaubt. Hier gibt es kein Richtig oder Falsch, keine moralische Bewertung. Er kann seine persönliche Sicht und Befindlichkeit ausbreiten und wird immer wieder ermuntert, das, was meistens erst mal in Form einer Rationalisierung an Antworten aus ihm herauskommt, konkret zu beschreiben. Das ist eine Forschungsreise, die intensivierenden Charakter hat, denn idealerweise kommt der Proband sich selbst auf die Schliche. Im Prozess bemerkt er, dass in jeder Explikation noch eine Implikation steckt, die man erneut explizieren kann. Und so entsteht in diesen Windungen ein ganzes Bild von der Sache, ob es ein Bild von einer Partei ist, von einer politischen Stimmung, von Alltagsverrichtungen wie Putzen oder Wäschewaschen. Wir brauchen immer diese zwei Stunden, um zu verstehen, was die Menschen in bestimmten Kontexten bewegt und antreibt.

Als Bundeskanzler Scholz Ende Februar im Bundestag seine Zeitenwende-Rede hielt, sagte er, das Leben danach sei nicht mehr wie das Leben davor. Außenministerin Baerbock sagte, wir seien in einer anderen Welt aufgewacht. Gibt das die Gefühlslage der Deutschen nach dem Angriff Russlands auf die Ukraine akkurat wieder?

Ja und nein. Der Angriffskrieg war ein punktuelles Datum, an dem man das Gefühl bekam, da kippt eine festgefügte Weltordnung oder auch eine Seelenordnung – die aber schon lange in einem Erosionsprozess war. Man kann sich das wie einen Jenga-Turm vorstellen: ein aufgeschichtetes Holzbauwerk, aus dem man nach und nach Quader rauszieht und hofft, dass es stabil bleibt. Irgendwann bricht dieses Gebäude aber natürlich dann doch zusammen. Ich glaube, die Menschen haben schon lange das Gefühl, dass die Welt, wie sie sie schätzen, vergänglich ist. Kurz vor der Pandemie habe ich die Gefühlslage der Deutschen anhand der Metapher des *Auenlandes* beschrieben. Das deutsche Auenland ist eine Welt, die insgesamt recht ausbalanciert ist, die funktioniert, mit guter Wirtschaftsperformance, mit Reise- und Exportweltmeisterschaft. Dass das nicht ewig so weitergehen kann, haben die Menschen schon vor Jahren gespürt, aber sie haben gehofft, sich in einer permanenten Gegenwart verbunkern zu können. Sie haben versucht, auszublenden, dass es zu Veränderungen kommt. Die Verwandlungsnotwendigkeit haben sie nicht einmal negiert, doch das war sozusagen immer der Bereich des *Grauenlandes*. Da wollte man nicht ran. Nun aber ist der Krisen- und Wandlungsdruck so groß, dass die Leute das Gefühl haben, es geht alles den Bach runter. Man hofft jetzt, zumindest noch mal einen schönen Sommer zu erleben, ein paar Wochen Urlaub zu machen. Was danach kommt, wird ausgeblendet oder mit Unbehagen antizipiert.

Das schöne Wortpaar vom Auenland *und dem* Grauenland *haben Sie auch mit Merkel verknüpft. Merkel habe die deutsche Bevölkerung lange in der Gewissheit gewiegt, von den Krisen der Welt – der Finanz- und der Eurokrise – abgeschirmt, unbeschwert in einem heimeligen Auenland leben zu können. Der erste Einbruch des Grauenlands in diese naive Idylle war dann aber schon die Massenzuwanderung während der Migrationskrise 2015/16, oder?*

    Es gab unterschiedliche, sagen wir, Erschütterungen. Wir haben Studien zur Jahrtausendwende gemacht, wo es schon ein Gefühl gab, dieses magische Datum führe dazu, dass die Computer kollabieren und nichts mehr funktioniert. Regelrechte Untergangsfantasien wurden mit diesem magischen Ereignis verbunden. Dann passierte aber überraschenderweise gar nichts. Man wachte am 1. Januar leicht verkatert auf und die Welt war unverändert. Mit dem 11. September 2001 dagegen wurde wirklich fühlbar: Da bricht sinnbildlich etwas zusammen, was uns Stabilität gegeben hat. Das nächste war die Finanzkrise, die aber Steinbrück und Merkel ganz gut pariert haben, indem sie sich breitbeinig vor dieses schwarze Loch gestellt und den Menschen suggeriert haben: Ihr verliert eure Besitzstände nicht. Das war ein fast magisch anmutender Vertrauensbeweis. Da war der Glaube, dass Angela Merkel uns wie ein Schutzengel – Angela heißt ja auch Engel, und Merkel war dem Politikbetrieb auch immer ein wenig enthoben – durch diese Zeiten führt; dass sie uns vieles abnimmt an eigenen Entscheidungen und wir uns gar nicht so sehr einmischen müssen.

Das bekam mit der Flüchtlingskrise einen Einbruch, und zwar auf zwei Ebenen. Einerseits wurde man mit dem Elend konfrontiert, weil da fremde Menschen ins Land strömten. Andererseits war das für Teile der Gesellschaft, die sich schon vorher nicht wertgeschätzt fühlten, auch eine große Kränkung, weil sie das Gefühl hatten, die Mutter Merkel liebt die Fremden mehr als die eigenen Kinder, also uns. Vor allem Menschen im Osten, die sich schon vorher als zweitklassig behandelt erlebten, fühlten sich nun in eine Art Drittklassigkeit zurückgestuft. Das hat die Risse in der Gesellschaft verstärkt.

Die Auenland-Metapher bezieht sich ja auf J. R. R. Tolkiens Herr der Ringe. *Als das Buch zehn Jahre nach dem Zweiten Weltkrieg erschien, haben darin viele eine Allegorie gesehen. Die Bedrohung für Mittelerde ging vom dunklen Herrscher Sauron aus, dessen Reich Mordor im Osten lag. Nun kommt die Bedrohung tatsächlich von dort. Ist Russland für die Deutschen jetzt zum Grauenland geworden? Oder wird das nur auf die Person Putin projiziert, also quasi einen Sauron ohne Mordor?*

Es wird sehr stark auf die Person Putin projiziert, was sicherlich hilfreich ist, um irgendwann wieder ein diplomatisches oder friedvolles Miteinander zu erreichen. Gerade zu Beginn des Ukrainekriegs hatten wir das Gefühl, es wird absolut personifiziert. Die Menschen waren in einem Schockzustand. Sie guckten wie das Kaninchen auf die Python und wussten nicht, was sie mit dieser Situation anfangen sollten. Es herrschte ein großes Ohnmachtserleben. Die Ungeheuerlichkeit war vor allem in der Eskalationslogik begründet, die man mit dem Krieg verbindet. Denn Krieg kann dazu führen – und damit hat er eine andere Dimension als Corona oder die Klimakrise –, dass auf Knopfdruck die gesamte Zivilisation vernichtet wird. Und man hat auch das Gefühl, Putin ist alles egal, auch sein eigenes Volk. Wenn der nicht seinen Willen kriegt, wird er eskalieren. Das war die Grundfurcht, als der Krieg ausbrach.

Birgt ein solches kollektives Feindbild in der Person Putins die Chance, die Gesellschaft zu repolitisieren und wieder näher zusammenzubringen?

Feindbilder sind ein probates Mittel, um inneren Zusammenhalt herzustellen. Das können wir aktuell beobachten: Selenskyj ist David, der gegen den bösen Goliath kämpft. Viel von dem, was jetzt an Zusammenhalt in der NATO oder in Europa zu beobachten ist, wird an diesem Kristallisationspunkt festgemacht, dass da ein Dämon in Person ist, gegen den man vereint zu Felde ziehen müsse.

Dennoch fasziniert dieser Dämon auch viele Deutsche. Worin liegt die Faszination für einen Politikertyp wie Putin?

Die Faszination war natürlich vor Kriegseintritt ungleich größer, weil Putin eine Projektionsfläche für ein Männerbild war, das hierzulande aus Sicht vieler Männer unter die Räder gekommen ist. Dass der Mann nicht mehr durchsetzungsstark, bestimmend, hart wie Kruppstahl sein soll, sondern weich, empfindsam, bedächtig, hat für viele Männer zu einer Art Bilddiffusion geführt: Wie soll ich eigentlich sein? Immer noch der durchsetzungsstarke Bestimmer? Oder eher der empfindsame Zuhörer? Und für diejenigen, die mit dieser Bilddiffusion Schwierigkeiten hatten, war die Wahl: brave Putte oder markant wie Putin? Putin verkörperte, auch in seinem Reden über die Dekadenz des Westens, »alte preußische Tugenden«, die scheinbar verloren gegangen sind.

Putin rechtfertigt seine »Spezialoperation« mit obskuren Behauptungen eines Regimes drogensüchtiger Nazis in der Ukraine. Dass das in Russland funktioniert, wo man jeden Tag einer solchen Propaganda ausgesetzt ist, überrascht nicht. Aber wer glaubt solche Räuberpistolen in Deutschland, und warum?

Damit sind wir beim Thema Verschwörungstheorien. Im Tiefeninterview beobachten wir, dass Verschwörungstheorien eine Kehrseite der Entpolitisierung sind. Wir waren ja lange nicht mehr in einem Ost-West-Konflikt, sondern hatten starke Volksparteien in einem Links-Rechts-Gegensatz. Beide Positionen waren auf dem Boden des Grundgesetzes und legitim. Dann hieß es etwa: Strauß gegen Brandt, und man hat sich auf eine Seite geschlagen, aber man konnte die Perspektive wechseln und bestenfalls beide Seiten irgendwie verstehen. Dadurch hat sich in der politischen Sozialisation so etwas wie eine kognitive Landkarte ausgebildet. Die Menschen hatten einen festen Standpunkt, den sie zu vertreten und zu verteidigen wussten, ohne den Standpunkt des anderen zu verkennen oder zu verdammen. Sie konnten sogar hin und wieder mal den Standpunkt ändern, wählten dann mal statt links eher rechts oder andersherum. Diese Dialektik ist mit dem impliziten Stillhalteabkommen, das wir vor allem unter Merkel geschlossen haben – wir vertrauen ihr und müssen uns mit Fragen von Versorgung, Bildung und so weiter nicht mehr auseinandersetzen –, zum Erliegen gekommen. Das war bequem, hat aber dazu geführt, dass man, zugespitzt formuliert, partiell politisch unmündig wurde.

Hinzu kommt, dass die Gesellschaft eine ethische Gleichgültigkeit entwickelt hat. Wir kommen, in einem längeren Zeithorizont, aus einer borniertentenTEXT, festgefügten Zeit, in der es standesspezifische Regeln und Normen für alle

Lebensbereiche gab. Dann sind wir übergegangen in eine Befreiungsbewegung, die vieles liberalisiert, geöffnet, freigestellt hat. Gleichwertig neben der klassischen Familie steht die nun Patchworkfamilie oder die homosexuelle Lebensgemeinschaft. Man kann das in allen Lebensbereichen durchdeklinieren. Aus dieser Gleichwertigkeit verschiedener Lebensformen ist aber auch eine Gleichgültigkeit geworden, eine entfesselte Beliebigkeit, die viele als bodenlos erlebt haben. Man hat da also eine Wirklichkeit, die flimmert, die ungeheuer vielgestaltig ist, und hat noch nicht mal einen festen Standpunkt. Dann fange ich an zu schwindeln. Und vielleicht schließe ich sogar einen Pakt mit dem Schwindel ab und schustere mir ein Weltbild zusammen, das mir wieder einen festen Erklärungsgrund gibt und es mir ermöglicht, die Welt in Gut und Böse aufzuteilen. Das macht, aus Sicht des Verschwörungstheoretikers, auch Entwicklungen vorhersehbar. Die Corona-Pandemie oder andere Entwicklungen sind dann immer Teil eines finsteren Plans. Ich bin nicht mehr dem Zufall ausgesetzt, was mir ein Gefühl der Kontrolle zurückgibt. Gleichzeitig fühle ich mich als Teil einer exklusiven Gemeinschaft, die über ein Wissen verfügt, das andere nicht haben und die ich somit auch missionieren kann. Ich werde also vom orientierungslosen Außenseiter zum orientierungsgebenden Querdenker mit Gesinnungsgefolgschaft.

Waren die Deutschen gerade auf dem Weg aus ihrem Corona-Schneckenhaus, als der Ukrainekrieg sie neu verunsichert hat? Trifft der Krieg in der Ukraine also auf eine vorbelastete, übernervöse Gesellschaft? Oder waren im Gegenteil die Menschen nach zwei Jahren »Dauerkrise« gewissermaßen abgestumpft bzw. krisenerfahren und wäre der Schock über den Krieg unter anderen Umständen – um einmal zu spekulieren – eher noch größer gewesen?

Die beiden Krisen greifen zum Teil unheilvoll ineinander. Ihre psychologische Gemeinsamkeit ist ein großes Ohnmachtsgefühl. In der Pandemie, weil ich einem Feind ausgesetzt bin, den ich nicht wahrnehmen kann. Die Corona-Zeit war ja in ihren verschiedenen Phasen, gerade am Anfang, ein Versuch, aus der Ohnmacht herauszukommen, indem man sich informierte oder Verlagerungsbewegungen vollzog. Die Leute haben im Frühjahr 2020 wie wild geputzt, weil sie damit einen sichtbaren Feind hatten, den sie zur Strecke bringen konnten. Das Wissen über Aerosole hat die Ohnmacht nochmal verstärkt. Mit den Bodentruppen der Viren kommen wir noch eher klar als mit den Luftangriffen. Deshalb gibt es noch immer Menschen, die ständig alles desinfizieren, auch wenn Schmierinfektionen nicht stark ins Gewicht fallen. Psychologisch ergibt das aber Sinn; es hilft aus der Ohnmacht heraus.

Die Pandemie hat auch dazu geführt, dass die Menschen sich ins Schneckenhaus zurückgezogen haben. Für viele war diese Zeit eine Art Selbstberuhigung. Das Leben wurde überschaubar, man dachte nicht mehr in globalen, europäischen, deutschen Dimensionen, sondern bewegte sich gedanklich im persönlichen Nahraum von Freunden und Familie. Corona hat auch entschleunigt – mit ausgeprägter Jahreszeitenrhythmik. Im Winter ist die Nation fast in eine Art Winterschlaf verfallen und auch dann nicht mehr in die Kinos oder Theater gegangen, wenn es theoretisch möglich war. Im Sommer gab es dann eine gewisse Öffnung, aber nicht auf gewohntem Niveau. Diese Rückzugsbewegung hat auch dazu geführt, dass wir nicht mehr so wehrhaft sind. Wir sind weniger in Kontakt mit dem Fremden und der Außenwelt. Das Schneckenhaus gibt uns das Gefühl einer Hermetik, aber es ist eben nur das Haus, das uns das dicke Fell verleiht. Es ist nicht das dicke Fell unserer Taten oder Auseinandersetzungen. Und in dem Moment, in dem wir uns eigentlich viel schutzloser fühlen, bricht dieser Krieg aus, der uns herausfordert, rauszugehen, uns auseinanderzusetzen, Partei zu ergreifen, wehrhaft zu sein.

Oft wurde gespottet, in anderen Ländern bunkerten die Menschen Wein oder Kondome, in Deutschland Klopapier. Verrät das etwas über deutsche Neurosen?

Auch das hat mit der Ohnmacht zu tun. Die Leute haben nicht nur geputzt zum Machtbeweis, sie haben sich auch armiert. In Amerika wurden die Waffenläden vermehrt aufgesucht. Bei uns waren unter anderem Obi und Hornbach Krisengewinner. Dort wurden Äxte, Schraubenzieher und Hämmer gekauft – im Sinne des Gefühls, wehrhaft gegenüber dem Erreger zu sein. Dasselbe gilt für Klopapierkäufe. Wenn man Klopapier kauft, zeigt man sich und der Welt, dass man auch in der größten Krise im doppelten Sinne geschäftstüchtig bleibt.

Ist »Preppertum« durch die gegenwärtigen Krisen mehrheitsfähig geworden?

Ja, und das gilt nicht erst, seitdem Frau Faeser Empfehlungen über sinnvolle Vorräte ausgesprochen hat. Es ist dieser Akt der psychologischen Selbstverteidigung. Wir haben festgestellt, dass die Kriegswirklichkeit in der ersten Phase eine Schockwirkung freigesetzt hat, die auch dazu führte, dass man sich stark informiert hat, solidarisch war, gespendet hat und so weiter. Diese Phase ging nach einigen Wochen in eine zweite Phase über, in der der Krieg weitgehend ausgeblendet wurde. Die Menschen konnten die Ungeheuerlichkeit der Eskalationsstufen, die in den Bildern des Krieges zum Ausdruck kam, nicht aushalten und haben ihren Nachrichtenkonsum eingestellt

oder drastisch reduziert, vor allem auf bildlose Medien. Und sie haben den Krieg durch private Ablenkungsmanöver ausgeblendet. Somit bleibt er nur noch als Kriegs-Tinnitus, als Grundrauschen spürbar, denn ganz verdrängen kann man ihn nicht. Das spiegelt sich auch in der Sprache: Während Corona wurde noch »gehamstert«; jetzt erzählen die Menschen im Tiefeninterview, dass sie Nahrungsmittel »bunkern«. Das ist Ausdruck einer unbewussten Kriegsrealität.

Nach dem Brecht'schen Motto »Erst kommt das Fressen, dann kommt die Moral« könnte ein neuer Egoismus erwachsen, der Positionen zu Klimawandel, Terrorismus, Rechtsextremismus, Flüchtlingsströmen, Covid-19, der Armutsschere usw. überlagert und gesellschaftliche Solidarität unterminiert. Wird es hier zu neuen Verwerfungen kommen?

Ich denke, die Zeitenwende führt aus dieser Selbstbezüglichkeit heraus. Die Corona-Jahre waren der Gipfelpunkt der Selbstbezüglichkeit, weil die

Leute nur noch in ihrer *Netflix*-Blase waren. Selbst wenn man Werbung schaut, setzt man sich mit der Welt und den Tätigkeitsformen – Waschen, Versichern, Gartenarbeit – auseinander. Auf Netflix ist man nur noch in seiner hermetischen Dramaturgie, vollkommen selbstbezogen. Angesichts dieser Zeitenwende und der Kriegsbedrohung wächst nun aber wieder die Sehnsucht nach Gemeinschaft. Ich nenne das Kohäsion. Die Bindungskräfte im Inneren werden gestärkt. Das hatten wir auch schon bei der Flutkatastrophe, wo die Menschen gespürt haben: Wenn sich die Welt so radikal verwandelt, sind wir alleine nicht in der Lage, das zu bewältigen. Wir brauchen dann die anderen als Unterstützung.

Was haben über zwei Jahre Pandemie sonst mit uns gemacht? Gibt es auch im Privaten Profiteure, etwa stillere Naturen, die unter Pandemie-Bedingungen aufblühen?

Wir haben im Frühjahr 2020 eine erste große Studie gemacht, wie die Menschen mit der Pandemie umgehen, und das überraschende Ergebnis war: Zwei Drittel empfanden den ersten Lockdown als fürchterlich, hatten existenzielle Ängste, litten unter der räumlichen Enge, waren überfordert mit Homeschooling und Homeoffice und konnten ihre Angehörigen teilweise nicht mehr ertragen. Ein Drittel sagte dagegen sinngemäß, es sei die schönste Zeit in ihrem Leben. Sie kämen endlich mal zur Ruhe, müssten nicht auf Partys gehen, der Neid auf das Leben der Anderen sei erloschen, da alle das gleiche Leben führten. Als dann im Sommer 2020 Corona fast überwunden schien, entstand bei Teilen dieses Drittels eine Art Lockdown-Nostalgie. Was sei das doch schön gewesen, als alles so heruntergefahren war. Das zeigt sich auch in den aktuellen Studien nach zwei Jahren Pandemie. Im quantitativen Teil unserer »Melancovid«-Studie haben wir gefragt, wie die Menschen leben würden, wenn die Pandemie komplett vorbei wäre und keine Restriktionen mehr nötig wären. Darauf sagten neun Prozent, sie würden vieles nachholen und das Leben feiern. 25 Prozent sagten, sie würden wieder genau so leben wie vor der Pandemie. Aber 66 Prozent sagten, sie würden doch etwas umsichtiger und zurückgezogener leben, nicht mehr in dasselbe Aktivitätslevel von früher einsteigen.

Der Ukrainekrieg hat die Pandemie im öffentlichen Bewusstsein in den Hintergrund gerückt, diese zuvor den Klimawandel. Sind wir mit mehr als einer Krise kognitiv oder affektiv überfordert?

In der Seelenarithmetik ergibt dreimal eins nicht unbedingt drei. Die Krisen legen sich gegenseitig aus. Eine Ukrainekrise mit den Bildern der

Zerstörung relativiert die Bedrohung durch Corona. Natürlich spielt auch eine Rolle, dass wir jetzt geimpft sind und die Omikron-Variante weniger schwere Verläufe hervorruft. Der Blick in den Kriegsabgrund relativiert die Corona-Problematik aber zusätzlich. Andererseits reden die Menschen nun viel lieber über Corona, denn in diesem Feld haben wir unsere etablierten Umgangsformen. Das ist mittlerweile ein Art Heimspiel. Jeder weiß, wie er zu denken hat, jeder hat seine Schutzmaßnahmen, seine Freund- und Feindbilder und Glaubensgrundsätze. Beim Small Talk im Bekanntenkreis kann man wunderbar über Corona reden und muss sich nicht mit der Ungeheuerlichkeit des Krieges auseinandersetzen. Diese Krisen, die uns im Moment begleiten, interagieren also.

Sie haben, genauer gesagt, eine unterschiedliche Seelenlogik. Der Krieg ist Eskalationslogik. Es kann jeden Moment eskalieren, dann ist alles zunichte. Das führt, wie erwähnt, zu Schockreaktionen, Paralyse und langfristig zu einer gewissen Verdrängung, weil man das nicht aushält. Die Coronakrise dagegen hat eine exponentielle Logik. Sie kennen die Kurven zum Infektionsgeschehen. Diese Exponentialität führt dazu, dass auch die Erregung exponentiell steigt. Und langfristig führt das zu Polarisierungen. Indem man die Welt aufteilt, etwa in Maskenbefürworter und Massenverächter, kommt man auch aus der Ohnmacht. Der Klimawandel folgt einer linearen Logik. In einem gewissen Zeitraum steigt die Erdtemperatur um 1,5 oder zwei Grad. Im Vergleich wirkt das für die Leute berechenbar und dadurch beschwichtigend. Es geht den Menschen da wie dem berühmten Frosch: Wenn man diesen in kochendes Wasser wirft, springt er panisch raus. Wenn man ihn aber in lauwarmes Wasser setzt und linear erhitzt, lässt er sich verkochen. Das ist diese Duldsamkeit, mitunter Ignoranz, die wir jenseits von Wetterkapriolen oder Flutkatastrophen bislang erlebt haben. Aber es kann natürlich sein, dass die Klimakrise in den nächsten Jahren zunehmend exponentiell wird und unsere Wahrnehmung verändert, nachdem wir uns hierzulande bisher mitunter an längeren Sommern erfreuen konnten.

Die Führungsriege der neuen Ampel-Regierung besteht in Ihren Worten aus »Mutti«-Ersatz Scholz, dem Brüderchen-und-Schwesterchen-Doppel Habeck/Baerbock und dem inneren Kind der Wähler:innen (Lindner). Wie passt diese Familienaufstellung zur seelischen Verfassung Deutschlands?

Das war die Situation im Wahlkampf. Mittlerweile haben sie sich zusammengefunden und dabei haben sich auch die Rollen verändert. Lindner ist in der Konstellation psychologisch ins Abseits geraten. Was soll dieses innere Kind in einer relativen Krisensituation denn tun? Es kann wütend rebellieren, das hilft aber nicht. Scholz repräsentiert die *German Angst* im besten Sinne, weil diese in jeder Entwicklung nicht nur die Chance, sondern auch die Gefahr sieht und dann in einen Abwägungsprozess gerät. Das Zaghafte und Zaudernde finden die meisten Menschen gar nicht verkehrt, weil sie das Gefühl haben, dass blinder Aktionismus in der Eskalationslogik auch gefährlich sein kann. Habeck entwickelt das aber weiter. Er verkörpert den Zweifel. Was im Zaudern eines Scholz hin und her schwankt, wird von Habeck artikuliert, wenn er eine Seite gegen eine andere abwägt. Er benennt die Ambivalenz, kommt aber aus dieser Ambivalenz in eine entschiedene Richtungsbestimmung. Er bleibt nicht im Unbestimmten, sondern macht ganz konkrete Vorschläge. Dabei macht er den Menschen aber auch klar, dass das seinen Preis hat – ihr werdet verzichten müssen. Er macht nicht mehr die Paradiesvertröstungen, die wir früher hatten. Und Baerbock geht nochmal weiter. Sie hat im Moment Jeanne-d'Arc-Qualitäten. Bei ihr spürt man nur noch eine starke Konsequenz und Ausrichtung. Sie scheint den Zweifel schon überwunden zu haben. Wäre sie alleine, wäre das ungünstig, aber in diesem Dreigestirn ergibt es Sinn. Die gegenwärtige Beliebtheit von Habeck und Baerbock ist auch dadurch begründet, dass uns Scholz als diese väterliche Gestalt das Gefühl gibt, da wird nichts Übereiltes vom Zaun gebrochen, das ist schon irgendwie ausgewogen. Es ist wie ein seelisches Triptychon.

Scholz' abwartende Haltung wird ihm medial oft als schwaches Zaudern ausgelegt. Bei Merkel wurde ein ähnlicher Politikstil als vermeintlich kluge Machtphysik verehrt. In der Koalitionsforschung gibt es die These, dass Regierungen erst ins Amt kommen, wenn der sie befördernde Zeitgeist eigentlich schon abebbt. Liegt hier ein psychologischer Mechanismus zugrunde, dass die Menschen wählen, was sie kennen, obwohl sie sich unterbewusst bereits etwas Anderes wünschen?

Die Menschen haben das Konstanz-Versprechen gewählt, aber mit zwei Beigaben. Grüne und FDP waren stark. Das war die erste Wahl, bei der man bewusst ein Dreierbündnis gewählt hat. Den einen war das Liberale wichtiger, den anderen das Grüne, den dritten das Konstanz-Prinzip. Aber letztendlich war es ihnen allen recht, dass es zu dieser Vermittlung kommt. Dabei hat Scholz, trotz der Mutti-Analogie, eine andere Rolle als Merkel. Merkel war eine in sich ruhende Unbeweglichkeit, während das Zaudern schon eher eine aktive Unentschiedenheit repräsentiert. Scholz ist nicht der Ruhepol. Darum muss er sich auch immer wieder mantraartig erklären, während Merkel kurz ein beruhigendes Nachtlied à la »Sie kennen mich« anstimmen konnte und damit war die Sache dann gut. Die Situation war auch eine andere. Solch ein stoisch unbewegliches Momentum funktioniert in Zeiten, in denen die Krisen noch fern vor der Türe sind, besser, als wenn die Krise gerade anbrandet.

Abgesehen von den Erklärungen, die man berechtigterweise vermissen kann: Kann ein wenig Zögern oder, mit anderen Worten, abwartende Geduld in der Politik nicht auch eine Tugend sein, und müssten wir sie nicht schon angesichts der Erfahrungen mit einem Hauruck-Populismus eines Trump oder Orbán und den gegenwärtig regierenden Autokraten zu schätzen wissen?

Zögern ist wichtig und richtig, wenn es nicht zu einem ewigen Aussitzen führt. Zögern und Handeln haben etwas mit Optimismus zu tun. Optimismus setzt einen Prozess voraus, in dem man Chancen gegen Gefahren abwägt. Und da gibt es verschiedene Spielarten. Im gesunden Optimismus fokussiert man sowohl die Chancen als auch die Gefahren und kommt dann zu einem Handlungsschluss. Das letzte Jahrhundert war jedoch eine Zeit des blinden, fanatischen Optimismus: Heute gehört uns Deutschland, morgen die ganze Welt. Das gibt zwar eine ungeheure Handlungskraft, negiert aber jegliche Gefahr und mündet irgendwann in die Selbstzerstörung. Dann gibt es diesen primären Optimismus amerikanischer Prägung: *Yes, we can!* Die Gefahren nimmt man hier zwar wahr, aber man fokussiert sich auf die Chancen. Das führt zu einer gewissen Handlungsschnelligkeit, zu einem Elan, der aber Gefahr läuft, sich schnell zu erschöpfen. Und das, was Deutschland als Gegengift gegen den fanatischen oder blinden Optimismus entwickelt hat, ist ein sekundärer Optimismus: Wir fokussieren erst mal auf die Gefahren, versuchen, die Situation komplett zu verstehen, wägen ab und kommen erst dann ins Handeln. Die Handlung ist dann so fundiert, dass sie in der Regel von Erfolg gekrönt ist. *German Angst* ist kein Aufruf zur Untätigkeit, sondern dazu, sich ausgibig den Gefahren zu stellen und nach dieser Konstruktionsanalyse kontrolliert und bewusst zu Werke zu gehen.

Wie setzt die aus den Russland-Sanktionen resultierende Inflation den Deutschen psychologisch zu? Welche Rolle spielen historische Erinnerungen (z. B. die Finanzkrisen in den 1920er Jahren) in der Wahrnehmung von Inflation?

Nur die Ältesten unter uns können sich daran noch selbst erinnern. Aber Inflation ist natürlich erst mal das Gefühl: Da entgleitet wieder etwas aus unserer Lebenswirklichkeit. Wir müssen uns umstellen. Wir müssen verzichten. Im Moment ist die Inflation aber noch in der linearen Logik. Das ist schlimm und gerade für Menschen in prekären Verhältnissen lebenseinschränkend, aber es ist noch ein irgendwie berechenbares Szenario.

Sind »Tankrabatt« und 9-Euro-Ticket vor diesem Hintergrund als politische Pflaster psychologisch wirksam?

Ich habe bei Lanz mal vom »Erntetankfest« gesprochen. Die Mineralölkonzerne haben den Tankrabatt gefeiert, bei den Verbrauchern ist er nicht wirklich angekommen. Ich glaube, der Tankrabatt hat eher zu einer Verzerrung geführt. Die Zapfsäule ist so etwas wie das Inflationsbarometer der Nation. An ihr lesen die Menschen ab, wo wir gerade stehen. So entstand der kurzfristige Eindruck einer Milderung. Doch langfristig ist der Schrecken umso größer. Daher hege ich Zweifel, dass das sinnvolle Maßnahmen sind.

Sind die wohlstandsverwöhnten Deutschen überhaupt noch zu Verzicht fähig?

Wir sind zweifelsohne in einer gewissen Wohlstandssaturierung, und auch durch Corona haben wir nicht Verzicht geübt. Die Leute haben sich zurückgezogen, aber mit Lieferdiensten und anderen Dingen durchaus etwas zugutekommen lassen. In der Krise zeigt sich aber auch: Durch erzwungene Umstellungen können die Menschen durchaus über sich hinauswachsen. Die Milieus, die es gewohnt sind, sich am Monatsende einschränken zu müssen, werden damit aber besser klarkommen. Die große Frage ist, wie diejenigen, die keine Not kennen, die eigentlich das Gefühl haben, genug Geld zu haben, um sich all das, was wünschenswert ist, leisten zu können, damit umgehen, wenn es auf einmal nicht mehr aus allen Rohren fließt – und auch das Geld sie davon nicht entbinden kann. Wobei natürlich denkbar ist, dass man trotzdem warme Stuben bei den Besserverdienenden finden wird, durch Sonderkonditionen aufgrund ihrer Marktmacht.

Ist mit einem Hedonismus und Eskapismus zu rechnen? Werden die Deutschen den Weg zurück ins Auenland suchen?

Hedonismus und Eskapismus beobachten wir immer in der Krise, so auch aktuell. Einerseits Spendenbereitschaft, Solidaritätsbekundungen, und man ist froh, wieder zusammenzurücken. Andererseits dieses Tanz-auf-dem-Vulkan-Gefühl – jetzt feiern, als wenn es kein Morgen gäbe. Dahinter steht die Angst, dass es tatsächlich kein Morgen gibt. Das konnten wir auch während der Finanzkrise beobachten. Damals hat sich der Binnenmarkt stabilisiert, weil die Menschen sich dachten: Bevor sich die Vermögenswerte in Luft auflösen, verwandeln wir sie in materielle Werte. Es wurde fleißig angeschafft.

Sie benutzen neben Auenland und Grauenland auch noch einen dritten Begriff, Trauenland. Irgendeine Chance, dass wir dorthin kommen?

Das Auenland und das Grauenland beschreiben Versuche, die Riskanz des Lebens herauszuhalten, indem ich sage: Es gibt einen Bereich, der sicher ist, in dem ich mich nicht verwandeln und auch keine Risiken eingehen muss. Und im anderen Bereich sind all die Gefahren wie in der *Bad Bank* untergebracht. Davon lasse ich die Finger, sodass ich unverwandelt durchs Leben gehen kann. Und Trauen ist ja der Versuch – nicht zum Hasardeur zu werden, aber –, den Mut aufzubringen, sich von alten Dingen zu lösen, den Sprung ins Ungewisse zu wagen. Das braucht eigentlich jede Entwicklung, jede Gesellschaft, denn es bleibt ja nicht so, wie es ist. Daher ist es wichtig, Visionen oder Ideen zu entwickeln, wie man anders leben kann. Auch eine Bereitschaft zu entwickeln, Trauerarbeit zu leisten und sich von bestimmten Dingen, die nicht mehr tragfähig sind, zu verabschieden.

Wir neigen dazu, bestimmte Ängste zu perpetuieren, weil wir sie kennen. Wenn man die Menschen vor Kriegseintritt gefragt hätte, was das Schlimmste ist, das jetzt passieren könnte, dann hätten sie die dritte oder vierte Welle genannt. Das ist der Rückgriff auf ein vertrautes Schema mit vertrauten Handlungsvollzügen. Diese Vertrautheit führt dazu, dass man gewillt ist, etwas Leidvolles zu wiederholen. Wenn die Mutter Alkoholikerin war, wächst die Wahrscheinlichkeit, sich in eine Alkoholikerin zu verlieben, weil es ein Leid ist, das man schon einmal ausgestanden hat. Das kann man händeln oder zumindest überleben. Aber ebendas ist das Problem: Wir trauen uns oftmals keine neuen Ängste zu, weil sie uns ins Unbekannte, Unverfügbare führen. Mit dem Trauenland meine ich, dass man sich – jenseits der Vollkaskoversicherung – einer Entwicklung überantwortet, die riskant ist, der wir aber auch mit Zuversicht begegnen können. Oft neigen wir dazu, eher die nächstmögliche Untergangsphantasie zu bemühen, als uns auf Unbestimmtheit einzulassen.

Das Interview führten Volker Best und Jacob Hirsch.

© Marina Weigl

Stephan Grünewald, geb. 1960, ist Diplom-Psychologe und Mitbegründer sowie Geschäftsführer des rheingold-Instituts in Köln, das sich auf tiefenpsychologische Kultur-, Markt- und Medienforschung spezialisiert hat. Letzte Buchveröffentlichung: *Wie tickt Deutschland. Psychologie einer aufgewühlten Gesellschaft*, Köln 2019.

ANALYSE

KRISENFEST IM ALTER?
DIE KRIEGSGENERATION ZWISCHEN RESILIENZ UND TRAUMA

Ξ Karl Haller

Die Corona-Pandemie, der Krieg in der Ukraine und der Klimawandel stellen massive Herausforderungen für unsere Gesellschaft dar und machen vielfältige Anpassungsprozesse notwendig. Diese beinhalten die Fähigkeit, komplexe, häufig unübersichtliche und teils sehr wechselhafte Veränderungen zu erfassen, sich auf diese einzustellen und sie zu bewältigen. Beispiele hierfür sind wirtschaftliche Unsicherheit, Mangel- und Verlusterfahrungen, soziale Isolation sowie Ängste vor Krieg, Gewalt und Armut.

Im Fokus der Medien stehen in jüngster Zeit immer wieder ältere Menschen und ihr Umgang mit aktuellen Krisensituationen sowie mögliche Bezüge zu eigenen leidvollen Erfahrungen im Zweiten Weltkrieg.[1] In einem Interview mit dem *Deutschlandfunk* berichtet im Zusammenhang mit den Einschränkungen der Corona-Pandemie beispielsweise eine 88-jährige Frau, die 1945 als 13-Jährige nach Schleswig-Holstein fliehen musste:

»*Plötzlich ist das dann wieder da – diese ganz elementare Angst des Menschen. Und dann denkt man, na ja, das Ende der Menschheit. Irgendwann kommt das ja und dann bricht alles zusammen, die Geschäfte, die Wirtschaft bricht zusammen, die Börse, die ganzen Banken und alles bricht zusammen. Und ja, die zivilisierte Welt ist dann hilflos, ausgeliefert.*«[2]

Hier werden vielleicht auch eigene sowie kollektive Erfahrungen oder gar Traumata spürbar, die das Erleben und den Umgang mit aktuellen Krisensituationen prägen. Auch der Krieg in der Ukraine, Berichte über Gräueltaten der russischen Armee sowie die Fluchtbewegungen von Menschen nach Deutschland lassen Bezüge zu biografisch verankerten Erlebnissen und

[1] Vgl. Ricarda Opis, Senioren und die Ukraine. Wenn der Krieg im Kopf wieder wach wird, in: Der Standard, 08.05.2022; Carolin Hasenauer, Zweimal Krieg im Leben – wie Ältere auf die Ukraine blicken, in: Bayerischer Rundfunk, 02.03.2022, tiny.one/indes221p1; dpa-infocom, Ängste älterer Menschen: Wenn der Ukraine-Krieg Erinnerungen weckt, 21.03.2022, tiny.one/indes221p3; Beate Lakotta, Krieg im Kopf. Was die Bilder aus der Ukraine bei alten Menschen auslösen, in: Der Spiegel, H. 14/2022.

[2] Johannes Kulms, Senioren und das Coronavirus. Erinnerungen an den Krieg, in: Deutschlandfunk, 20.03.2020, tiny.one/indes221p4.

inneren Bildern vermuten. Im Interview mit dem *Bayrischen Rundfunk* berichtet eine 90-Jährige, die als Kind aus Schlesien fliehen musste:

»*Dieses Trauma wird ein Kind nie mehr in seinem Leben los. Ich habe es jetzt 75 Jahre irgendwo in meinem Körper versteckt und wenn ich das jetzt sehe, kommt das alles wieder zurück.*«[3]

Ebenfalls kann beobachtet werden, dass Hilfsbereitschaft gegenüber und Empathie mit Geflüchteten, gerade auch aus der Ukraine, von älteren Menschen zum Teil mit eigenen Fluchterfahrungen und Kriegserlebnissen begründet werden.

Gleichzeitig bleibt aus wissenschaftlicher Perspektive relativ unklar, inwiefern eigene, möglicherweise auch traumatische Kriegserfahrungen sich auf den Umgang mit gesellschaftlichen Krisen auswirken. Gibt es eine Tendenz, sich leichter an soziale Umbrüche anpassen zu können, oder droht gar eine Retraumatisierung, wenn lang verdrängte Kindheitstraumata durch aktuelle Notlagen angestoßen werden? Weiterhin muss kritisch hinterfragt werden, ob es überhaupt adäquat ist, der deutschen Kriegsgeneration kollektive Traumata zuzuschreiben, und inwiefern historische Ereignisse vor dem Hintergrund aktueller Geschehnisse möglicherweise auch durch rechtsnationale Diskurse instrumentalisiert werden.

KRISENRESILIENZ UND PSYCHOLOGISCHE ANPASSUNG – DAS »ZUFRIEDENHEITSPARADOX« IM ALTER

In der entwicklungspsychologischen Alternsforschung wird seit einigen Jahrzehnten der Frage nachgegangen, wie gesundes Altern gelingen kann.[4] Gerade angesichts zunehmender Verlusterfahrungen durch körperliche Einschränkungen und Erkrankungen, den Wegfall sozialer Rollen, den Tod naher Angehöriger und Freunde sowie ein geringeres Einkommen erscheint es beinahe verwunderlich, dass die Lebenszufriedenheit älterer Menschen vielen Studien zufolge nicht sinkt, sondern eher stabil bleibt.[5] Deshalb spricht man in der Gerontopsychologie auch vom sogenannten Zufriedenheitsparadox.

Verschiedene Erklärungsmodelle versuchen dieses Paradox aufzuklären. Es wird unter anderem vermutet, dass ältere Menschen Verluste durch eine Anpassung ihrer Ziele und Bestrebungen sowie eine Tendenz zum abwärts gerichteten sozialen Vergleich kompensieren. Auch wird angeführt, dass die Kompetenz der Emotionsregulation im Alter teilweise zunehme und sich Menschen im Angesicht der Endlichkeit ihres Lebens eher auf emotional bedeutungsvolle Begegnungen konzentrieren, um positive Gefühle zu stärken und

[3] Ariane Dreisbach & Martin Jarde, Angst und Trauma. Was rührt der Krieg in uns an?, in: Bayerischer Rundfunk, 01.03.2022, tiny.one/indes221p5.

[4] Vgl. Hans-Werner Wahl u.a., Psychologische Alternsforschung. Beiträge und Perspektiven, in: Psychologische Rundschau, 2008, S. 2–23.

[5] Vgl. Ed Diener & Mark E. Suh, Subjective well-being and age: An international analysis, in: K. Warner Schaie & M. Powell Lawton (Hg.), Annual Review of Gerontology and Geriatrics, New York 1997, S. 304–324.

negative Empfindungen abzuschwächen.[6] Besonders bekannt wurde hierbei das SOK-Modell der Alternsforscher:innen Baltes und Baltes, welches das Zusammenspiel aus Selektion, Optimierung und Kompensation im Altern beschreibt. Im Fokus steht die Frage, wie ein Umgang mit zunehmenden Einschränkungserfahrungen im Alter gelingen kann. Die Autor:innen erläutern dies anschaulich am Beispiel des Musikers Artur Rubinstein: Dieser spiele mit steigendem Alter nur noch ausgewählte Stücke (Selektion), übe diese Stücke intensiver (Optimierung) und spiele vor schnellen und schwierigen Stellen etwas langsamer, damit die nachfolgenden Passagen im Kontrast schneller wirkten (Kompensation).[7] Insgesamt zeigt sich ein vielleicht mitunter überraschendes Bild von den durchaus erhaltenen, teilweise sogar steigenden Fähigkeiten der älteren Bevölkerungsgruppen zur Anpassung und Adaption an persönliche, aber auch gesellschaftliche Herausforderungen.

Auch im Kontext der Corona-Pandemie bestanden zunächst große Befürchtungen, dass ältere Menschen mit den Einschränkungen im Lockdown und möglichen Gesundheitsrisiken nicht gut zurechtkommen würden. Eine groß angelegte Studie kam jedoch zu der überraschenden Erkenntnis, dass ältere Menschen (65–79 Jahre) durch coronabedingte Einschränkungen weniger stark in ihrer Lebenszufriedenheit beeinträchtigt waren als jüngere Erwachsene (40–64 Jahre). Auch zeigte sich, dass ältere Teilnehmer:innen sich nach Ende des Lockdowns schneller wieder von den Einschränkungen erholten.[8] Ähnliche Ergebnisse finden sich bereits für den Umgang bzw. das Coping mit Naturkatastrophen.[9] Bei älteren Menschen wird eine Tendenz vermutet, negative Informationen weniger intensiv zu verarbeiten und sich stattdessen eher auf positive Aspekte zu fokussieren. Auch ihre größere Lebenserfahrung könnte dazu beitragen, insgesamt gelassener auf Katastrophen wie die Covid-19-Pandemie zu reagieren.[10] Im Interview mit der *Neuen Zürcher Zeitung* berichtet ein 79-Jähriger beispielsweise hinsichtlich des Einflusses biografischer Erfahrungen auf den Umgang mit der Corona-Pandemie:

»*Wahrscheinlich hat meine Resilienz auch mit der Zeit zu tun, in die ich hineingeboren wurde. Ich bin Jahrgang 1943, kam zwei Jahre vor Kriegsende zur Welt. Eine Zeit des Mangels, der Rationierungen. Meine Kollegen und ich waren genügsam und hatten kaum Probleme. Wir wurden nicht verwöhnt. Unsere Eltern ließen uns in Ruhe, und wir machten selbstbewusst unser Ding.*«[11]

Erstmal scheint es nachvollziehbar, dass die Erfahrung von Krieg und Leid sowie ein vielleicht auch weniger emotionaler Umgang mit Mangelerfahrungen eine insgesamt resilientere Verarbeitung aktueller Krisen bedingen können.

6 Vgl. Laura L. Carstensen u. a., Taking time seriously. A theory of socioemotional selectivity, in: American Psychology, 1999, S. 165–181.

7 Vgl. Paul B. Baltes & Margret M. Baltes, Psychological perspectives on successful aging. The model of optimization with compensation, in: dies. (Hg.), Successful aging. Perspectives from the behavioral sciences, Cambridge 1990, S. 1–34.

8 Vgl. Anna Schlomann u. a., Aging during COVID-19 in Germany. A longitudinal analysis of psychosocial adaptation, in: European journal of ageing, 2021, S. 1–10.

9 Vgl. Hassan Refiey u. a., Are older people more vulnerable to long-term impacts of disasters?, in: Clinical Interventions in Aging, 2016, S. 1791–1795.

10 Vgl. Ursula M. Staudinger, Older and Wiser? Integrating Results on the Relationship between Age and Wisdom-related Performance, in: International Journal of Behavioral Development, 1999, S. 641–664.

11 Claudia Rey, Wieso ausgerechnet die Schwächsten manchmal die Stärksten sind, in: Neue Zürcher Zeitung, 26.04.2021, tiny.one/indes221p6.

Hierbei stellt sich jedoch die Frage, welche Krisenerfahrungen im Speziellen gemacht wurden, ob und wie diese damals bewältigt wurden und wie stabil sich diese Bewältigungsanstrengungen über die Zeit darstellen. Wann können Krisen bewältigt werden und unter welchen Umständen brechen lange verdrängte Traumata plötzlich wieder auf?

TRAUMA UND TRAUMAREAKTIVIERUNG IM ALTER

In der älteren deutschen Bevölkerung scheinen traumatische Erfahrungen in der Kindheit eher die Regel als die Ausnahme zu sein. Insbesondere in der Gruppe der Hochaltrigen, also der über 80-Jährigen, berichten fast sechzig Prozent von kriegsbezogenen traumatischen Ereignissen.[12] Laut internationaler Diagnoseleitlinien (ICD-10) wird ein Trauma als Erlebnis außergewöhnlicher Bedrohung oder katastrophenartigen Ausmaßes definiert, das bei fast jedem Menschen eine tiefe Verzweiflung hervorrufen würde.[13] Ein traumatisches Ereignis muss aber keinesfalls immer zu einer Störung führen. Von einer Traumafolgestörung, beispielsweise einer Posttraumatischen Belastungsstörung (PTBS), spricht man erst, wenn sich nach dem traumatischen Ereignis eine krankheitswertige psychische Störung manifestiert. Typische Symptome einer PTBS sind dabei Flashbacks, also ein emotionales Überflutet-Werden mit Gefühlen aus der traumatischen Situation, die Vermeidung traumaassoziierter Reize, Alpträume, Gereiztheit, emotionale Abstumpfung sowie übermäßige Schreckhaftigkeit. Das traumatische Ereignis kann nicht als abgeschlossenes Erlebnis erinnert werden, sondern wird in fragmentierter Form immer wieder so durchlebt, als fände es gerade statt.

Nur bei circa einem Drittel der Menschen, die traumatische Ereignisse erleben, entwickelt sich im Verlauf eine dauerhafte psychische Störung. Dies hängt sowohl mit der psychischen Konstitution, etwa psychischen Vorerkrankungen, strukturellen Faktoren, wie der sozialen Sicherheit und Unterstützung, als auch mit der Art des Traumas zusammen.[14] So ist mittlerweile gesichert, dass insbesondere Traumata, die absichtlich von Menschen verursacht wurden, wie zum Beispiel im Falle sexualisierter Gewalt, bei bis zu neunzig Prozent der Opfer zu psychischen Störungen führen.

In der älteren deutschen Bevölkerung sind zwischen 1,5 Prozent und 3,44 Prozent von einer PTBS betroffen, der Anteil subsyndromaler Formen, das heißt klinisch bedeutsamer Symptome unterhalb der Diagnoseschwelle, liegt bei 7,25 Prozent.[15] Hierbei wird zwischen der chronischen PTBS, dem Auftreten einer PTBS nach Traumatisierung im höheren Alter und einer verzögerten PTBS mit Reaktivierung eines traumatischen Erlebnisses unterschieden.[16] In der letzten Form muss wiederum zwischen einer sogenannten

[12] Vgl. Andreas Maercker u. a., Posttraumatische Belastungsstörungen in Deutschland, in: Der Nervenarzt, 2008, S. 577–586.

[13] Vgl. Horst Dilling u. a. (Hg.), Internationale Klassifikation psychischer Störungen – ICD-10 Kapitel V (F) Klinisch-diagnostische Leitlinien (WHO), Bern 2009, S. 207.

[14] Vgl. Ulrich Frommberger u. a., Posttraumatische Belastungsstörung – eine diagnostische und therapeutische Herausforderung, in: Deutsches Ärzteblatt, 2014, S. 59–66.

[15] Vgl. Maercker u. a., Adjustment disorders, posttraumatic stress disorder and depressive disorders in old age: Findings from a community survey, in: Comprehensive Psychiatry, 2008, S. 113–120.

[16] Vgl. Georgia Böwing & Harald Freyberger, Traumareaktivierung und Retraumatisierung im Alter, in: Sandra Müller & Claudia Gärtner (Hg.), Lebensqualität im Alter, Wiesbaden 2016, S. 331–343.

Retraumatisierung und einer Traumareaktivierung differenziert werden. Erstere bezeichnet die erneute Traumatisierung, also die tatsächliche Wiederholung des Traumas. Ein Beispiel hierfür wäre die Ermordung eines nahen Familienangehörigen, wenn zum Beispiel in der Kindheit ebenfalls nahe Angehörige im Krieg getötet wurden. Ein erneutes Trauma trifft auf ein bestehendes Trauma. Die Traumareaktivierung meint das Wiederauftreten lange abgewehrter, oft scheinbar bewältigter traumatischer Erlebnisse, ohne dass ein weiteres Trauma hinzukommt. Ein Beispiel hierfür wäre die psychische Destabilisierung nach dem Tod des Partners oder der Partnerin und die nachfolgende Entwicklung einer PTBS oder ähnlicher Symptome aufgrund einer traumatischen Kriegserfahrung in der Kindheit oder Jugend. Traumatisch wäre hierbei nicht der Verlust der Partnerschaft an sich, sondern die Erfahrung in der Vergangenheit, die im Zuge der aktuellen Situation wieder präsent wird.

Bisher gibt es keine prospektiven, das heißt vorausschauenden Untersuchungen dazu, bei wie vielen Menschen die verzögerte Traumafolgestörung auftritt und welche Faktoren diese begünstigen beziehungsweise davor schützen. Diskutiert werden alterstypische labilisierende Faktoren. Prof. Dr. med. Gereon Heuft, der sich unter anderem mit Gerontopsychosomatik und Altersforschung befasst, beschreibt in diesem Zusammenhang drei wichtige Aspekte: Erstens hätten ältere Menschen mehr Zeit, bisher Unbewältigtes wahrzunehmen, da sie von substanziellen Lebensanforderungen im Zusammenhang mit Existenzaufbau, Beruf und Familie befreit seien. Zweitens würden sie nicht selten einen vorbewussten Druck verspüren, sich einer noch unerledigten Aufgabe zu stellen. Drittens könne der Alterungsprozess selbst traumatische Inhalte reaktivieren, zum Beispiel der zunehmende Verlust von Mobilität, Sensorik sowie sozialen Kontakten.[17] Bei weitgehender körperlicher Gesundheit scheint es bedeutend leichter, traumatische Gedächtnisinhalte aus dem Bewusstsein zu drängen. Nehmen körperliche Gebrechen zu oder kommt es gar zu Demenz- oder Krebserkrankungen, können die Abwehrleistung versagen und alte Wunden aufbrechen.

In einer Studie mit ambulanten Patient:innen, die infolge des Zweiten Weltkriegs ein traumatisches Ereignis erlebt hatten und aktuell unter einer verzögert aufgetretenen PTBS litten, zeigte sich, dass auch durch Kriegsberichterstattung oder Fernsehdokumentationen eine Traumareaktivierung ausgelöst werden kann.[18] Heuft und Kolleg:innen berichten ebenfalls von älteren Menschen, die im Zuge der Berichterstattung über den Ersten Irakkrieg 1990 auf einmal wegen Ängsten und Wiedererlebenssyndromen die Uniklinik in Essen aufsuchten, nachdem sie zuvor nie psychische Auffälligkeiten erlebt hatten.[19] Eigene Erinnerungen an Kriegserlebnisse können ausgelöst durch

17 Vgl. Gereon Heuft, Die Bedeutung der Trauma-Reaktivierung im Alter, in: Zeitschrift für Gerontologie und Geriatrie, 1999, S. 225–230.

18 Vgl. Georgia Böwing & Stefan G. Schröder, Spätfolgen von Kriegserlebnissen, in: Trauma & Gewalt, 2009, S. 294–302.

19 Vgl. Gereon Heuft & Katharina Hucklenbroich, Psychotherapie und Psychotraumatologie bei schweren psychischen Belastungen aus der Kindheit während des Zweiten Weltkriegs, in: Insa Fooken & Gereon Heuft (Hg.), Das späte Echo von Kriegskindheiten, Göttingen 2014, S. 291–303.

(Fernseh-)Bilder von Krieg und Flucht plötzlich wieder auftauchen. Gerade auch beginnende kognitive Einschränkungen scheinen diesen Prozess zu verstärken.[20] So können auch Bilder aus dem aktuellen Ukrainekrieg dazu führen, dass Menschen mit eigenen traumatischen Kriegserlebnissen plötzlich Angst vor Lärm, Dunkelheit oder dem Alleinsein verspüren oder mit dem Horten von Nahrungsmitteln beginnen. Dies gilt natürlich nicht nur für die ältere deutsche Bevölkerung, sondern auch für andere kriegstraumatisierte Gruppen, wie beispielsweise Geflüchtete aus Syrien, dem Irak oder Afghanistan. Allerdings kann diskutiert werden, ob sich nicht vielleicht gerade die medialen Bilder der russischen Armee und die ähnliche Architektur in der Ukraine mit Erinnerungen vom Ende des Zweiten Weltkriegs assoziativ verknüpfen. Die historische Rolle Russlands unterscheidet sich selbstverständlich stark zwischen damals und heute, auch wenn dies vermutlich nicht alle Angehörigen der Kriegsgeneration gleich trennscharf erleben.

Neben der Gefahr der Reaktivierung von Traumata und individuell ausgelöstem Leid und Kummer können eigene Erfahrungen von Krieg und Flucht unter Umständen auch zu mehr Solidarität und Hilfsbereitschaft mit Geflüchteten führen. In der Forschung werden schon seit einigen Jahrzehnten die Konzepte der Resilienz und des posttraumatischen Wachstums diskutiert.[21] Resilienz bezeichnet die Widerstandsfähigkeit von Menschen, die dazu beiträgt, sich von belastenden Erlebnissen schneller zu erholen. Posttraumatisches Wachstum meint *indes* den Prozess, nach einem Trauma nicht nur zum ursprünglichen Funktionsniveau zurückzukehren, sondern die eigenen psychischen Ressourcen und eventuell auch die Resilienz zu erweitern. Ob und wie diese Prozesse über die eigene subjektive Einschätzung hinaus tatsächlich messbar sind, bleibt umstritten.[22] Auch die Frage, ob und inwieweit eigene Kriegs- und Fluchterfahrungen die Solidarität mit Geflüchteten tatsächlich erhöhen, ist noch nicht abschließend geklärt. Bisher gibt es keine systematischen Untersuchungen zu diesem Zusammenhang in der hochaltrigen Bevölkerung. Studien zur Allgemeinbevölkerung zeigen ein widersprüchliches Bild.[23] Es ist zumindest vorstellbar, dass eigene Grenzerfahrungen für die Nöte und Belange anderer sensibilisieren, wenngleich dadurch womöglich auch Ängste und Abwehrbewegungen ausgelöst werden können, die zu einer Entsolidarisierung beitragen.

Die zunehmende Fokussierung auf die Traumata der sogenannten Kriegskinder und die Übernahme von Konzepten der Holocaustforschung unterliegen auf sozialer und historischer Ebene einiger Kritik.[24] Es stellt sich die Frage, vor welchem gesellschaftspolitischen Hintergrund die forcierte Beachtung des Leids der Kriegsgeneration stattfindet und ob die einseitige Verwendung des medizinalisierten Traumabegriffs angesichts der Komplexität der deutschen

---

[20] Vgl. Michelle J. Ruzich u. a., Delayed onset of posttraumatic stress disorder among male combat veterans: A case series, in: The American Journal of Geriatric Psychiatry, 2005, S. 424–427.

[21] Vgl. Judith Mangelsdorf, Posttraumatisches Wachstum, in: Zeitschrift für Psychodrama und Soziometrie, 2020, S. 21–33.

[22] Vgl. Eranda Jayawickreme & Laura E. R. Blackie, Exploring the psychological benefits of hardship. A critical reassessment of posttraumatic growth, New York 2016.

[23] Vgl. Sabrina J. Mayer u. a., Reaktionen auf den Ukraine-Krieg. Eine Schnellbefragung des DeZIM.panels, S. 6; Magdalena Nowicka u. a., Solidarisierung in Europa. Migrant*innen und Osteuropäer*innen und deren Engagement für Geflüchtete, in: Naika Foroutan (Hg.), Forschungsbericht »Solidarität im Wandel?« Ein Forschungs-Interventions-Cluster des Berliner Instituts für empirische Integrations- und Migrationsforschung (BIM), Humboldt-Universität zu Berlin, S. 12, tiny.one/indes221p7; Gerd Mutz u. a., Engagement für Flüchtlinge in München. Ergebnisse eines Forschungsprojekts an der Hochschule München in Kooperation mit dem Münchner Forschungsinstitut miss für angewandte Wissenschaften München 2015, tiny.one/indes221p8.

[24] Vgl. hierzu auch: Karl Haller, Transgenerationale Weitergabe von Traumata – Eine problematische Diskursverschiebung von den Holocaustüberlebenden zu den Kriegskindern?, in: Tobias Fenster u. a. (Hg.), Kontexte der Psychotherapie – Interdisziplinäre Perspektiven auf eine moderne Disziplin, Göttingen (im Erscheinen), S. 73–92.

Geschichte nicht eine unsachgemäße Vereinfachung darstellt. So besteht auch im Hinblick auf die Wahrnehmung Russlands möglicherweise die Gefahr der einseitigen Dämonisierung durch eine unreflektierte Übernahme tradierter Bilder, wie sie auch durch das NS-Regime propagiert wurden.

KOLLEKTIVE TRAUMATA BEI DEN »KRIEGSKINDERN« – EIN PROBLEMATISCHER BEGRIFF?

Seit einigen Jahren ist eine intensivierte Beschäftigung mit der Generation der sogenannten Kriegskinder zu beobachten.[25] Diese findet sowohl in populärwissenschaftlichen Sachbüchern und der Presse als auch im Bereich der Forschung statt und es bilden sich Gruppen und Foren, die hierzu Vorträge, Coachings und Bildungsarbeit anbieten.[26] Die grundlegende These lautet, dass sich auch die Traumata nicht verfolgter Menschen in Deutschland, insbesondere von Kindern, die durch Kriegshandlungen und die damit verbundenen Flucht- und Vertreibungserlebnisse traumatisiert wurden, negativ auf deren aktuelle Gesundheit auswirken sowie ihre Nachfahren und die deutsche Gesellschaft insgesamt prägen. Das plötzliche große Interesse an den Kriegserfahrungen der eigenen Eltern und Großeltern löste teils heftige Kritik und Kontroversen aus. Hauptkritikpunkt ist hierbei die ahistorische Verwendung des Begriffs der kollektiven Traumatisierung für eine gesellschaftliche Gruppe, der zumindest eine Teilschuld an den Verbrechen des NS-Regimes, der SS und der Wehrmacht zugeschrieben werden kann. Die Forscher:innengruppe Langer, Dymczyk, Brehm und Ronel, die sich schwerpunktmäßig mit Traumakonzepten befasst, schreibt:

»Sicherlich kann man bei Nachkommen von Täter:innen auch von einer kollektiven Erfahrung sprechen, aber problematisch wird es, wenn diese dekontextualisiert das Sprechen über die eigene Leiderfahrung ohne historische Bezüge zu einem gemeinsamen Leid verklärt.«[27]

Hierbei wird vor allem diskutiert, inwiefern der Begriff des kollektiven Traumas politisch instrumentalisiert werden kann angesichts des vermeintlich leichten Wechsels von der Täter:innen- in die Opferperspektive. Letztere scheint in einen Diskurs zu passen, der zunehmend auf das gemeinsam erlittene Leid der europäischen Völker im Zweiten Weltkrieg fokussiert, ohne dabei dezidiert zu unterscheiden, von welchen Staaten die Aggression ausging und welche Bevölkerungsgruppen systematisch verfolgt und ermordet wurden.[28] Weitere kritische Betrachtung erfährt die Tendenz der Betonung der eigenen Opfergeschichte insofern, als sie womöglich dem Verschleiern

[25] Vgl. Hilke Lorenz, Kriegskinder. Das Schicksal einer Generation, Berlin 2005; Michael Ermann, Wir Kriegskinder, in: Forum der Psychoanalyse, 2004, S. 226–239; Sabine Bode, Nachkriegskinder. Die 1950er Jahrgänge und ihre Soldatenväter, Stuttgart 2011; dies., Die vergessene Generation. Die Kriegskinder brechen ihr Schweigen, Stuttgart 2015; dies., Kriegsspuren. Die deutsche Krankheit German Angst, Stuttgart 2016.

[26] Vgl. www.kriegsenkel.de; www.forumkriegsenkel.de; www.kriegskinder.de; www.kriegsenkel.eu.

[27] Phil Langer u. a., Transgenerationelle Weitergabe von Traumata, in: ders. u. a. (Hg.), Traumakonzepte in Forschung und Praxis, Heidelberg u. a. 2020, S. 25–32, hier S. 31.

[28] Vgl. Martin Jost, Tagungsbericht: Kindheit im Zweiten Weltkrieg. Eine vergleichende Perspektive, in: H-Soz-Kult, 20.02.2016, tiny.one/indes221p9.

von Schuldverstrickungen und Ambivalenzen in der eigenen Biografie dient, was Harald Welzer als »kumulative Heroisierung« bezeichnet.[29]

Auf der anderen Seite gilt es als unbestreitbare Tatsache, dass im Zuge des Zweiten Weltkrieges auch in der nicht verfolgten deutschen Bevölkerung zahlreiches Leid entstanden ist, welches in vielen Biografien und Familien wenig beachtet wurde.[30]

FAZIT

Im Kontext aktueller Krisen und ihrer Bewältigung zeigt sich in der älteren Bevölkerung ein gemischtes Bild, das zwischen erstaunlicher Anpassungsfähigkeit einerseits und der Gefahr aufbrechenden Leids andererseits changiert. Insofern scheint es wichtig, sich die besonderen Stärken sowie Vulnerabilitäten dieser Generation vor Augen zu halten. Sowohl die Tendenz einer paternalistischen Betrachtung hochaltriger Menschen im Sinne der Zuschreibung negativer Altersstereotype und des systematischen Ausschlusses aus aktuellen Debatten als auch das Ignorieren spezifischer gesundheitlicher Risiken wird dieser Gruppe nicht gerecht. Im medizinischen, aber auch im familiären Bereich werden frühe Traumatisierungen häufig übersehen. Eigene Ängste vor den Schrecken des Krieges tragen vermutlich dazu bei, insbesondere, wenn es um die eigenen Eltern oder Großeltern geht. Auch ein Unwohlsein angesichts möglicher Schuldverstrickungen in der eigenen Familiengeschichte kann zu einer Abwehrhaltung in Form eines Abtuns (»Opa erzählt mal wieder vom Krieg«) oder einer einseitigen Tradierung von historischen Narrativen (»Opa war kein Nazi«[31]) führen. Es lohnt sich, genauer hinzuhören und dabei die Ressourcen und Resilienz der älteren Bevölkerungskohorte zu beachten. Gerade im Umgang mit aktuellen Herausforderungen kann die stärkere Inklusion älterer Bevölkerungsgruppen unsere Gesellschaft bereichern. So können deren lebensgeschichtlich erworbene Anpassungsfähigkeit und Bewältigungsleistung durchaus eigene Lernprozesse anstoßen.

Gleichzeitig gilt es insbesondere im gesellschaftlichen Diskurs zu beachten, dass eine ahistorische Betrachtung des Begriffs der kollektiven Traumata die Gefahr der Instrumentalisierung birgt, weshalb der historische Kontext in der Auseinandersetzung mit der Kriegsgeneration stets mitgedacht werden sollte.

[29] Harald Welzer, Familiengedächtnis. Zum Verhältnis von familialer Tradierung und Aufklärung über Geschichte, in: Jahrbuch für Pädagogik, 2013, S. 155–171, hier S. 159.

[30] Vgl. Hartmut Radebold, Kriegsbeschädigte Kindheiten. Die Geburtsjahrgänge 1930–32 bis 1945–48, in: Psychosozial, 2003, S. 9–15.

[31] Vgl. Welzer u. a., »Opa war kein Nazi«. Nationalsozialismus und Holocaust im Familiengedächtnis, Frankfurt a. M. 2014.

Dr. phil. Karl Haller, geb. 1986, ist Psychologischer Psychotherapeut und arbeitet an der Charité – Universitätsmedizin Berlin, der Medizinischen Hochschule Brandenburg und in einer psychotherapeutischen Praxis in Berlin. Seine Forschungsschwerpunkte liegen in der Psychodynamischen Psychotherapie, Gesundheitspsychologie sowie Theorie und Geschichte der Psychotherapie.

DIE DEUTSCHE DEMOKRATIE IM NEUEN KRISENZEITALTER (I)
VON DER STABILITÄT ZUR UNSICHERHEIT

Ξ Frank Decker

Die Bundesrepublik Deutschland gilt im mehrheitlichen Urteil der Zeitgeschichtsforschung und Politikwissenschaft zu Recht als »Erfolgsgeschichte« und »geglückte Demokratie« (Edgar Wolfrum). Dass es nach der Katastrophe des Zweiten Weltkrieges und dem Zivilisationsbruch des Holocaust gelingen würde, ein rechtsstaatlich fundiertes, demokratisch stabiles und wirtschaftlich wie kulturell prosperierendes Gemeinwesen neu aufzubauen, das fest in die europäische und westliche Staatengemeinschaft eingebettet ist, hätten die wenigsten vorausgeahnt, als die Bundesrepublik 1949 im Westen des geteilten Landes entstand. Das Gleiche gilt für die vierzig Jahre später vollzogene staatliche Wiedervereinigung mit der vormaligen DDR, die trotz der bis heute fortbestehenden gesellschaftlichen und wirtschaftlichen Unterschiede zwischen beiden Landesteilen erstaunlich reibungslos verlief. Sie setzte national wie international einen Schlussstrich unter die »deutsche Frage«. Verglichen mit anderen europäischen Ländern – von den USA ganz zu schweigen – erscheint die deutsche Demokratie zu Beginn der dritten Dekade des 21. Jahrhunderts weniger fragil und gefährdet, als aufgrund des immensen Veränderungsdrucks, der von innen und außen auf sie einwirkt, vielleicht zu erwarten wäre. Ob und wie lange das auch in Zukunft so bleibt, ist jedoch keineswegs sicher.

DIE ÄRA DER DEMOKRATISCHEN STABILITÄT

Auf der Suche nach den Gründen für die positive Entwicklung muss zunächst als Erstes die gelungene Verfassung genannt werden. Das Grundgesetz zog die richtigen Lehren aus dem Scheitern der Weimarer Republik, zugleich stellte es eine gelungene Symbiose aus vorhandenen Traditionen und Neuerungen dar. Zu den erstgenannten gehören zum Beispiel der Rechtsstaat, der Bundesstaat, das beide miteinander verknüpfende Verwaltungssystem und der Sozialstaat, die jetzt freilich konsequent in eine wertegebundene, demokratische Ordnung eingebunden wurden. Unter den Neuerungen ragen wiederum das an das britische Westminster-Modell erinnernde gewaltenfusionierende parlamentarische System, die verfassungsrechtliche Verankerung der Parteiendemokratie, die Institutionalisierung der Verfassungsgerichtsbarkeit und die sukzessive Erweiterung des nationalen Regierungssystems durch die supranationale Ebene der EU hervor.

Gestützt wurde die von der Verfassung ausgehende politische Stabilität durch die wirtschaftliche Entwicklung. Indem sie die Entfaltung der Marktkräfte mit einem starken öffentlichen Sektor, breit ausgebauter Sozialpolitik und einem korporatistischen System des Interessenausgleichs verknüpfte, sorgte die Soziale Markwirtschaft für ein rasches Wachstum des Wohlstandes, von dem auch die unteren Gesellschaftsschichten profitierten. Selbst wenn die »nivellierte Mittelstandsgesellschaft«[1] eher einem gewünschten Selbstbild entsprach als der nach wie vor durch große ökonomische Ungleichheiten gekennzeichneten Realität, stellten die ersten drei Nachkriegsjahrzehnte in Deutschland aus der Rückschau betrachtet – ähnlich wie in den anderen westeuropäischen Ländern – eine »goldene Ära« dar, die erst ab den 1970er Jahren durch Phasen der Stagnation und zunehmende Verteilungskämpfe abgelöst wurde.

Neben der wirtschaftlichen wirkte sich die gesellschaftliche und kulturelle Entwicklung positiv auf die Demokratie aus. In den 1950er Jahren noch stark von autoritären Einstellungen geprägt, fand die bundesdeutsche Bevölkerung bald Anschluss an die politischen Kulturen ihrer westlichen Nachbarn, mit denen sich Deutschland im Rahmen der NATO und der Europäischen Union verbunden hatte. Mit dem politischen Interesse nahm auch die Partizipationsbereitschaft zu. Ablesbar war dies an den hohen Wahlbeteiligungen, den steigenden Mitgliederzahlen der Parteien und dem vielfältigen Engagement im gesellschaftlichen Bereich – im Rahmen der sozialen Selbstverwaltung, tariflichen und betrieblichen Mitbestimmung sowie Vereins- und Verbandstätigkeit. Seit Ende der 1960er Jahre traten protestorientierte Formen wie Demonstrationen oder Bürgerinitiativen hinzu. Die Herausbildung zu einer reifen politischen Kultur spiegelte sich in hohen Werten der Demokratiezufriedenheit und einer – gemessen an anderen Ländern – geringen Unterstützungsbereitschaft extremistischer Parteien. Dennoch musste sich die Bundesrepublik in den 1970er Jahren der massiven Bedrohung durch den Linksterrorismus erwehren. Teile der ab Mitte dieses Jahrzehnts aufkommenden Umwelt- und Antikernkraftbewegungen schreckten vor militanten Aktionen ebenfalls nicht zurück. Während die RAF ihr revolutionäres Projekt mit der Niederlage von 1977 begraben musste (als die von ihr versuchte Freipressung der in Stuttgart-Stammheim einsitzenden ersten Terroristengeneration scheiterte), konnten die auf Veränderungen drängenden neuen sozialen Bewegungen später schrittweise in das politische System integriert werden.

---

[1] Der Begriff wurde von dem Soziologen Helmut Schelsky bereits in den 1950er Jahren geprägt. Vgl. ders., Wandlungen der deutschen Familie in der Gegenwart. Darstellung und Deutung einer empirisch-soziologischen Tatbestandsaufnahme, Dortmund 1953.

Ähnlich wie in den 1970er Jahren gelang es der Bundesrepublik, die zu Beginn der 1980er Jahre auftauchenden Wirtschaftsprobleme zu meistern, sodass sie finanziell gut gerüstet in die 1989 einsetzende Wiedervereinigungsphase ging. Während die Übertragung des Rechts- und Verwaltungssystems auf die neuen Länder ohne größere Schwierigkeiten gelang, sollte die Bewältigung der ökonomischen und gesellschaftlich-kulturellen Teilungsfolgen das Land noch lange beschäftigen. Die These von der »Vereinigungskrise«[2] relativiert sich aber mit Blick auf die überwiegend durch internationale Entwicklungen verursachten Großkrisen, die seit den 2000er Jahren über die demokratische Staatenwelt hereinbrachen.

NEUE HERAUSFORDERUNGEN SEIT DEN 1990ER JAHREN

Herrschte zu Beginn der 1990er Jahre noch die Hoffnung, dass mit dem Ende des Kalten Krieges und dem Niedergang des Kommunismus eine stabile Friedensordnung möglich sein würde, in deren Rahmen Demokratie und Marktwirtschaft sich weltweit durchsetzen würden – der amerikanische Politikwissenschaftler Francis Fukuyama sprach sogar vom »Ende der Geschichte«[3] –, sah man sich jetzt mit dem genauen Gegenteil konfrontiert: einer neuen Ära der Unsicherheit und Tendenzen der demokratischen Regression, die auch vor vermeintlich stabilen Ländern nicht haltmachten.

Grob gesprochen sind es vier in den 1990er Jahren angebahnte und sich seither verschärfende Entwicklungen, die die Demokratien – auch die deutsche – heute unter Druck setzen. Das erste und schwierigste Problem besteht darin, dass die beschleunigte Globalisierung der Realwirtschaft und der Finanzmärkte den Handlungsspielraum der nationalstaatlichen Politik zunehmend einschränkt. Dies betrifft vor allem die unter Legitimationsgesichtspunkten besonders wichtigen Bereiche der Daseinsvorsorge und Sozialpolitik.[4] Die Staaten können zwar durch internationale Kooperation Gestaltungsmacht zurückgewinnen, doch ändert das nichts daran, dass die Demokratie als Regierungs- und Herrschaftsform auch in absehbarer Zukunft an die nationale Sphäre gebunden bleibt. Wie mühselig es ist, sie darüber hinauszuheben, zeigen der Verlauf und die Schwierigkeiten des europäischen Integrationsprozesses.

Eng verwoben damit ist das zweite Problem. Indem sie die nationalen Wohlfahrtsstaaten und Arbeitsmärkte unter Druck setzt, verstärkt die Globalisierung die wirtschaftliche und soziale Ungleichheit.[5] Während das obere Drittel der Gesellschaft Wohlstandsgewinne einstreicht, steigt das unter Drittel ab oder fühlt sich von Abstieg bedroht. Verschärft wird die Ungleichheit durch den gleichzeitig rückläufigen gemeinschaftlichen Zusammenhalt, der

---

2 Vgl. Jürgen Kocka, Vereinigungskrise. Zur Geschichte der Gegenwart, Göttingen 1995.

3 Francis Fukuyama, Das Ende der Geschichte. Wo stehen wir?, München 1992.

4 Vgl. Wolfgang Streeck, Zwischen Globalismus und Demokratie. Politische Ökonomie im ausgehenden Neoliberalismus, Berlin 2021. Für eine weniger skeptische Gegenposition siehe Gesine Schwan, Politik trotz Globalisierung, Darmstadt 2021.

5 Vgl. u. a. Branko Milanović, Die ungleiche Welt. Migration, das Eine Prozent und die Zukunft der Mittelschicht, Berlin 2016.

eine Folge der Individualisierung darstellt und auch die Alltagskultur immer mehr dem Prinzip des Marktes unterwirft.[6] Als konfliktträchtig erweist sich besonders die Inklusion der nicht eingesessenen Bevölkerungsminderheiten und Zugewanderten. (In anderen Bereichen – etwa bei der Geschlechtergleichheit oder den Rechten sexueller Minderheiten – sind dagegen bedeutende Gleichheitsfortschritte zu verzeichnen, weshalb man sich hüten sollte, die 1950er oder 1960er Jahre als »goldenes Zeitalter« der Demokratien nostalgisch zu überhöhen.)

Das dritte große Problem entsteht durch die Digitalisierung. Es ist in seinen Ausprägungen und Konsequenzen noch nicht recht absehbar. Der von manchen geäußerten Hoffnung, das Netz führe zu mehr direkter Demokratie und einer größeren Entscheidungstransparenz, stellen andere die Schattenseiten einer immer stärker fragmentierten Öffentlichkeit und der Unterminierung elementarer Prinzipien wie Respekt und Dialogbereitschaft entgegen, auf denen das Funktionieren der Demokratie beruhe.[7] Noch gravierendere Folgen drohen durch die Aushöhlung individueller Freiheitsrechte (Datenschutz) oder manipulative Eingriffe in die Freiheit des demokratischen Meinungs- und Willensbildungsprozesses mittels sogenannter *social bots* und anonymisierter Netzwerke, die als Mittel der stillen Kriegführung auch terroristisch oder von auswärtigen Mächten eingesetzt werden können.

Das vierte Problem der Demokratie ist ein notorisches – es liegt in der Bevorzugung von gegenwärtigen gegenüber künftigen Interessen. Wo das Stimmrecht bei den Lebenden liegt, geraten die Belange der späteren, noch nicht geborenen Generationen systematisch aus dem Blick.[8] Die Brisanz dieses Problems lässt sich heute vor allem an zwei Bereichen festmachen: der privaten und öffentlichen Verschuldung, die die Krisenanfälligkeit der Wirtschaft erhöht und gleichzeitig – durch die Abhängigkeit der nationalen Politik von den internationalen Finanzmärkten – das Souveränitätsproblem verstärkt, und den ökologischen Gefährdungen im Zuge der Erderwärmung und des Artensterbens.

KRISE VON REPRÄSENTATION UND LEGITIMATION

Die nationalstaatlichen Demokratien haben auf diese Herausforderungen durch eine Anpassung ihrer Entscheidungsstrukturen durchaus reagiert. Dies gilt vor allem mit Blick auf das Souveränitätsproblem. Die Verlagerung von Entscheidungszuständigkeiten auf die europäische und transnationale Ebene birgt freilich das Problem, dass sie die politischen Prozesse der demokratischen Kontrolle und Beeinflussbarkeit noch weiter entzieht, die Bürgerinnen und Bürger aus der nationalen Sphäre kennen. Auch dort gewinnen

---

6 Vgl. Andreas Reckwitz, Die Gesellschaft der Singularitäten. Zum Strukturwandel der Moderne, Berlin 2017.

7 Vgl. Martin Seeliger & Sebastian Sevignani (Hg.), Ein neuer Strukturwandel der Öffentlichkeit?, Baden-Baden 2021 (Leviathan Sonderband 37); Hendrik Müller, Kurzschlusspolitik. Wie die permanente Empörung unsere Demokratie zerstört, München 2020.

8 Vgl. Peter Graf Kielmansegg, Können Demokratien zukunftsverantwortlich handeln?, in: Merkur, H. 7/2003, S. 583–594.

Behörden, Verfassungsgerichte und spezialisierte Gremien, in denen Fachleute und Interessenvertreter weitgehend unter sich bleiben, gegenüber den repräsentativen Institutionen – Parteien und Parlamenten – an Bedeutung.[9] In der gesellschaftlichen Sphäre sehen sich die gewählten Vertreterinnen und Vertreter wiederum mit der Tatsache konfrontiert, dass die Partizipation vermehrt in Bürgerinitiativen, sozialen Bewegungen und Nichtregierungsorganisationen stattfindet, die Wählerinnen und Wähler also andere Formen und Kanäle der Einflussnahme vorziehen.

Die Repräsentations- und Legitimationskrise lässt sich vor allem am veränderten Wahlverhalten und am Wandel des Parteiensystems festmachen. In nahezu sämtlichen westlichen Demokratien sehen sich die etablierten politischen Kräfte seit den 1980er Jahren durch neu entstandene rechts- und linkspopulistische Parteien herausgefordert.[10] Am einschneidensten sind die Folgen in einigen der mittelosteuropäischen »neuen« Demokratien. Die Transformation in ein quasiautoritäres System, die unter der Fidesz-Regierung in Ungarn weit vorangeschritten ist, bahnt sich seit der Machtübernahme der Partei »Recht und Gerechtigkeit« 2015 auch in Polen an. In Italien und Österreich waren und sind populistische Parteien Teil der Regierung, in Frankreich gelang es ihnen, bei der Präsidentschaftswahl 2022 über vierzig Prozent der Stimmen zu erringen. Und in den Vereinigten Staaten mündete die vierjährige Präsidentschaft Donald Trump im gewaltsamen Sturm auf das Kapitol am 6. Januar 2021.

Gemessen daran wirkt die Bundesrepublik einstweilen noch wie ein Hort der Stabilität. Bis zur Entstehung der Alternative für Deutschland (AfD) im Jahre 2013 gab es hierzulande überhaupt keinen relevanten Rechtspopulismus in Parteiform. Auch später gelang es diesem nicht, eine ähnlich starke Wählerunterstützung zu erlangen wie in anderen europäischen Ländern. Rechnet man die Partei Die LINKE hinzu, ging der gemeinsame Stimmenanteil der beiden Randparteien von knapp 22 Prozent bei der Bundestagswahl 2017 auf nur noch gut 15 Prozent bei der Bundestagswahl 2021 zurück. In den ostdeutschen Ländern lag er *indes* jeweils doppelt so hoch, wobei sich der Abstand zum Westen sogar weiter vergrößert hat. Dies zeigt, wie sehr die Mentalitätsunterschiede zwischen West und Ost auch dreißig Jahre nach der Vereinigung fortwirken.

Positive Auswirkungen hatte die Stärkung der systemtragenden Parteien 2021 auf die Koalitions- und Regierungsbildung. Mussten in drei der vier vorangegangenen Legislaturperioden mangels gangbarer Alternativen Große Koalitionen gebildet werden, kam es nun wieder zu einer minimalen Gewinnerkoalition, die zugleich mit einem Wechsel im Kanzleramt einherging. Das

---

[9] Vgl. Pierre Rosanvallon, Demokratische Legitimität. Unparteilichkeit – Reflexivität – Nähe, Hamburg 2010.

[10] Vgl. Frank Decker u. a. (Hg.), Aufstand der Außenseiter. Die Herausforderung der europäischen Politik durch den neuen Populismus, Baden-Baden 2022; Armin Schäfer & Michael Zürn, Die demokratische Regression. Die politischen Ursachen des autoritären Populismus, Berlin 2021.

demokratische Prinzip der alternierenden Regierung wurde so zum Teil wiederhergestellt – wenn auch unter den veränderten Vorzeichen eines lagerübergreifenden Dreiparteienbündnisses.

So wie sich die neue Flexibilität der Koalitionsbildung im von Union, SPD, Grünen und FDP gebildeten demokratischen Zentrum auszahlte (auf der Länderebene unter teilweiser Einbeziehung der LINKEN), profitierte das Parteiensystem von seiner institutionellen Absicherung im Parteienrecht. Fundamentale organisatorische Umwälzungen, wie sie zum Beispiel Emmanuel Macron in Frankreich mit *En Marche* oder Sebastian Kurz in Österreich mit der nach ihm selbst benannten »neuen Volkspartei« mehr oder weniger erfolgreich versucht haben, waren unter diesen Bedingungen nicht möglich, sieht man von der behutsamen Ergänzung des Delegiertenprinzips durch Urwahlen und Mitgliederentscheide einmal ab. Gleichzeitig blieben das Verfassungsgericht und der machtdezentralisierende Föderalismus wichtige Stabilitätsanker.

Weil die Parteien in alle Winkel des Regierungssystems ausstrahlen, führt der Wandel des Parteiensystems zu einer Reihe von institutionellen Folgeproblemen. Am gravierendsten ist die Situation beim Wahlsystem,[11] dessen unerwünschte Nebenwirkungen im Zuge der Fragmentierung immer stärker hervorgetreten sind, sei es durch den wachsenden Anteil nicht berücksichtigter Stimmen oder die Inflationierung von Überhang- und Ausgleichsmandaten. Die in ihren Machtinteressen befangenen Parteien haben hier bis heute keine Abhilfe schaffen können. Auf der Länderebene ist die Frage, ob und in welcher Form die parlamentarischen durch direktdemokratische Entscheidungsverfahren »angereichert« werden können, zu einem verfassungspolitischen Dauerbrenner geworden. Auch die Quoren für die Inanspruchnahme der oppositionellen Minderheitenrechte im Bundestag und den Landtagen scheinen nicht mehr zeitgemäß, da die größte Oppositionspartei dort heute häufig über weniger als ein Drittel oder ein Viertel der Mandate verfügt. Wo die Ämter nach Proporz besetzt werden wie in den Parlamentspräsidien oder beim Bundesverfassungsgericht, stellt sich die Frage nach der Einbeziehung der Randparteien. Und im Bundesrat wird das Gros der Länderregierungen heute getragen von »gemischten« Koalitionen, die sowohl im Bund der Regierung angehörende als auch dort in der Opposition befindliche Parteien umfassen und sich daher im Falle der Uneinigkeit über das Abstimmungsverhalten auf eine Enthaltung verpflichten. Den Entscheidungsprozessen fehlt es hier und in den übrigen exekutivisch geprägten Bund-Länder- oder Länder-Länder-Gremien an Transparenz – wer für welchen Teil eines politischen Kompromisses verantwortlich ist, können die Wählerinnen und Wähler kaum nachvollziehen. Auf der europäischen Ebene, die das nationale Regieren

11 Vgl. u. a. Niels Dehmel, Wege aus dem Wahlrechtsdilemma. Eine komparative Analyse ausgewählter Reformen für das deutsche Wahlsystem, Baden-Baden 2020.

heute maßgeblich mitbestimmt, ist die Intransparenz noch viel größer, zumal es der EU auch generell an wesentlichen Standards eines demokratischen Regierungssystems gebricht.

DIE DEMOKRATIE IN KRISENZEITEN

So mannigfach und verzwickt die institutionellen Anpassungsbedarfe im Einzelnen erscheinen, nehmen sie sich im Verhältnis zu den krisenhaften Entwicklungen bescheiden aus, die die deutsche Politik ganz grundsätzlich herausfordern. Sie haben sich seit den 2000er Jahren nochmals deutlich verschärft. Die Frage, ob und wie gut die Demokratie diesen Krisen standhält, wird in der Politikwissenschaft neuerdings gerne unter dem Modewort »Resilienz« verhandelt. Der aus der Psychologie stammende Begriff ist auf Personen oder Personengruppen gemünzt und lässt sich am besten mit Widerstandskraft oder Anpassungsfähigkeit übersetzen. In der Politikwissenschaft wird er als Vermögen des politischen Systems betrachtet, seine Funktions- und Leistungsfähigkeit auch unter schwierigeren Rahmenbedingungen, also unter Stress, aufrechtzuerhalten. Als Kriterien dienen dabei zum einen die Zustimmung, die die Demokratie im Allgemeinen und die Regierungspolitik im Besonderen erfährt – in der Demokratietheorie bezeichnet man dies als Input-Legitimation –, zum anderen die Entscheidungseffektivität (Output-Legitimation).

Empirische Untersuchungen belegen eine wachsende Legitimationsschwäche in beiden Dimensionen.[12] Die größere Bedeutung kommt der Output-Dimension zu. Ist die Bevölkerung mit den Leistungen der Politik unzufrieden, dürfte auch das Vertrauen in die Institutionen und politischen Akteure abnehmen. Der Zusammenhang ist allerdings keineswegs eindeutig. Erstens ist eine kritische Haltung gegenüber der Regierungspolitik nicht mit Demokratieskepsis gleichzusetzen. Bevor sie in eine »Systemkrise« umschlägt, muss sie erst eine bestimmte Schwelle erreicht oder überschritten haben. Nimmt man den Stimmenanteil der Randparteien als Maßstab, steht die Bundesrepublik hier im Vergleich zu anderen Ländern – wie gesehen – immer noch recht gut da. Zweitens versammeln sich die Menschen in Zeiten akuter Bedrohungen eher hinter den Regierenden, als dass sie sich von ihnen abwenden. Ein solcher *rally around the flag* genannter Effekt ließ sich zum Beispiel beim Ausbruch der Corona-Pandemie oder nach dem russischen Angriff auf die Ukraine beobachten. In beiden Fällen erhöhte er das Vertrauen in die Regierenden aber nur kurzzeitig, bevor sich die allgemeine Missstimmung wieder Bahn brach.

Sucht man nach einem übergreifenden Grund und gemeinsamen inhaltlichen Nenner dieser Missstimmung, ist es die wachsende Unsicherheit. Der

[12] Vgl. Frank Decker u. a., Vertrauen in Demokratie. Wie zufrieden sind die Menschen in Deutschland mit Regierung, Staat und Politik?, Bonn 2019.

Sicherheitsbegriff hat auch eine objektive Seite, die aber im Vergleich zur subjektiven Seite – ob man sich sicher fühlt – politisch weniger ins Gewicht fällt. Gleichzeitig speist sich Sicherheit aus ganz unterschiedlichen Quellen: materiellem Wohlergehen, Schutz vor inneren und äußeren Gefahren, gesellschaftlich-kulturellem Zusammenhalt. In all diesen Feldern hat die Verunsicherung und – damit korrespondierend – die Zukunftsangst durch die krisenhaften Entwicklungen seit den 2000er Jahren zugenommen. Dabei bestehen je nach Betroffenheit und eigener Lage innerhalb der Bevölkerung große Unterschiede. Während der eine Teil in guten oder sehr guten Verhältnissen lebt und die Freiheiten einer vielfältigen Gesellschaft zu schätzen weiß, wähnt sich der andere Teil auf der Verliererseite oder fürchtet, dort zu landen. Wie ökonomische und kulturelle Ungleichheiten in der heutigen »Spätmoderne« zusammenwirken und sich gegenseitig verstärken, hat der Soziologe Andreas Reckwitz in seinem Buch über die *Gesellschaft der Singularitäten* prägnant beschrieben. Sie führen zu einer wachsenden Polarisierung auch in ideologischer Hinsicht, die sich vor allem an »identitätspolitischen« Fragen entzündet und in den sozialen Medien ihr bevorzugtes Austragungsfeld findet.[13]

POLYKRISE

Die von Kanzler Olaf Scholz nach dem Beginn des Ukrainekrieges ausgerufene »Zeitenwende« der nationalen und internationalen Politik hat bei Lichte betrachtet schon früher eingesetzt – als schrittweiser Prozess, dessen einzelne Zäsuren und Teile sich in der Rückschau zu einer miteinander verflochtenen »Polykrise« zusammenfügen, wie es der frühere EU-Kommissionspräsident Jean-Claude Juncker ausgedrückt hat. Die erste Zäsur bildeten die islamistischen Terroranschläge am 11. September 2001 in New York und Washington, denen weitere in mehreren europäischen Ländern folgten (u. a. Madrid 2004, London 2005, Paris 2015, Brüssel 2016, Nizza 2016, Berlin 2016). Sie lösten nicht nur militärische Gegenreaktionen seitens der USA und des Westens aus (in Afghanistan und im Irak), sondern führten zugleich zu einer Verschärfung der jeweiligen Sicherheitsmaßnahmen im Inland und einem veränderten, bisweilen feindseligen Blick auf die muslimischen Zuwanderer. Die Banken- und Finanzkrise, die 2007 in den USA ihren Ausgang nahm und den größten konjunkturellen Wirtschaftseinbruch in den westlichen Ländern seit dem Zweiten Weltkrieg nach sich zog, machte die Anfälligkeit des internationalen Finanzmarktkapitalismus deutlich. In Europa mündete sie in eine Krise des Euros, die die EU mit umfangreichen Stabilisierungsmaßnahmen in den Griff zu bekommen versuchte. Der strikte Austeritätskurs, der den wettbewerbsschwächeren Ländern Südeuropas verordnet wurde, stellte die

13 Vgl. u. a. Ulrike Ackermann, Das Schweigen der Mitte. Wege aus der Polarisierungsfalle, Darmstadt 2020.

Solidarität unter den Mitgliedstaaten auf eine harte Probe. Das galt vor allem für Griechenland, das seinem Ausschluss aus der Währungsunion 2015 nur knapp entging.

Kaum war die Einigung mit Griechenland erzielt, standen die europäischen Länder durch die Fluchtbewegung aus dem Nahen Osten und Teilen Afrikas vor einer weiteren, bis dahin nicht gekannten Herausforderung. Nachdem sich die Zahl der Geflüchteten 2015 und 2016 gegenüber 2014 auf jeweils 1,3 Millionen verdoppelt hatten, brach das Dublin-System der EU, das den Ankunftsländern im Süden die Verantwortung für die Registrierung der Asylsuchenden zuweist, faktisch zusammen. Die Entscheidung der Bundesregierung unter Kanzlerin Angela Merkel, durch ein Offenhalten der Grenze zu Österreich die Einreise von fast einer Million Menschen nach Deutschland binnen weniger Monate zu ermöglichen, verschärfte die Konflikte zwischen den Mitgliedsstaaten und wurde insbesondere von den Anrainern der Balkanroute und den mittelosteuropäischen Ländern als angebliche »Einladung« der Geflüchteten kritisiert. Auch in der Bundesrepublik führte sie zu heftigen politischen Verwerfungen innerhalb der Unionsparteien, die die Große Koalition über die Bundestagswahl 2017 hinaus begleiteten, und zu einem deutlichen Aufschwung der AfD in der Wählergunst.

Auch andernorts verstärkten sich mit dem Erstarken des Rechtspopulismus die Fliehkräfte. Im Juni 2016 stimmte eine knappe Mehrheit der Briten in einer Volksabstimmung für den Austritt ihres Landes aus der EU. Nach mehreren Beitrittsrunden war es das erste Mal, dass ein Mitglied von dieser in Artikel 50 des EU-Vertrages ausdrücklich vorgesehenen Möglichkeit Gebrauch machte. Die Verhandlungen zwischen London und Brüssel über die Austrittsmodalitäten zogen sich anschließend über drei Jahre hin, bevor der »Brexit« am 31. Januar 2020 förmlich wirksam wurde. In den USA beendete die Wahl des »Anti-Politikers« und erklärten EU-Gegners Donald Trump die Ära der verlässlichen transatlantischen Partnerschaft und multilateralen Zusammenarbeit. Die auch von Merkel formulierte Erwartung, Europa werde und müsse sein Schicksal nun in die eigene Hand nehmen, blieb freilich Wunschdenken. Die eingeschränkte außenpolitische Handlungsmacht der EU hatte sich zuvor bereits im Verhältnis zu Russland gezeigt, als sie auf dessen Aggression gegen die Ukraine und den Völkerrechtsbruch der Krim-Annexion 2014 eher beschwichtigend mit nur halbherzigen Sanktionen reagierte. Der russische Diktator Wladimir Putin sah sich dadurch ermutigt, seine unverhohlen revisionistische Politik fortzusetzen, die auf Zurückdrängung des westlichen Einflusses in Osteuropa und Wiederherstellung der früheren Stärke Russlands zielt.

© Universität Bonn, Barbara Frommann

Prof. Dr. Frank Decker, geb. 1964, ist Professor für Politische Systeme am Institut für Politische Wissenschaft und Soziologie der Rheinischen Friedrich-Wilhelms-Universität Bonn und seit 2022 Herausgeber der INDES. Letzte Buchveröffentlichung: *Baustellen der Demokratie. Von Stuttgart 21 bis zur Corona-Krise,* Bonn 2022.

IMPLOSION EINER KRISENKANZLERIN?
VOM AUSFALL DES POLITISCHEN NORMALBETRIEBS

Ξ Ursula Weidenfeld

Es gehört zu den Routinen des Politikbetriebs nach einem Regierungswechsel: In den ersten Wochen nach der Wahl sind die Wähler nostalgisch, ein kleines bisschen scheinen sie ihre Wahl zu bereuen. Die Furcht vor Veränderung lässt die Vorgängerregierung noch einmal in mildem Licht leuchten. Dann aber, wenn die Neuen sich zurechtgerumpelt haben, der Koalitionsvertrag geschlossen ist und frische Energie durch die Chefetagen strömt, beginnt die Abrechnung.

Defizite und Versäumnisse werden der alten Regierung angelastet, Erfolge und Fortschritte buchen die Neuen dagegen beherzt für ihre Legislaturperiode. Altbundeskanzler Gerhard Schröder (SPD) verzweifelte fast daran (»Das ist mein Aufschwung«), Altbundeskanzlerin Angela Merkel (CDU) erfährt es gerade jetzt.

Erleben wir gerade die Implosion einer Krisenkanzlerin? Die Mängelanzeigen – der jammervolle Zustand der Bundeswehr, die Abhängigkeit von russischem Gas, zu enge Beziehungen mit China – häufen sich. Doch findet hier eine Implosion statt, bei der die Strukturen des Regierens durch einen gewaltigen Außendruck zerstört werden? Eher nicht. Denn erstens regiert Merkel nicht mehr. Zweitens bezieht sich die Kritik auf einzelne Felder politischen Handelns. Und drittens überdauert das Merkel-Prinzip ganz offensichtlich ihre Amtszeiten, trotz der politischen Katastrophe des Ukrainekriegs, trotz der »Zeitenwende«.

In Krisen regieren zu müssen, scheint auch das Schicksal des neuen Kanzlers Olaf Scholz (SPD) zu werden. Für den Koalitionsvertrag, die regulären politischen Ziele und Versprechen, bleibt daneben nur wenig Zeit. Auch vermeintliche Gewissheiten, feste Überzeugungen und politische Strategie gehen in Krisenzeiten über Bord. Die Ampel-Regierung macht das nicht anders als die Großen Koalitionen zuvor. Dass die Altkanzlerin an den Neuen öffentlich nichts auszusetzen hat, ist vielleicht auch diesem Umstand geschuldet.[1] Hier aber ist die eigentliche Implosion zu finden: Der politische Normalbetrieb fällt auch bei den Neuen aus. Das hat schwerwiegende Folgen: für das Verhältnis von Regierung und Parlament, für das Lösen

---

[1] Vgl. Was also ist mein Land? Angela Merkel im Live-Gespräch mit dem Schriftsteller Andreas Osang, 07.06.2022, Berliner Ensemble, Phoenix vor Ort, tiny.one/indes121w1.

struktureller Probleme, für die Widerstandsfähigkeit des Landes gegenüber künftigen Krisen.

Vor allem ein Versäumnis wird den Regierungen unter Angela Merkel angelastet: Sie habe sich vom russischen Präsidenten Wladimir Putin in die Irre führen lassen, habe Deutschland in die Abhängigkeit von russischem Gas geführt, und damit den Ukrainekrieg wie auch den Wirtschaftskrieg Russlands gegen den Westen erst möglich gemacht.[2]

Im Nachhinein haben die Kritiker und Mahner Recht behalten. Selbst nach dem russischen Überfall auf die Krim im Jahr 2014 begleitete die Bundesregierung die Pläne zum Ausbau und Bau der Ostsee-Pipelines Nord Stream 1 und 2 freundlich, obwohl die US-Regierung und die Regierungschefs der osteuropäischen EU-Mitglieder energisch davor warnten. Das Verlangen des damaligen amerikanischen Präsidenten Donald Trump, Europa im Allgemeinen und Deutschland im Besonderen mögen gefälligst amerikanisches Gas kaufen und dafür die Infrastruktur bereitstellen, wurde kühl zurückgewiesen. Russisches Gas war billiger zu haben, und bis zum Jahr 2022 war Russland seinen vertraglichen Liefer-Verpflichtungen auch stets nachgekommen.[3]

Zu verstehen ist diese Haltung nur vor dem Hintergrund der deutschen Energie-Innenpolitik nach 2011. Nach dem Atomunfall im japanischen Kernreaktor Fukushima im März 2011 dauerte es nur ein Wochenende, bis die Bundesregierung den zweiten Atomausstieg beschloss. In Windeseile wurde eine Ethik-Kommission berufen, deren Arbeit – wie auch die Beschlussfassung im Bundestag – nur symbolischen Charakter hatte. Die Mehrheit der Bevölkerung wollte den Ausstieg, und sie bekam ihn. Im Dezember 2022 sollen die verbliebenen drei Reaktoren eigentlich vom Netz gehen.[4]

Damit aber reduzierten sich die Optionen der heimischen Stromversorgung. Kohle und Erdgas sollten die Zeit überbrücken, bis genügend erneuerbare Energien, Stromtrassen und Energiespeicher für eine klimaneutrale und zuverlässige Stromproduktion zur Verfügung stehen würden. Gleichzeitig konkretisierten sich die Pläne, auch bei Mobilität und Wohnen Strom künftig als Hauptenergieträger zu nutzen – doch der politische Wille, die Erneuerbaren für diese weitere Stufe der Stromwende weiter stark auszubauen, erlahmte.

Ein zwei- bis dreifach höherer Stromverbrauch als bisher? Die Voraussetzungen dafür fehlen bis heute. Immer schwieriger wurde es, neue Windkraftanlagen zu genehmigen und ans Netz zu bringen. Immer aussichtsloser erschienen die Pläne, Höchstspannungstrassen zwischen Nord- und Süddeutschland zu bauen, um den Windstrom dahin zu bringen, wo er gebraucht wird. Immer höher wuchsen die Umlagen auf, mit der die Stromkunden die garantierten Einspeisepreise, die notwendigen Investitionen in

2 Vgl. zum Beispiel Bundeswirtschafts- und Klimaminister Robert Habeck am 07.07.2022 im Deutschen Bundestag, Deutscher Bundestag, Stenografischer Bericht (vorläufige Fassung), 47. Sitzung, tiny.one/indes221w2, S. 4821 f.

3 Vgl. Daniela Schwarzer, Final Call, Wie Europa sich zwischen China und den USA behaupten kann, Frankfurt a. M. 2021, S. 70 ff.

4 Diese und die folgenden Absätze beziehen sich im Wesentlichen auf Ursula Weidenfeld, Die Kanzlerin. Bilanz einer Epoche, Berlin 2021.

Reservekapazitäten und die Netzstabilität finanzierten. Und: Zu billig war das russische Gas, um die teureren Alternativen und die notwendige Infrastruktur voranzutreiben und durchzusetzen.

Der Klimawandel beschleunigte sich seit der Jahrtausendwende und wurde auch in Mitteleuropa spürbar. Als Umweltministerin unter Helmut Kohl hatte Angela Merkel die Kyoto-Konferenz 1997 vorbereitet, auf der die Industrieländer sich zum ersten Mal darauf verständigten, den CO2-Ausstoß zu reduzieren. Als Kanzlerin aber wurde sie selbst zur Getriebenen. Mit dem Atomausstieg legte sich die Bundesregierung wieder auf das Verbrennen fossiler Energien fest – solange, bis sich die Meinung der Wähler auch zu diesem Thema änderte.

Eine Kohlekommission (»Kommission für Wachstum, Strukturwandel und Beschäftigung«) sollte nach der Bundestagswahl im Jahr 2017 die Bedingungen für einen Ausstieg aus der Kohle formulieren – denn Kohle setzt bei der Verstromung besonders viele Klimagase frei. Die Expertengruppe legte 2019 ihre Empfehlung vor,[5] der sich die Bundesregierung anschloss: Bis zum Jahr 2038 soll Deutschland keinen Kohlestrom mehr herstellen, nach Möglichkeit soll der Ausstieg bis zum Jahr 2030 gelingen. Dieses Ziel formulierte die Nachfolgeregierung in ihrem Koalitionsvertrag.

Damit aber blieb als »Brückentechnologie« zum klimaneutralen Zeitalter nur noch Erdgas übrig. Deutschland wurde einerseits abhängig von Exporteuren wie Russland, andererseits musste es sich auf Stromimporte aus Frankreich (Atomstrom) und Osteuropa (Kohle und Atom) verlassen können, wenn es eng wurde. Die Mehrheit der Bevölkerung wollte den Kohleausstieg, und sie bekam ihn, jedenfalls für Strom aus Kraftwerken im eigenen Land. Das reichte ihr.

Auch in der Politik arrangierte man sich zügig mit dem Unvollkommenen und wandte sich einer neuen Krise zu, der Corona-Pandemie. Die Ressourcen für die Energie- und Klimawende zu schaffen, rückte in den Hintergrund.

Der Zustand der Bundeswehr ist das zweite Beispiel für die Schwächen des Modells Merkel, die weit über die Amtszeit der Kanzlerin hinausreichen. Als der damalige Verteidigungsminister Karl-Theodor zu Guttenberg bei der Haushaltsklausur des Bundeskabinetts im August 2010 erklärte, ein weiterer Milliardensparbetrag sei aus der Armee nur herauszuquetschen, wenn man die Wehrpflicht abschaffe, war er sich eigentlich sicher, damit das schärfste Argument gegen das Sparen genutzt zu haben. Wenige Stunden später wurde ihm klar, dass er sich getäuscht hatte.

Nur die Mahnung der Bundeskanzlerin, man könne die Wehrpflicht nicht mal eben an einem Nachmittag ad acta legen, bewahrte das Kabinett davor, vollendete Tatsachen zu schaffen. Die Begeisterung über das Abschöpfen der

[5] Vgl. Kommission für Wachstum, Strukturwandel und Beschäftigung, Abschlussbericht, hg. v. Bundesministerium für Wirtschaft und Energie, Frankfurt a. M. 2019, tiny.one/indes221w3.

Friedensdividende und das neue pazifistische Regierungsprojekt ausgerechnet der Konservativen kannte kaum Grenzen. Allein die CSU zierte sich. Doch am Ende reiste der schneidige Verteidigungsminister, selbst CSU-Politiker und Reserveoffizier der Gebirgsjäger, mit dem Auftrag in den Bendlerblock zurück, die Voraussetzungen für das Aussetzen der Wehrpflicht zu prüfen. Eine Expertenkommission (sic!) tagte, die Wehrpflicht fiel kurze Zeit später.[6] Die Bundeswehr aber verschwand nach und nach aus dem öffentlichen Bewusstsein. Ob sie Geld hatte oder nicht, verteidigungsfähig war oder nicht, interessierte nur noch die Soldaten selbst. Lediglich die gelegentlichen Nachrichten über Gefallene im Bundeswehreinsatz in Afghanistan lösten noch Betroffenheit aus. Der jahrelange Sanierungsprozess des Segelschulschiffs Gorch Fock hingegen taugte nur als Symbol für eine aussichtslos ineffiziente und aufgeriebene Streitmacht.

6 Vgl. Bericht der Strukturkommission der Bundeswehr, Vom Einsatz her denken – Konzentration, Flexibilität, Effizienz, Oktober 2010, tiny.one/indes221w4.

Michael Dyne Mieth, www.dyneart.de

Anlass, die Bundeswehr zu reformieren, sah die Bundesregierung darin nicht mehr. Nicht einmal das Versprechen an die Bündnispartner in der Nato, zwei Prozent des Bruttoinlandsproduktes für die militärische Einsatzfähigkeit auszugeben, musste ernst genommen werden. Der SPD-Wahlkampfslogan »Lieber sechs Prozent mehr für Bildung als zwei Prozent für Rüstung«[7] aus dem Jahr 2017 machte deutlich, dass keineswegs nur die Liebe von CDU und CSU zur Bundeswehr erkaltet war. Sozialdemokraten und Liberale – die Grünen ohnehin – waren derselben Auffassung.

Auch hier war es erst der Überfall Russlands auf die Ukraine, der diese Politik als kurzsichtig und hochriskant entlarvte. Dass binnen weniger Tage ein Hundert Milliarden-Euro-Sondervermögen in den Bundeshaushalt eingestellt wurde, zeigt, dass zwar die Politik der Ära Merkel entschlossen korrigiert wurde. Das Merkel'sche Regierungsprinzip aber – in Krisen entschlossen

[7] Zitiert nach Ulf von Krause, Zwei-Prozent-Ziel und Bundeswehr. Zur Diskussion um den Verteidigungshaushalt, Bundesakademie für Sicherheitspolitik, Arbeitspapier Sicherheitspolitik 23/2018, tiny.one/indes221w5.

Ursula Weidenfeld — Implosion einer Krisenkanzlerin?

zu handeln, die Sache danach zügig zu den Akten zu legen – scheint sich fortzusetzen. Schon im Sommer 2022 war keine Rede mehr davon, das Sondervermögen zusätzlich zu den zwei Prozent Militärausgaben auszuloben.

Die Methode der Kanzlerin, nur die Probleme zu lösen, die unmittelbar gelöst werden müssen, und dabei sehr genau auf die Meinungsumfragen und Stimmungslagen der Bevölkerung zu schauen, offenbarte ihre Schattenseiten erst, nachdem sie ihr Amt verlassen hatte. In dem Bemühen, die Energieversorgung möglichst nach den Wünschen der Bevölkerungsmehrheit zu gestalten und dennoch bezahlbaren Strom zu liefern, hatte sie ihre eigenen Bedenken gegen die Zuverlässigkeit des russischen Präsidenten hintangestellt. Im nachlassenden Engagement für die Energiewende, als andere Krisen (Flüchtende, Corona) zu lösen waren, zeigt sich die grundlegende Schwäche dieses Politikmodells. Die jeweils akute Krise wird gut gemanagt, doch widerstandsfähiger gegen neue Schocks wird das Land nicht.

Im Gegenteil. Im Handlungsdruck neuer Krisen lässt das Engagement für die alten Themen zuverlässig nach. So gibt es bis heute keinen Einlagensicherungsfonds für alle Banken in Europa – die Banken scheinen ja stabil genug zu sein, um neue Krisen aus eigener Kraft zu überstehen. Ein einheitliches europäisches Regime für die Unterbringung und Verteilung von Asylbewerbern und Flüchtlingen ist ebenfalls nicht in Sicht. Die Impfpflicht gegen neue Corona-Wellen ist ebenso in den politischen Schlagschatten der Ukraine-Krise geraten wie die Aufgabe, Deutschlands Katastrophenschutz wenigstens so weit zu ertüchtigen, dass bei neuen Unwettern die Bevölkerung zuverlässig gewarnt werden kann.

Dennoch sieht Merkel für sich keinen Anlass, ihre Russland-Politik im Nachhinein zu bereuen – so wie es Bundespräsident Frank-Walter Steinmeier oder der ehemalige Wirtschafts- und Außenminister Sigmar Gabriel taten. »Wenn ich mir etwas Zeit nehme, um zu meiner Meinung zu kommen, muss ich hinterher nicht damit hadern«, sagte sie 2013 in einem öffentlichen Gespräch mit der Zeitschrift *Brigitte*.[8] So ist es geblieben.

In Merkels Politikverständnis galt es ohnehin, Entscheidungen und Einstellungen ständig mit der Realität und deren Volten abzugleichen. War sie zum Amtsantritt noch eine entschiedene Befürworterin der Kernenergie (sie setzte den Wiedereinstieg in der Koalition mit der FDP durch), wandelte sie sich nach Fukushima zu einer entschiedenen Gegnerin. Verteidigte sie als Frauenministerin, Oppositionsführerin und Kanzlerin über lange Jahre die Ehe als eine Angelegenheit zwischen Mann und Frau, machte sie 2017 völlig überraschend den Weg zu einer Ehe mit allen Rechten und Pflichten auch für homosexuelle Paare frei. Setzte sie sich vehement (»nicht zu meinen Lebzeiten«)

[8] Zitiert nach Pressemitteilung Gruner + Jahr vom 02.05.2013, tiny.one/indes221w6.

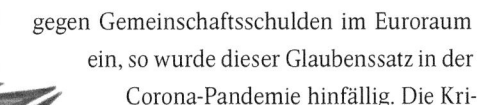

gegen Gemeinschaftsschulden im Euroraum ein, so wurde dieser Glaubenssatz in der Corona-Pandemie hinfällig. Die Krisen diktierten die Agenda. An die Stelle von Parteiprogrammen, Koalitionsverträgen und Grundsätzen trat das Versprechen: »Wenn Ihr uns wählt, werdet Ihr gut regiert«. Oder, um es mit dem früheren Vizekanzler Franz Müntefering (SPD), bezogen auf die Ära Merkel, auszudrücken: »Wenn man mit Angela Merkel in ein Flugzeug steigt, weiß man, dass man sicher landen wird. Man weiß nur nicht, wo.«

Dieses Politikverständnis hat die Altbundeskanzlerin ganz offensichtlich nicht exklusiv. Auch ihr Nachfolger und sein Kabinett müssen nach demselben Prinzip verfahren. Kaum im Amt, überfiel Russland die Ukraine – und aus der Coronakrise wurde die Energiekrise.

Im permanenten Krisenmodus ergeben sich einige Veränderungen im politischen System, die von größerer Bedeutung sind als die glückliche oder unglückliche Hand in einer akuten Krise:

1. Die Exekutive gewinnt an Bedeutung, die Judikative kontrolliert, die Legislative verliert. Die Krise ist die »Stunde der Exekutive«. Die Regierung managt den Notstand und legt ihre Beschlüsse dem Parlament zur Zustimmung vor. Das aber hat kaum eine Wahl. Wegen der Eilbedürftigkeit der Entscheidungen fällt die Diskussion in den Fraktionen und Ausschüssen knapper aus als notwendig. In der Finanzkrise wurden wesentliche Entscheidungen in vertraulichen Sonderrunden gefasst, um die Märkte nicht zu beunruhigen, in der Corona-Pandemie wurden die Bund-Länder-Runden der Regierungschefs zum entscheidenden Gremium, die Länder-Exekutive fasste die Beschlüsse. Nein zu sagen, war zwar theoretisch noch möglich, kam aber nur selten infrage. Der Bundestag und

die Länderparlamente traten in den Hintergrund. In der Ukraine-Notlage rücken Regierung und gewählte Parlamentarier zusammen, jedenfalls in der ersten Phase. Die Regierung sitzt am Steuer, der Bundestag im Fond.[9] Das Beispiel der Impfpflicht zeigt: Solange die Exekutive entscheiden will, lässt sich die Illusion der Gewaltenteilung aufrechterhalten. Weigert sich die Regierung aber, einen entsprechenden Gesetzentwurf vorzuschlagen, hat auch das Parlament nicht mehr die Kraft zu entscheiden, ob es einen Entwurf gibt oder nicht. Das schwächt beide.

Dazu kommt: Immer mehr Beschlüsse werden mit der berechtigten Erwartung getroffen, dass sie am Ende vom Verfassungsgericht beanstandet werden. In vielen Krisen müssen Exekutive und Legislative juristisches Neuland betreten, daher ist es wenig erstaunlich, dass nicht alles Bestand hat. Zunehmend aber wird dieser Umstand Teil des politischen Kalküls: Man beschließt Ad-hoc-Maßnahmen, von denen man weiß, dass sie nicht verfassungsfest sind – in der Hoffnung, dass der Grund für diese Maßnahmen bis zur Entscheidung entfallen ist und die Angelegenheit begraben werden kann.

2. Das Momentum bestimmt die Agenda. Sind weitreichende politische Entscheidungen und Reformen nur noch in Krisen möglich, bestimmt der Zufall, welche Reform am Ende durchgesetzt wird und was ewig im Politikbetrieb stecken bleibt (die Rentenreform!). So kam die Eurozone erst nach der Finanzkrise zu einer funktionierenden einheitlichen Bankenaufsicht. Ein Einwanderungsgesetz wurde erst nach der Migrationskrise der Jahre 2015 und 2016 möglich, die entscheidenden Hemmnisse für den Ausbau der Windkraft fielen erst im Jahr 2022. Das relativiert die Entscheidung des Souveräns bei der Bundestagswahl deutlich: Entscheidet die Wählerin sich für eine Partei, weil sie deren Programm für richtig hält und ihr zutraut, in einer Regierungskoalition wenigstens einen Teil davon in die politische Wirklichkeit zu bringen, wird sie am Ende doch damit leben müssen, sich vor allem anderen für ein Personaltableau entschieden zu haben. In der derzeitigen Bundesregierung sind Außenministerin Annalena Baerbock und Wirtschafts- und Klimaminister Robert Habeck die markantesten Beispiele dafür. Die Grünen wurden gewählt, weil man ihnen am ehesten einen dynamischen Weg in eine klimaneutrale und pazifistische Gesellschaft im 21. Jahrhundert zutraute. Nun aber sind es dieselben Politiker, die weltweit Erdgas einkaufen, Kohlekraftwerke wieder ans Netz nehmen und den Waffenexport in die Ukraine befürworten. Auch bei ihnen tritt die Krise vor die Überzeugung. Was das für künftige Wahlen, Koalitionsverhandlungen und das Parteiensystem bedeutet, ist noch nicht

9 Anna-Bettina Kaiser, Was macht »Die Stunde der Exekutive« mit dem Parlament?, Vortrag am 09.12.2020 bei der Deutschen Vereinigung für Parlamentsfragen, tiny.one/indes221w7.

zu ermessen. Zu vermuten ist, dass eine noch stärkere Personalisierung eintritt, nach dem Motto »Sie kennen mich«.

3. Neue Krisen machen das Land noch anfälliger. Weil der politische Normalbetrieb in Zeiten der Krise weitgehend pausiert, werden akute Themen zwar adressiert, aber nicht mehr durch politische Entscheidungs- und Kompromissfindung hinterlegt. Gerade die Behörden und die Sicherheitsorgane haben darunter zu leiden. Die Tiefe der Krisen geht auch darauf zurück, dass Polizei, Bundeswehr, Bundes- und Landesämter unfähig sind, etwas anderes als den Normalfall zu beherrschen. In der Arbeitsmarktkrise der frühen 2000er Jahre fiel das zum ersten Mal auf. Die damalige Bundesanstalt für Arbeit wurde ihrer Arbeit nicht mehr Herr und begann in großem Stil, Vermittlungszahlen zu fälschen. In der Finanz- und Eurokrise wurde deutlich, dass die Bankenaufsicht geschlampt hatte. In der Migrationskrise brach das Bundesamt für Migration und Flüchtlinge zusammen, in der Corona-Pandemie waren Gesundheitsämter nicht in der Lage, ihre Arbeit zuverlässig zu erledigen. Dass ausgerechnet das Bundesamt für Katastrophenschutz beim »nationalen Alarmtag«, einem Probelauf, auf Grund lief, ist da nur eine Fußnote.

Nicht das Krisenmanagement ist im Rückblick auf die Ära Merkel zu kritisieren. Der politische Normalbetrieb ist implodiert. Notwendige Korrekturen sind im ständig neuen Krisenmanagement nicht vorgenommen worden. Die Konsequenzen der Ad-hoc-Entscheidungen wurden im Parlaments- und Regierungsalltag systematisch vernachlässigt. Das ist das wirkliche Versäumnis der Ära Merkel – und es scheint sich im neuen Kabinett fortzusetzen.

© Marc Darchinger

Dr. Ursula Weidenfeld arbeitet nach Stationen in leitender Funktion bei *Wirtschaftswoche*, *Tagesspiegel* und *Financial Times Deutschland* als freie Journalistin. 2007 erhielt sie den Ludwig-Erhard-Preis für Wirtschaftspublizistik, 2012 den Karl-Hermann-Fach-Preis. Letzte Buchveröffentlichung: Die Kanzlerin. Porträt einer Epoche, Berlin 2021. Für die *Rheinische Post* und die Leibniz-Gemeinschaft betreibt sie den Podcast *Tonspur Wissen*.

ZEITENWENDE UND OSTPOLITIK
SO VIEL IDEALISMUS WIE MÖGLICH, SO VIEL REALPOLITIK WIE NÖTIG

Ξ Nikolas Dörr

Mit seiner Regierungserklärung am 27. Februar 2022 prägte Bundeskanzler Olaf Scholz einen Begriff, der die politische Debatte seitdem bestimmt: »Der 24. Februar 2022 markiert eine Zeitenwende in der Geschichte unseres Kontinents […] Und das bedeutet: Die Welt danach ist nicht mehr dieselbe wie die Welt davor.«[1] Der Begriff der Zeitenwende wird höchstwahrscheinlich auch künftige Publikationen von Politik- und noch später von Geschichtswissenschaftler:innen beeinflussen. Die ersten dieser Veröffentlichungen sind sogar bereits erschienen.[2] Kritisiert wird der Begriff nur selten. Offensichtlich hat Scholz damit das Gefühl einer Mehrheit der Bevölkerung getroffen.

Eine Zeitenwende bezeichnet das Ende einer zusammenhängenden Epoche und den Beginn einer qualitativ neuen Phase. Es handelt sich also um mehr als die Änderung einer politischen Strategie oder Programmatik. Zeitenwende impliziert damit, so auch die Formulierung des Bundeskanzlers, dass die Welt innerhalb relativ kurzer Zeit eine andere geworden ist. In diesem Sinne steht die von Scholz postulierte Zeitenwende nach dem russischen Angriff auf die Ukraine auf der deutschsprachigen Wikipedia-Seite aktuell neben epochalen Ereignissen wie dem Beginn der christlichen Zeitrechnung und dem Ende der kommunistischen Diktaturen in Europa zwischen 1989 und 1991.[3]

DER BEGRIFF DER ZEITENWENDE

Ob der russische Angriff langfristig in dieser Liga der Zeitenwenden bestehen kann, wird erst die weitere Entwicklung zeigen. Eine nicht unwahrscheinliche Option könnte die Ausdehnung des Begriffs auf die kaum vorhersehbaren Krisenerscheinungen der letzten Jahre sein. In diesem Sinne würde er nicht nur auf die Außen- und Sicherheitspolitik Anwendung finden, sondern auch auf die großen Krisen seit 2015/16. Allen voran stellt die Corona-Pandemie, die nun bereits über zwei Jahre andauert, einen weltweiten Einschnitt dar. Auch die sich zuspitzende Klimakatastrophe, der Brexit, die Aufnahme hunderttausender Flüchtlinge und die Wahl Donald Trumps zum US-Präsidenten

---

[1] Regierungserklärung von Bundeskanzler Olaf Scholz am 27. Februar 2022, in: Die Bundesregierung, 27.02.2022, tiny.one/indes221b1.

[2] So zum Beispiel die Monografie des ehemaligen bundesdeutschen Botschafters in Russland: Rüdiger von Fritsch, Zeitenwende. Putins Krieg und die Folgen, Berlin 2022.

[3] Vgl. tiny.one/indes221b2 (Stand 14.07.2022).

können als Krisenphänomene gelten. Ebenso sind die mit Corona und/oder dem russischen Angriffskrieg in der Ukraine zusammenhängenden Entwicklungen zu nennen: die höchste Inflation in Deutschland und Europa seit Jahrzehnten, massiver Arbeitskräftemangel in verschiedenen Branchen und radikal ansteigende Energiepreise. In dieser enormen Ballung hat der Großteil der Bevölkerung noch keine vergleichbare Krisensituation erlebt. Möglicherweise stellt das Konglomerat dieser innen- und außenpolitischen Großkrisen die eigentliche Zeitenwende dar.

Lenkt man den Blick zurück auf die Außen- und Sicherheitspolitik, so ist der Begriff der Zeitenwende angebracht. Das europäische Sicherheitssystem, das nach dem Ende des Kalten Krieges, der Auflösung der Sowjetunion und dem allgemeinen Zusammenbruch des Kommunismus in Europa etabliert wurde, ist Geschichte. Francis Fukuyamas 1992 erschienene Analyse vom »Ende der Geschichte«[4] und der endgültigen Durchsetzung von westlicher Demokratie und Marktwirtschaft wurde zwar bereits zeitgenössisch kritisiert. Dennoch konnte man Anfang bis Mitte der 1990er Jahre darauf hoffen, dass sich die ehemaligen sozialistischen Diktaturen in einem erfolgreichen Demokratisierungsprozess befänden, der schließlich so positiv enden würde wie in den ehemals faschistischen Diktaturen Spaniens, Portugals und Griechenlands. Die teils massiven Kriegsverbrechen während der Jugoslawienkriege in den 1990er Jahren, vor allem das Massaker von Srebrenica mit mehr als 8.000 Toten, offenbarten allerdings bereits seinerzeit die Probleme einer nur rudimentär ausgeprägten europäischen Außen- und Sicherheitspolitik. International muss der Völkermord in Ruanda erwähnt werden, der 1994 hunderttausende Todesopfer forderte, ohne dass die internationale Gemeinschaft eingeschritten wäre.

Mit Blick auf Russland erschien Boris Jelzin für einige Jahre als westlicher Hoffnungsträger, der als Reformer sein Land auf einen Weg von Demokratie und Marktwirtschaft führen könnte. 1994 wurde Russland gar zum Partner des ehemaligen Erzfeindes im Rahmen des »Partnership for Peace«-Kooperationsprogramms der NATO. Im Nachhinein erwies sich diese Hoffnung als Trugschluss. Massive Korruption, Nepotismus, ausbleibende Reformen in Geheimdienst und Militär sowie letztlich die Berufung des ehemaligen KGB-Mitarbeiters Vladimir Putin zum Ministerpräsidenten im August sowie dessen Übernahme des Präsidentenamts am 31. Dezember 1999 sind das Vermächtnis Jelzins.[5] Bereits zuvor zeigten sich imperiale Bestrebungen. Die Unterstützung transnistrischer Rebellen und die seitdem andauernde Etablierung eines de facto russischen Satellitenstaats auf dem Staatsgebiet der Republik Moldau 1992 sind ein Beispiel.

4 Vgl. Francis Fukuyama, The End of History and the Last Man, New York & Toronto 1992.

5 Vgl. Jan Claas Behrends, Unter dem deutschen Radar. Die postsowjetischen Kriege 1991 bis 2022, in: Aus Politik und Zeitgeschichte, H. 28–29/2022, S. 21–27.

Deutschland versuchte bis zum russischen Angriff auf die Ukraine mit verschiedenen Mitteln den Aufbau einer demokratischen Zivilgesellschaft in Russland zu fördern. Zahlreiche Organisationen wie der 2001 vom damaligen Bundeskanzler Gerhard Schröder und Vladimir Putin initiierte Petersburger Dialog, die Stiftung Deutsch-Russischer Jugendaustausch, die Deutsch-Russische Geschichtskommission, die enge Zusammenarbeit deutscher Akteure mit russischen NGOs wie der Menschenrechtsorganisation Memorial oder auch die Arbeit der politischen Stiftungen mit ihren Auslandsbüros in Russland sind Beispiele, die in ihren bilateralen Projekten durchaus erfolgreich waren, eine Autokratisierung Russlands jedoch nicht verhindern konnten. Das Grundelement einer jeden Demokratie, eine funktionierende Zivilgesellschaft, konnte sich seit der Auflösung der Sowjetunion im Dezember 1991 nicht in ausreichendem Maße etablieren. Das erschwert im Übrigen auch die Beantwortung der Frage, was bzw. wer auf Putin folgen könnte.

ZEITENWENDE, SICHERHEITSPOLITIK UND RUSSLAND

Sicherheitspolitisch ist die Zeitenwende deutlich sichtbar: Wer hätte im Januar 2022 gedacht, dass Finnland und das scheinbar ewig neutrale Schweden Mitglieder der NATO werden würden? Wer hätte damit gerechnet, dass ausgerechnet eine Regierungskoalition aus SPD, Bündnis 90/Die Grünen und FDP ein Hundert Milliarden-Euro-Programm für die Bundeswehr auflegt? Noch im Bundestagswahlkampf 2021 sprachen sich SPD und Grüne gegen bewaffnete Drohnen für die Bundeswehr aus. Nun sollen sie schnellstmöglich kommen. Auch die Ablehnung von Waffenexporten in Krisengebiete, vor allem mehrheitlich von Bündnis 90/Die Grünen im Wahlkampf gepredigt, war innerhalb weniger Wochen passé.

Weniger deutlich wird die Zeitenwende, wenn man sich die Entwicklung Russlands anschaut. Die autokratische Politik im Inneren und das imperiale Streben nach außen folgen einem sich immer weiter intensivierenden Muster, das sich, wie erwähnt, bis in die 1990er Jahre zurückführen lässt. Putins Liste bekannter Verfehlungen ist lang. Zu nennen sind chronologisch geordnet neben anderen die Kriegsverbrechen im zweiten Tschetschenienkrieg zwischen 1999 und 2009, die Vergiftung des Putin-Kritikers Alexander Litwinenko im Jahr 2006, der völkerrechtswidrige Krieg gegen Georgien im August 2008 und die Besetzung der georgischen Staatsteile Südossetien und Abchasien, die 2012 erlassenen »Agentengesetze«, die seitdem zur Einschränkung der Arbeit oder gar zum Verbot regierungskritischer Organisationen führen, das 2013 erlassene Gesetz gegen »homosexuelle Propaganda«, die völkerrechtswidrige Invasion der Krim und ihre anschließende Annexion im März 2014 sowie die Aufrechterhaltung des eingefrorenen Konflikts im Donbas, die Ermordung des Oppositionspolitikers Boris Nemzow 2015, die militärische Unterstützung des syrischen Diktators Baschar Hafiz al-Assad seit 2015, der Giftanschlag auf Sergei Skripal und dessen Tochter im britischen Salisbury im März 2018, die Ermordung des Georgiers Selimchan Changoschwili in Berlin 2019 und der versuchte Mord an Alexei Nawalny im August 2020 sowie dessen spätere Inhaftierung infolge eines Schauprozesses. Hinzu kommen unter anderem die Wahlbeeinflussungen und -fälschungen, die Einschränkung der Meinungs-, Kunst- und Medienfreiheit, ein staatlich organisiertes Dopingsystem im Spitzensport und die generell zunehmende Inhaftierung politischer Gegner:innen.

AUSSENPOLITIK GEGENÜBER AUTOKRATIEN

Die Autokratisierung Russlands unter Putin verlief seit seinem Amtsantritt 1999 sukzessive, mit starker Beschleunigung in den letzten Jahren. Zwar gab es – obwohl in den letzten Jahren deutlich abnehmend – immer wieder Hoffnungsschimmer in der russischen Politik wie die Unterzeichnung des *New START*-Vertrags durch Putins Interimspräsidenten Dmitri Medwedew und US-Präsident Barack Obama im Jahr 2010, der eine nukleare Abrüstung Russlands und der USA festschrieb. Trotzdem erschien es spätestens seit der völkerrechtswidrigen Krim-Annexion schwer verständlich, warum die Bundesregierung die Abhängigkeit von russischen Energieexporten nicht peu à peu verringerte, sie ganz im Gegenteil mit Nord Stream 2 sogar noch intensivieren wollte. Ein stärkerer Ausbau erneuerbarer Energien hätte nicht nur die klimapolitische Bilanz verbessert, sondern wäre auch aus sicherheitspolitischen Gründen angebracht gewesen. Den Gas- und Ölhahn können Autokraten zudrehen, Wind, Wasser und Sonne *indes* nicht stoppen. Andererseits erscheint es nachvollziehbar, dass die Gesprächskanäle zu Putin lange Zeit aufrechterhalten wurden. Als größter Flächenstaat der Welt, zentraler Energieexporteur, große Militärmacht mit Atomwaffenarsenal, UN-Sicherheitsratsmitglied und ökonomische Mittelmacht war und ist es schwer, Russland in der Außenpolitik außen vor zu lassen.

Allgemein zeigt sich im Umgang mit Russland eine wiederkehrende Problematik deutscher Außen- und Sicherheitspolitik: Wie gehen wir mit autokratischen und diktatorischen Staaten um? Schon ein Blick auf die Energiepolitik verdeutlicht das Dilemma. Unter den größten Gas- und Erdölexporteuren weltweit sind neben Russland zahlreiche weitere Staaten wie Saudi-Arabien, Katar, die Volksrepublik China, der Irak, die Vereinigten Arabischen Emirate, Iran,

Nigeria, Aserbaidschan oder Turkmenistan vertreten, die nicht als Demokratien zu bezeichnen sind. Gleiches gilt für den Export von Edelmetallen. Aus europäischer Perspektive ist wenig bekannt, dass beispielsweise der aktuelle Democracy Index, das anerkannteste Messinstrument zu diesem Thema, im Jahr 2021 nur 21 Staaten weltweit als (vollständige) Demokratien einstuft.[6] Die »unvollständigen Demokratien« hinzugenommen, bleiben global immer noch fast hundert Staaten, die nicht als Demokratien gelten. Russland stand übrigens vor Kriegsbeginn in diesem Demokratieindex auf Rang 124 von 167 bewerteten Staaten, allerdings noch vor der Volksrepublik China und den Vereinigten Arabischen Emiraten. Der Unterschied für die deutsche Politik liegt darin, dass Putin mit dem Krieg gegen die Ukraine qualitativ eine Grenze überschritten hat. Ein militärischer Angriff auf einen souveränen Staat stellt eine der eklatantesten Verletzungen des Völkerrechts (»Verbrechen der Aggression«) dar. Hinzu kommt die geografische Nähe Russlands als Teil Europas. Das Engagement Saudi-Arabiens im Jemen-Krieg scheint beispielsweise zu weit weg, um größeren Protest hierzulande hervorzurufen. Gleichzeitig entzieht sich dieser Konflikt der Gut-versus-Böse-Logik des Ukrainekriegs, da es sich um einen Stellvertreterkrieg zwischen mehreren autoritären Regimen handelt (insbesondere Iran auf der einen und Saudi-Arabien auf der anderen Seite).

DIE SPD UND DER UKRAINEKRIEG

Die bis vor kurzem guten Beziehungen zu Russland folgen einer Pfadabhängigkeit deutscher Außenpolitik seit dem Ende des Zweiten Weltkriegs.[7] Trotz massiver ideologischer Differenzen schien ein Auskommen mit der Sowjetunion für Westdeutschland jahrzehntelang wichtig, insbesondere für die Beziehungen zur DDR, aber auch im historischen Bewusstsein der massiven Verbrechen der Wehrmacht und der mehr als zwanzig Millionen sowjetischen Todesopfer im Zweiten Weltkrieg. Die »Neue Ostpolitik«, bereits unter Bundeskanzler Kurt Georg Kiesinger in der Großen Koalition von Außenminister Willy Brandt initiiert und ab 1969 während seiner Kanzlerschaft intensiviert, stellte qualitativ eine neue Dimension in den deutsch-sowjetischen Beziehungen dar. Die Entspannungspolitik gegenüber der Sowjetunion bzw. Russland wurde grundsätzlich auch von Brandts Nachfolger:innen Helmut Schmidt, Helmut Kohl, Gerhard Schröder und Angela Merkel und den entsprechenden Regierungskoalitionen fortgeführt. Ein gutes Verhältnis zu Russland war demnach nicht nur das Ziel sozialdemokratischer Außen- und Sicherheitspolitik, sondern auch CDU, CSU, FDP und Bündnis 90/Die Grünen verfolgten diese Politik mit unterschiedlichen Akzentuierungen – von

6 Democracy Index 2021, tiny.one/indes221b3.

7 Vgl. Stefan Creuzberger, Das deutsch-russische Jahrhundert. Geschichte einer besonderen Beziehung, Hamburg 2022, S. 462–548.

den äußerst russlandfreundlichen Oppositionsparteien PDS bzw. Die LINKE und AfD ganz zu schweigen.

Dennoch wird der Fokus seit dem russischen Angriff medial häufig auf die Haltung der SPD gegenüber Russland gelenkt. Zum einen liegt es daran, dass sie den Bundeskanzler, die Verteidigungsministerin sowie die größte Fraktion im Bundestag stellt. Zum anderen hängt es mit der umstrittenen Person des Ex-Bundeskanzlers und -Parteivorsitzenden Gerhard Schröder zusammen. Dessen offenbar unerschütterliche Loyalität zu Putin, symbolisiert in seiner 2004 getätigten Bezeichnung des russischen Präsidenten als eines »lupenreine[n] Demokrat[en]«, schadet der SPD in der öffentlichen Wahrnehmung. Auch weitere aktuelle und ehemalige Spitzenpolitiker:innen wie die amtierende Ministerpräsidentin von Mecklenburg-Vorpommern Manuela Schwesig oder der einstige SPD-Parteivorsitzende und brandenburgische Ministerpräsident Matthias Platzeck zeigten jahrelang – auch nach der Krim-Annexion – eine äußerst russlandfreundliche Haltung, die sie allerdings nun (im Gegensatz zu Schröder) öffentlich als Fehler bezeichnen.

Die Auseinandersetzung mit der Russlandpolitik der letzten zehn Jahre ist die eine Seite. Historisch will und muss die SPD ihre Russlandpolitik hinterfragen. Das hat nicht nur das für erinnerungspolitische Fragen zuständige Gremium, das Geschichtsforum beim SPD-Parteivorstand,[8] erkannt, sondern auch der Parteivorsitzende Lars Klingbeil, der selbstkritisch resümierte:

»Wir haben allerdings die Zeichen, dass Russland den gemeinsamen Weg verlässt, zu wenig beachtet: 2008 der Krieg in Georgien, 2014 die völkerrechtswidrige Annexion der Krim, der Mord im Tiergarten und einiges mehr hätten uns stärker zu denken geben müssen.«[9]

Die andere Seite stellt die retrospektive Analyse längerfristiger Entwicklungen dar. Hier spielt die Ostpolitik der sozial-liberalen Koalition eine entscheidende Rolle. Wichtig wird es sein, hierbei auf Fehlwahrnehmungen aufmerksam zu machen. Innerhalb der SPD, aber auch in der Gesamtbevölkerung wird Willy Brandt primär mit dem Friedensnobelpreis und dem Begriff der »Entspannungspolitik« assoziiert. Der Machtpolitiker Brandt wird dabei häufig vergessen und die Gesprächsdiplomatie als omnipräsenter Konfliktlösungsmechanismus angesehen. Brandt praktizierte seine Konzeption der Ostpolitik jedoch unter dem nuklearen Schutzmantel der NATO und vor dem Hintergrund eines Personalbestands der Bundeswehr von fast einer halben Million Soldaten. Und er fand (vermeintlich) rationale Gesprächspartner auf der anderen Seite – ein Aspekt, der im Falle Putins nicht mehr

---

[8] Allerdings gibt es innerhalb des Gremiums unterschiedliche Meinungen über das notwendige Ausmaß der Aufarbeitung und den Anteil der sozialdemokratischen Mitverantwortung für die deutsche Haltung gegenüber Putin. Vgl. Markus Wehner, Die SPD und der Krieg. Entspannung um jeden Preis, in: Frankfurter Allgemeine Zeitung, 22.03.2022; Norbert Seitz, SPD-nahe Historiker streiten über die Ostpolitik, in: Deutschlandfunk, 14.07.2022, tiny.one/indes221b4. Das Mehrheits- und das Minderheitenvotum des Geschichtsforums können auf der Internetseite des Gremiums heruntergeladen werden: tiny.one/indes221b5.

[9] »Wir dürfen nicht naiv sein«. Interview mit Lars Klingbeil in: Vorwärts, H. 3/2022, S. 4–5, hier S. 5.

als sicher gelten kann. Kritisch analysiert werden muss der Fokus sozialdemokratischer Politiker:innen auf den russischen Präsidenten bzw. zeitweise Ministerpräsidenten seit der ersten rot-grünen Bundesregierung.[10] Hierbei lässt sich ein Muster vermuten, die auf die erfolgreiche Zusammenarbeit mit den kommunistischen Staatsparteien in Ostmittel- und Osteuropa während der Entspannungspolitik zurückgeht. Die Folge war in beiden Fällen die Vernachlässigung der (demokratisch orientierten) Opposition und Zivilgesellschaft und eine – sich nicht erfüllende – Hoffnung auf »Wandel durch Annäherung« an der Staatsspitze.

Für die SPD stellt die von Scholz postulierte »Zeitenwende« eine Herausforderung dar. Sicherheitspolitisch muss sich die Partei an das Hundert Milliarden-Sondervermögen zur Stärkung der Bundeswehr gewöhnen. Vor dem Hintergrund der (ebenso wie die Bundeswehr) radikal unterfinanzierten und jahrelang vernachlässigten Verkehrsinfrastruktur, der Digitalisierung, der Kosten für den Klimaschutz und des gewünschten Ausbaus des Sozialstaats würde das Geld sicherlich auch anderswo gebraucht. Dennoch ist das Programm richtig, sofern das Verteidigungsministerium seine ebenfalls seit Jahren andauernden Probleme bei der Beschaffung in den Griff bekommt.

REALPOLITIK VERSUS IDEALISMUS IN DER AUSSEN- UND SICHERHEITSPOLITIK

Kritisiert werden kann im Nachhinein, dass die sozial-liberale Entspannungspolitik grundsätzlich Realpolitik war: Für Verbesserungen, vor allem hinsichtlich der deutsch-deutschen Beziehungen zwischen Bundesrepublik und DDR, und für eine Reduzierung der nuklearen Bedrohung im Kalten Krieg hielt man sich mit allzu drastischer Kritik an den fortdauernden Menschrechtsverletzungen in den sozialistischen Diktaturen zurück. Oppositionelle wurden zwar mit Sympathie betrachtet, eine öffentliche Unterstützung fand jedoch, aus realpolitischer Rücksichtnahme auf die Gesprächspartner:innen in den kommunistischen Staatsparteien, nur selten statt. Das prägnanteste Beispiel stellt sicherlich die Zurückhaltung von Bundeskanzler Schmidt während der Ausrufung des Kriegsrechts und des Verbots von Solidarność durch die polnische Regierung im Dezember 1981 dar. Gleichzeitig muss erwähnt werden, dass es an der Basis nicht an sozialdemokratischer Solidarität mangelte. So unterstützten zahlreiche Ortsvereine, häufig in Kooperation mit den Gewerkschaften, die verfolgte polnische Opposition ideell und materiell.[11]

Eine zu idealistische Außen- und Sicherheitspolitik ist in der Praxis (leider) kaum langfristig umsetzbar bzw. aufrechtzuerhalten. US-Präsident Jimmy

10 Vgl. hierzu Ilja Kalinin, Gesinnung oder Verantwortung in der Russlandpolitik? Deutsche Außenpolitik angesichts der politischen Kultur Russlands, Wiesbaden 2016, S. 146–155.

11 Vgl. Albrecht Riechers, Hilfe für Solidarność. Zivilgesellschaftliche und staatliche Beispiele aus der Bundesrepublik Deutschland in den Jahren 1980–1982, Bonn 2006.

Carter, der 1977 mit einem expliziten Fokus auf die weltweite Achtung von Menschenrechten angetreten war, kann davon ein Lied singen.[12] In Abwandlung der bekannten Formel des Godesberger Programms der SPD von 1959 könnte man als Anspruch an die eigene Außen- und Sicherheitspolitik daher formulieren: So viel Idealismus wie möglich, so viel Realpolitik wie nötig. In einer Welt, in der mehr als hundert Staaten nicht demokratisch regiert werden, in der für Deutschland so wichtige Handelspartner wie die Volksrepublik China, Katar, Saudi-Arabien, die Türkei und Vietnam Diktaturen oder Autokratien sind, wird eine rein idealistische Politik nicht aussichtsreich sein. Ein Angriff auf einen souveränen Nachbarstaat der Europäischen Union stellt für Deutschland jedoch qualitativ eine andere Herausforderung dar. Bestimmte Grenzen dürfen auch autokratisch verfasste Staaten in Europa nicht überschreiten, und hierzu gehört die völkerrechtswidrige militärische Besetzung fremden Territoriums. Die andauernden russischen Kriegsverbrechen, vom Beschuss von Krankenhäusern und Kulturdenkmälern bis hin zum Massaker von Butscha, treiben diese Grenzverletzung auf die Spitze.

DIE ZUKUNFT DER SICHERHEIT

Wie der Krieg auch enden wird, es ist davon auszugehen, dass Russland und Belarus – und nicht nur diese Staaten – mittelfristig die europäische Sicherheit weiter bedrohen werden. Es ist daher notwendig, die deutschen Streitkräfte aufzurüsten, die NATO zu stärken und vor allem die Gemeinsame Außen- und Sicherheitspolitik auf EU-Ebene zu intensivieren. Es ist ebenso richtig – auch wenn es nicht jede und jeder hören möchte –, dass Deutschland als wirtschaftsstärkstes und einwohnerreichstes Land in der EU mehr militärische Verantwortung übernimmt. Der SPD-Vorsitzende Klingbeil hat dies zu Recht eingefordert. Es geht dabei, neben der Stärkung der lange vernachlässigten Landesverteidigung, nicht darum, chauvinistisch aufzutreten, sondern abzuschrecken, um beispielsweise einen Angriff auf die baltischen Staaten im Vorhinein als aussichtsloses Unterfangen erscheinen zu lassen, und letztlich auch, um die Wiederherstellung des Völkerrechts erzwingen zu können. Die Lehre, die Klingbeil und andere aus den Verbrechen des Nationalsozialismus gezogen haben, lautet nicht »Nie wieder Krieg«, sondern »Nie wieder Diktatur«. Gerade aus der historischen Verantwortung Deutschlands lässt sich die Pflicht ableiten, so weit wie möglich Schwächeren Schutz zu gewähren. Das bedeutet auch militärischen Schutz, idealerweise im Rahmen bi- oder internationaler Bündnisse. Die militärische Unterstützung der Ukraine ist daher richtig. Klingbeil hat recht, wenn er konstatiert: »Das Verschließen der Augen vor der Realität führt zum Krieg. Das sehen wir gerade

12 Vgl. Umberto Tulli, A Precarious Equilibrium. Human Rights and Détente in Jimmy Carter's Soviet Policy, Manchester 2021.

in der Ukraine. Friedenspolitik bedeutet deshalb für mich, auch militärische Gewalt als ein legitimes Mittel der Politik zu sehen.«[13]

Man muss die Forderung des SPD-Chefs nach einem größeren militärischen Engagement Deutschlands demnach auch als Folge von Putins Angriff interpretieren, der darüber hinaus unfreiwillig die NATO geeint und vergrößert hat. Die von Bundespräsident Joachim Gauck bereits 2014 auf der Münchner Sicherheitskonferenz angestoßene Debatte über die Rolle Deutschlands in der Welt scheint nun zu konkreten politischen Ergebnissen zu führen. In der SPD gibt es sicher einige, die die Bedeutung von Diplomatie über- und von militärischer Abschreckung unterschätzt haben. Noch deutlicher wird

[13] Vgl. SPD-Chef Klingbeil sieht Deutschland als »Führungsmacht«, in: Süddeutsche Zeitung, 21.06.2022, tiny.one/indes221b6.

dies bei Bündnis 90/Die Grünen als Regierungspartei und der LINKEN in der Opposition der Fall sein, wo pazifistische Strömungen traditionell noch stärker verbreitet sind. Es ist eine offene Frage, inwieweit die nötigen sicherheitspolitischen Entscheidungen die Ampelkoalition in Zukunft belasten werden.

FAZIT

Scholz hat – relativ früh in seiner Amtszeit – mit der »Zeitenwende« einen Begriff geprägt, der auch in Zukunft mit ihm assoziiert werden wird, ähnlich Brandts »Mehr Demokratie wagen« oder Merkels »Wir schaffen das«. Ob der Begriff letztlich passend ist, sei dahingestellt, denn er fasst das Gefühl des

Großteils der Bevölkerung zusammen. Wissenschaftlich würde man, wie in diesem Beitrag geschehen, sicher einwenden, dass Russland seit Jahren einen Prozess der Autokratisierung durchläuft und imperiale Tendenzen zeigt und der Angriff daher keine Zeitenwende im eigentlichen Sinne darstellt. Der russische Angriff auf Georgien unterscheidet sich vom 14 Jahre später erfolgten Angriff auf die Ukraine vor allem dadurch, dass das 2008 angegriffene Land kleiner und weiter entfernt von Deutschland war.

Sicherheitspolitisch ist der Begriff der Zeitenwende für Deutschland angebracht, wenn man die letzten dreißig Jahre betrachtet. Der Ruf nach einer militärischen Führungsrolle Deutschlands ist in dieser Intensität neu. Eine kleine Zeitenwende für die deutsche Außenpolitik ist die Erkenntnis, dass Diplomatie kein Allheilmittel ist, sondern es weiterer Instrumente bedarf: Die Abschreckung mit militärischen Mitteln und notfalls auch eine militärische Intervention gehören dazu.

Klein ist diese außenpolitische Zeitenwende, weil dieselbe Erkenntnis vor gerade mal 23 Jahren zur deutschen Beteiligung am Kosovo-Einsatz geführt hat. Auch damals kam insbesondere von pazifistischen und linken Kritiker:innen das Argument, dass deutsche Soldaten grundsätzlich nicht Krieg in einem Land wie Jugoslawien führen dürften, welches unter der Wehrmacht gelitten habe. Ähnlich wie heute entschied sich die damalige rot-grüne Regierung unter Bundeskanzler Schröder jedoch für den Einsatz der Bundeswehr, um die andauernden Menschenrechtsverletzungen des serbischen Diktators Slobodan Milošević gegenüber der kosovarisch-albanischen Bevölkerung im Kosovo zu beenden. Der grüne Außenminister und Vizekanzler Joschka Fischer verteidigte den Militäreinsatz mit dem Verweis auf »Nie wieder Auschwitz«. Auch wenn Fischer dafür bekanntlich nach einem Farbbeutelwurf auf dem Sonderparteitag von Bündnis 90/Die Grünen vorübergehend sein Trommelfell opfern musste, war die Beteiligung der Bundeswehr damals richtig. Aus denselben Gründen ist die deutsche Unterstützung der Ukraine heute richtig.

Dr. Nikolas Dörr, geb. 1979, Politikwissenschaftler und Historiker, ist Leiter der Nachwuchsgruppe »Der ›aktivierende Sozialstaat‹ – eine Politik- und Gesellschaftsgeschichte deutscher Sozialpolitik 1979–2017« an der Universität Bremen und Mitglied des Geschichtsforums beim SPD-Parteivorstand. Er beschäftigt sich insbesondere mit Fragen der inneren und äußeren Sicherheit, Sozialpolitik und der Parteienforschung.

KOMMENTAR

ZEITENWENDE: WECKRUF FÜR DEUTSCHLAND?
THERE IS NO SUCH THING AS A FREE LUNCH

Ξ Stefan Bayer

Die Bundesrepublik Deutschland hat nach der deutschen Wiedervereinigung und dem von Francis Fukuyama 1989 und 1992 beschriebenen »Ende der Geschichte« ihre liberal ausgerichtete Politik in erster Linie auf wirtschaftlichen Austausch mit dem »Rest der Welt« ausgerichtet: Freihandel, internationaler Güter- und Dienstleistungsaustausch, Freizügigkeit von Arbeitskräften und Kapital etc. waren die Grundlage für eine verstetigte Prosperität in Gesamtdeutschland. Einzelne Rückschläge, bedingt etwa durch die schrecklichen Terroranschläge auf das World Trade Center in New York 2001, durch die globale Finanzkrise 2008/2009 oder durch die Corona-Pandemie seit 2020, mussten zwar hingenommen werden; ein Nachdenken über eine globale Wettbewerbsordnung oder gar über die Notwendigkeit, sich in letzter Konsequenz auf Gewaltausübung zum Schutz unserer freiheitlich-demokratischen Grundordnung vorbereiten zu müssen, fand allerdings in deutlich zu geringem Ausmaß statt.

Deutschlands zwei zentrale Grundprinzipien in der Außen- und Sicherheitspolitik – das Aufrechterhalten einer regelbasierten Ordnung sowie eine wertegeleitete Politik – wurden und werden nicht nur im politischen Raum stets betont. Dass auch dazu notfalls Gewalt eingesetzt werden muss, wird jedoch – vielleicht wegen des Glaubens an die Thesen von Fukuyama – weniger intensiv diskutiert.

Diese (an sich positive) Grundeinstellung Deutschlands wurde vereinzelt infrage gestellt: Die Gräueltaten im Syrienkrieg, die Erfolge des Terrornetzwerkes IS oder piratische Umtriebe am Horn von Afrika führten auch in Deutschland gelegentlich zu Diskussionen, diese zutiefst pazifistische Weltsicht modifizieren zu müssen. Als ein Indiz kann der Rücktritt des ehemaligen Bundespräsidenten Horst Köhler 2010 gesehen werden, der sich wegen des Zitierens eines deutschen Interesses aus dem Weißbuch von 2006 (nämlich wirtschaftliche Ziele notfalls auch militärisch durchsetzen zu können) gezwungen sah, von seinem Amt als Bundespräsident zurückzutreten. Die von ihm initiierte Debatte verhallte aber recht schnell wieder, und Deutschland begab sich zurück in seinen liebgewonnenen rauschhaft-komatösen strategischen Tiefschlaf.

Aufgerüttelt wurden wir, Deutschland und der gesamte Westen, nach dem NATO-Gipfel von Wales 2014, als das Zwei-Prozent-Kriterium in den Mittelpunkt des politischen Interesses rückte. Dies kann sicherlich auch auf Forderungen der Obama-Administration zurückgeführt werden, die vom darauffolgenden US-Präsidenten Trump noch deutlich offensiver formuliert wurden. Deutschland betonte, dieses Ziel mittelfristig zwar anzustreben; eine Garantie zur Erreichung dieses Zieles konnte aber wegen des Königsrechtes des deutschen Parlamentes, des Budgetbewilligungsrechtes, von der Exekutive im internationalen Rahmen nicht gegeben werden.

Fazit: Am in Deutschland dominierenden liberal-kooperativen Weltbild kann kritisiert werden, dass eine (wie auch immer definierte) Gewaltkomponente zu wenig Berücksichtigung fand. Auf einen wie derzeit sich abzeichnenden Worst Case sind und waren wir deshalb nicht vorbereitet. Die langanhaltende Ausblendung dieser Möglichkeit verursacht aktuell erhebliche strategische Probleme im Umgang mit der Situation in der Ukraine, weil die bisherige Überzeugung von der Überlegenheit einer liberal-kooperativen Perspektive gerade in der Bundesrepublik stets negierte, dass deren Funktionieren an Bedingungen geknüpft ist. Wichtige Elemente dieses Bedingungswerkes sind etwa eine fehlende Marktmacht einzelner, die Orientierung am wirtschaftlichen Austauschgedanken aller am System beteiligter Akteure sowie vor allem die Umsetzung einer Vollkostenrechnung.

Genau hier wurden in Deutschland in der Vergangenheit strategisch erhebliche Fehler begangen, die uns in Abhängigkeiten manövrierten und strategischen Kombattanten (oder Wettbewerbern) bewusst oder auch unbewusst eine wirtschaftliche Machtposition einräumten, die gegenüber »dem Westen« insgesamt ausgenutzt werden konnte. Das hat Putin getan und in seinem Treiben gegenüber der Ukraine auch uns offenbart, dass wir die Bedingungen zur Aufrechterhaltung einer liberal-kooperativen Ordnung schlicht mit Füßen getreten haben. Eine Folge war und ist auch, dass eine zentrale Staatsaufgabe liberaler Demokratien, nämlich die Gewährleistung von Sicherheit nicht hinreichend erfüllt wurde und mithin unsere ökonomische Wohlfahrt – wie man in den aktuellen Debatten um Energiesicherheit und Lebensmittelpreise nachverfolgen kann – derzeit gefährdet erscheint.

ÜBERRASCHT VON RUSSLANDS EXPANSIONSKRIEG?

Der russische Präsident Putin konnte die beschriebene Situation genau analysieren – schließlich verfügt er sowohl über ausgeprägte Deutschland-Expertise als auch über langjährige Amtserfahrung. Bisweilen gewinnt man bei der Wahl seiner Mittel den Eindruck des Einsatzes wohldosierter Speerspitzen, die dauerhaft den Zusammenhalt der EU und der NATO und mithin des gesamten »Westens« testen. *Indes* fanden im Westen Kenntnisse aus der Beobachtung von Russlands Beteiligung an Krisen und Konflikten der jüngeren Vergangenheit nicht ausreichend Beachtung: Putins Rede auf der Münchener Sicherheitskonferenz 2007 wurde eher belächelt, der Georgien-Krieg 2008 blieb ohne große Konsequenzen für Russland. Die massive Aufrüstung der russischen Streitkräfte als Reaktion Putins auf die zunehmenden gefühlten Bedrohungen an den Rändern seines Reiches wurde hingenommen, die völkerrechtswidrige Annexion der Krim 2014 de facto akzeptiert, die Beteiligung Russlands im Syrienkrieg wenig sanktioniert, der (jüngste) Krieg in Nagorny-Karabach 2020 nicht ernst genommen. Der Westen und insbesondere Deutschland betonten stets die Notwendigkeit, die regelbasierte internationale Ordnung aufrechtzuerhalten, und das Primat einer wertebasierten Außen- und Sicherheitspolitik, obgleich Russland damit bereits massiv brach. Auch die Unterdrückung oppositioneller Strukturen, die Unterstützung von Belarus bei der Unterdrückung der massiven Unmutsbekundungen angesichts der Wahlfälschungen und sogar die nachgewiesene Beteiligung russischer Akteure am Schusswaffenattentat im Berliner Tiergarten verursachten in Deutschland, aber auch in vielen anderen Ländern des Westens, allenfalls eine zögerliche Abkehr von Putin. Deutschland kann hier als ein zentraler Akteur des Westens kritisiert werden, weil wir nach der Krim-Annexion mit dem Start der Pipeline *North Stream 2* unsere energiepolitische Abhängigkeit von Russland sogar weiter ausbauen wollten.

In letzter Konsequenz muss sich Deutschland mit dem Vorwurf auseinandersetzen, warum wir nicht früher erkannten, welches Spiel Putin spielte. Unser Streben zur Aufrechterhaltung der internationalen Ordnung setzte stets voraus, beseelt vom Ende der Geschichte nicht wahrnehmen zu wollen, dass eine Erosion dieser Ordnung Fragen einer mit dieser im Wettbewerb befindlichen alternativen Ordnung aufwerfen könnte. Diese Position äußerten vor allem Putin und Xi in jüngerer Vergangenheit stets aufs Neue. Der Ukrainekrieg hebt das Eskalationsniveau dieses Wettbewerbs um internationale Regeln auf eine völlig neue Ebene – überraschen sollte uns dies allerdings nicht, weil Putins Russland im System einer freiheitlich-liberalen Wettbewerbsordnung in der jüngeren Vergangenheit im Vergleich zur Ukraine wirtschaftlich deutlich schlechter abschnitt.[1] Im internationalen Spiel um globale Marktanteile wurde vieles ignoriert, weil wir betrunken von Freiheit und Wohlstand unsere Hausaufgaben zur dauerhaften (oder strategischen) Sicherung dieser Situation schlicht vergessen hatten und darauf vertrauten, es würde irgendwie schon weitergehen. Allerdings: »There is no such thing as a free lunch« – das haben wir missachtet und bereuen es nun bitter. Leider gingen damit etliche Irreversibilitäten einher – sowohl in der schieren physischen Existenz militärischer Mittel als auch im Willen, diese tatsächlich einzusetzen.

SCHMERZHAFTE LEKTIONEN FÜR DIE ZUKUNFT

Die zentrale Botschaft für uns in der Bundesrepublik lautet: Der Verzicht auf Prävention hat beim Eintritt von Worst-Case-Szenarios dramatische Folgen. Zudem senden wir mit reduzierter Prävention in unsere Sicherheit Signale aus, deren Berücksichtigung im Verhalten unserer Konkurrenten uns dann nicht überraschen sollte. Deutschland ist gerade wegen der Betonung seines Zieles zur Aufrechterhaltung einer regelbasierten internationalen Ordnung und bei der Umsetzung einer wertebasierten Außen- und Sicherheitspolitik mehr denn je darauf angewiesen, auch eine militärische Karte spielen zu können. Diese muss aber strategisch begründet werden und objektiv (auch unter Zuhilfenahme ökonomischer Erkenntnisse) in den Gesamtrahmen öffentlicher Finanzen eingebettet sein. Die politische Programmfunktion von Bundeshaushalten spricht mit Blick auf den Verteidigungshaushalt in den letzten dreißig Jahren eine deutliche Sprache: Der Anteil für Verteidigung sank, gemessen an den gesamten Ausgaben des Bundes, seit 1990 grob um die Hälfte. Dies hatte auch Auswirkungen etwa auf die Attraktivität des Standortes Deutschland für Teile der Rüstungsindustrie. Auch das hundert Milliarden Euro schwere Sondervermögen, das der Bundeswehr nun zugutekommen wird, sowie das Versprechen, das Zwei-Prozent-Kriterium der NATO zukünftig einzuhalten (was einer absoluten Erhöhung des Verteidigungshaushaltes um jährlich etwa zwanzig Milliarden Euro entspräche), werden keine schnelle Abhilfe bei der Beseitigung der Defizite aus der Vergangenheit schaffen. Ohne diese Mittel müssten wir zukünftig jedoch ganz auf den Einsatz militärischer Instrumente verzichten. Steigende Cyber-Bedrohungen, die Notwendigkeit zur konstruktiven Bearbeitung des Klimawandels, die Potenziale, die auch eine militärische Nutzung des Weltraums erwarten lassen, und die Beobachtung, dass klassische Panzerkriege auch im Herzen Europas leider weiterhin stattfinden können, prägen die zukünftige Rolle einer schlagkräftigen Bundeswehr: Sie muss sich im gesamtstaatlichen, ja sogar gesamtgesellschaftlichen Instrumentenkasten zukünftig

1 Ein interessanter Nebenaspekt dabei wären die nicht endenden Forderungen der Ukraine nach Waffenlieferungen: War die Ukraine in der Vergangenheit etwa deshalb wirtschaftlich erfolgreicher, weil auch dort Ausgaben für das Militär – trotz russischer Bedrohung – politisch weniger hoch priorisiert wurden?

verorten. Gesellschaftlich bedarf es einer Neuorientierung mit Blick auf den Wert von Verteidigung, die in Richtung einer gesamtstaatlichen Verteidigung auszurichten wäre (»Total Defence«). Dazu muss das Verhältnis von Individuum und Staat hinterfragt werden und zudem die Rolle gesellschaftlicher Akteure Berücksichtigung finden – am allerbesten im Rahmen der Erarbeitung einer nationalen Sicherheitsstrategie, die eine größtmögliche gesamtgesellschaftliche Resilienz gegenüber den gravierendsten Bedrohungen anstrebt.

Im internationalen Kontext sollten wir versuchen, Vulnerabilitäten zu reduzieren, indem wir mindestens im G20-Rahmen darauf drängen, Vollkostenrechnungen zum zentralen Prinzip zu erheben. Wenn wir dauerhaft Kosten im nationalen Rahmen nicht tragen wollen und es uns dadurch gelingt, diese Dritte tragen zu lassen, macht uns dies beim Werben für und Festhalten an einer regelbasierten Ordnung, die dies ermöglicht, unglaubwürdig. Eine wertebasierte Ausrichtung bliebe dann ebenfalls verborgen: Ist es auszuschließen, dass der Krieg Russlands in der Ukraine ein Stellvertreterkrieg einer an westlichen Werten orientierten Ukraine gegen eine diffus gegen diese Ordnung eingestellte Gruppe an Ländern sein kann? Länder wie China, Indien, Nordkorea oder einzelne Entwicklungsländer sehnen jedenfalls eine alternative Ordnung herbei, die sicherlich anders aussähe als diejenige, die wir versuchen zu verteidigen. Und wenn wir Deutschen dies mitverursacht haben sollten, stellt sich die Frage, wie wir uns im Zweifelsfall gegenüber weiteren derartigen Kriegen werden verteidigen können. Und in letzter, düsterer Konsequenz stellt sich die Frage, ob mit dem Einmarsch Russlands in die Ukraine die (zumindest noch in Teilen) zu konservierende internationale regelbasierte Ordnung nicht bereits irreversibel verloren ging?

Prof. Dr. Stefan Bayer ist Forschungsleiter des German Institute for Defence and Strategic Studies und Professor für Volkswirtschaftslehre an der Helmut-Schmidt-Universität, Universität der Bundeswehr in Hamburg. Daneben leitet er zusammen mit Professor Dr. Burkhard Meißner den weiterbildenden MA-Studiengang »Militärische Führung und Internationale Sicherheit (MFIS)«. Er interessiert sich für Fragen der Militärökonomie, der Klimaschutzökonomie sowie des strategisches Denkens und Handelns und untersucht diese Fragen aus einer Nachhaltigkeitsperspektive.

Bayer: © Führungsakademie der Bundeswehr, Katharina Roggmann

ANALYSE

PERFORMING ZEITENWENDE
POLITIKERREDEN UND PUBLIKUMSRESONANZ

Ξ Thomas Niehr

»Die Zeiten ändern sich«, sagt eine Alltagsweisheit, der man kaum widersprechen mag. Klassisch Gebildete können hier noch anfügen »… et nos mutamur in illis« (und wir verändern uns in bzw. mit ihnen). In diesem Zusammenhang kann man sich fragen, ob Bundeskanzler Olaf Scholz mit seinem vielzitierten Ausdruck *Zeitenwende* eine Trivialität formuliert hat. Man kann auch fragen, ob er mit diesem Ausspruch eine Tatsache auf den Punkt bringen wollte, oder ob es ihm eher darum ging, einen Appell auszusprechen (»Wir müssen jetzt den geänderten Zeitumständen ins Auge sehen und unser Handeln an ihnen ausrichten!«). Und damit ist man bei der Frage, ob Politiker:innen mit ihren Reden tatsächlich etwas bewirken können. Es schließt sich nahtlos die Frage an, inwieweit die Wirksamkeit solcher Reden vom Wortlaut des Gesagten abhängt oder auch von der Persönlichkeit und den rhetorischen Fähigkeiten der Redner:innen.

RHETORIK – DIE *ARS BENEDICENDI*

Mit derartigen Fragen sowie mit Handreichungen für Redner[1] beschäftigt sich die Rhetorik, die bereits in den Schriften Platons und Aristoteles' behandelt wird. Sie ist nach einer Definition des römischen Rhetoriklehrers Quintilian eine »ars bene dicendi« (Kunst, gut zu reden).[2] Rhetoriker wie Cicero und Quintilian haben durch ihre ausführlichen Darstellungen der Redekunst eine Tradition begründet, die bis heute nicht abgerissen ist. Teilweise werden ihre sehr ausführlichen Darstellungen als Steinbruch genutzt, um populäre Ratgeber für das Verfassen von Reden unters Volk zu bringen. Zwar treten solche Ratgeber häufig mit dem Anspruch auf, eindeutige Regeln zu präsentieren, deren Befolgung den gewünschten Erfolg garantiere. Tatsächlich aber gibt es keine seriöse Wirkungsforschung, die uns aufgrund von Ursache-Wirkungs-Zusammenhängen Patentrezepte für die perfekte Rede

---

1   Die klassische Rhetorik kannte selbstverständlich nur männliche Redner.

2   Vgl. Quintilianus, Marcus Fabius, Ausbildung des Redners, hg. & übers. von Helmut Rahn, Darmstadt 2015, S. 260 f.

liefern könnte. Das hängt nicht zuletzt damit zusammen, dass menschliche Kommunikation ein multifaktorielles Zeichensystem ist, dessen Wirkung sich nicht in einfachen Wenn-dann-Zusammenhängen darstellen lässt. Es hängt weiterhin damit zusammen, dass es gar nicht immer offensichtlich ist, was Redner:innen mit ihrer jeweiligen Rede tatsächlich bezwecken wollen. Ist aber der Zweck der Rede nicht klar, dann dürfte es kaum möglich sein, über Erfolg oder Misserfolg zu entscheiden. Die Entscheidung darüber obliegt ja ohnehin nicht den Redenden, sondern ihrem Publikum. Und auch hier sehen wir: Die Meinungen über den Erfolg oder Misserfolg einer politischen Rede (und damit auch der redenden Person) gehen häufig auseinander; nicht zuletzt deshalb, weil politische Standpunkte in die Beurteilung mit einfließen, weil Sach- und Sprachkritik – insbesondere in politischen Zusammenhängen – kaum je sauber voneinander zu trennen sind.

DIE WIRKUNG POLITISCHER REDEN

Für die klassische politische Rede kann man *indes* eine bestimmbare intendierte Wirkung voraussetzen, denn Politik lässt sich kennzeichnen als »die Kunst, im Medium der Öffentlichkeit Zustimmungsbereitschaften zu erzeugen«.[3] Das Ziel politischer Reden dürfte deshalb darin bestehen, die Rezipient:innen zu überzeugen. Man könnte deshalb auf die Idee verfallen, den Erfolg einer Rede bei den Zuhörer:innen zu messen. Wurden sie durch die Argumente, die in einer Rede vorgebracht wurden, bekehrt? Wenn das der Fall wäre, würde es sich um eine erfolgreiche Rede handeln.

Tatsächlich funktioniert diese Art der Bewertung einer Rede manchmal, etwa wenn nach einer Parlamentsrede eine Abstimmung ansteht und eine Entscheidung zwischen zwei Möglichkeiten getroffen werden muss. Man denke beispielsweise an die sogenannte Hauptstadt-Debatte von 1991, in der entschieden werden musste, ob künftig Berlin oder weiterhin Bonn Parlaments- und Regierungssitz sein sollte. Wie wir alle wissen, machte Berlin das Rennen. Und anders als bei vielen Parlamentsdebatten stand das Ergebnis nicht schon vorher fest, denn der Fraktionszwang war aufgehoben worden.[4] Nach übereinstimmender Meinung zahlreicher Beobachter:innen bewirkte vor allem die Rede Wolfgang Schäubles, dass die Mehrheit der Stimmberechtigten für Berlin votierte. Insofern war Schäuble in diesem Fall als Redner zweifelsohne erfolgreich. Er hat mit seiner Rede – sie endete mit den Worten: »Und deswegen bitte ich Sie herzlich: Stimmen Sie mit mir für Berlin«[5] – maßgeblich dazu beigetragen, dass die Abstimmung in seinem Sinne für Berlin ausging.

Bei den meisten politischen Reden finden wir jedoch eine ganz andere Konstellation vor, so dass es nicht möglich ist, Erfolg bzw. Wirkung der Rede

3 Hermann Lübbe, Der Streit um Worte. Sprache und Politik, in: Hans Jürgen Heringer (Hg.), Holzfeuer im hölzernen Ofen. Aufsätze zur politischen Sprachkritik, Tübingen 1982, S. 48–69, hier S. 66.

4 Zu derartigen »Sternstunden« des Parlaments vgl. Thomas Niehr, Die Asyldebatte im Deutschen Bundestag – Eine »Sternstunde« des Parlaments? Untersuchungen zur Debattenkultur im Deutschen Bundestag, in: Armin Burkhardt & Kornelia Pape (Hg.), Die Sprache des deutschen Parlamentarismus. Studien zu 150 Jahren parlamentarischer Kommunikation, Wiesbaden 2000, S. 241–260.

5 Ein Videomitschnitt der Rede findet sich hier: tiny.one/indes221n1.

unmittelbar anhand eines Abstimmungsergebnisses abzulesen. Weiterhin ist zu berücksichtigen, dass sich politische Reden ja häufig nicht in erster Linie an die anwesenden Zuhörer:innen richten. Vielmehr geht es meist darum, das in der Redesituation nicht anwesende Wahlvolk zu überzeugen, bei ihm »Zustimmungsbereitschaften« zu wecken. Und schließlich gibt es politische Reden, deren Zweck gar nicht darin besteht, eine konkrete Entscheidung unmittelbar zu beeinflussen, sondern eher darin, zur allgemeinen Meinungsbildung beizutragen und einer bestimmten Interpretation zur Zustimmung zu verhelfen.[6]

Beispiele dafür sind etwa Reden der deutschen Bundespräsidenten, die sich ja mit Äußerungen zu tagespolitischen Fragen üblicherweise zurückhalten. Dennoch sind einige wenige Reden von Bundespräsidenten wohl im kollektiven Gedächtnis verankert. Erinnert sei in diesem Zusammenhang an die sogenannte Ruck-Rede von Roman Herzog, gehalten am 26. April 1997,[7] und an die Rede zum 40. Jahrestag des Kriegsendes am 8. Mai 1985 von Richard v. Weizsäcker.[8] Schaut man sich die Manuskripte dieser Reden an, so lässt sich kaum anhand sprachlicher Merkmale angeben, warum gerade diese Reden in Erinnerung geblieben sind.

»Große«, erfolgreiche Reden mögen zwar besonders markante Formulierungen enthalten, die für eine gewisse Erinnernswahrscheinlichkeit sorgen. Man denke etwa an (zum Teil mehrfach wiederholte) Sentenzen wie »I have a dream« (Martin Luther King), »Es wächst zusammen, was zusammengehört« (Willy Brandt), »Mr. Gorbachev, tear down this wall!« (Ronald Reagan), »Wer zu spät kommt, den bestraft das Leben« (Michail Gorbatschow) oder auch »Wollt Ihr den totalen Krieg?« (Joseph Goebbels). Dass einige dieser Sätze übrigens gar nicht in dem hier abgedruckten Wortlaut gesprochen wurden, sei dabei nur am Rande erwähnt. Dies gilt etwa für die Gorbatschow zugeschriebene Äußerung. Sie geht tatsächlich auf *dpa*-Journalisten zurück, die der ursprünglich verschachtelten Konstruktion Gorbatschows diese einprägsame Form gaben. In den bereits erwähnten Reden von Weizsäckers (1985) und Schäubles (1991) sucht man nach solchen memorierbaren Sentenzen allerdings vergeblich.

RHETORISCHE ERFOLGSGARANTIEN GIBT ES NICHT

Es lässt sich also festhalten: Rhetorische Tricks, die mit Sicherheit dafür sorgen, dass eine Rede zur herausragenden Rede wird, an die man sich noch viele Jahre oder sogar Jahrzehnte erinnern wird, gibt es nicht. Wäre dies so, dann ließen sich tatsächlich Ratgeber formulieren, die eine Erfolgsgarantie nicht nur behaupten, sondern auch einlösen könnten. Dem ist jedoch nicht so.

Dieses ernüchternde Ergebnis bedeutet nun aber keineswegs, dass es dem Zufall überlassen bleibt, inwieweit mit einer politischen Rede eine Wirkung

6 Vgl. dazu Jan C. L. König, Reden, in: Thomas Niehr u. a. (Hg.), Handbuch Sprache und Politik, Bd. 2, Bremen, S. 687–709, hier S. 702 f.

7 Der Wortlaut der Rede findet sich hier: tiny.one/indes221n2.

8 Der Wortlaut der Rede findet sich hier: tiny.one/indes221n4.

erzielt werden kann. Hierbei ist allerdings zwischen beabsichtigten und unbeabsichtigten Wirkungen zu unterscheiden. Ein eindrückliches Beispiel für eine nicht beabsichtigte Wirkung stellt die Rede Philipp Jenningers dar, die er zum 50. Jahrestag der Novemberpogrome am 10. November 1988 im Deutschen Bundestag gehalten hat.[9]

In der Art eines geschichtswissenschaftlichen Seminars versuchte Jenninger durch zahlreiche Zitate und rhetorische Fragen die Stimmungs- und Gefühlslage der damaligen Täter und Mitläufer zu illustrieren. Es gelang ihm allerdings nicht, im mündlichen Vortrag eine unmissverständliche Distanzierung von derartigen Denkfiguren zum Ausdruck zu bringen. So konnten seine Ausführungen als sympathisierende Erklärung oder sogar Rechtfertigung nationalsozialistischer Einstellungen missverstanden werden. Diese Rede bzw. der Vortrag Jenningers ist häufig analysiert worden.[10] Und man kann auch heute noch feststellen, dass das Manuskript wenig Brisantes enthält und allein dessen Wortlaut nicht den Eklat erklären kann, den diese Rede hervorgerufen hat. Dies wiederum ist ein Hinweis darauf, dass auch die Persönlichkeit des Redenden und seine rhetorischen Fähigkeiten von entscheidender Bedeutung für den Erfolg oder Misserfolg einer Rede sind.

Aber es kommen noch andere Faktoren hinzu: Auch die Zeitumstände müssen günstig sein, damit ein Gedanke oder ein Argumentationsgang auf fruchtbaren Boden fällt. Man könnte auch sagen: Die Zeit muss dafür reif sein, dass die in einer Rede propagierte Sichtweise akzeptiert wird und sich möglicherweise durchsetzt. Dies gilt etwa für die Weizsäcker-Rede, deren Tenor, dass das Kriegsende in erster Linie als Befreiung von der Nazi-Herrschaft und weniger als Niederlage zu deuten sei, ja keineswegs vollkommen neu war, sondern auch schon einer Rede zu entnehmen war, die von Weizsäckers Vorvorgänger, Walter Scheel, am 6. Mai 1975 gehalten hatte.[11] Und natürlich lässt sich eine »Zeitenwende« (Olaf Scholz) auch nicht zu einem beliebigen Zeitpunkt fordern oder auch nur diagnostizieren. Weiterhin sind die medialen Begleitumstände von entscheidender Bedeutung: So werden prominente Politiker:innen und Bundespräsidenten mit höherer Wahrscheinlichkeit in den Massenmedien ausführlich zu Wort kommen als Hinterbänkler:innen. Das erhöht die Chance, dass ihre Rede als wichtiges Zeitdokument wahrgenommen wird.

KALKULIERTE SKANDALE

Lässt man die politisch relevante Kommunikationsgeschichte der Bundesrepublik Deutschland Revue passieren, dann findet man leicht Beispiele für öffentliche Äußerungen, die für Empörung gesorgt haben. Das fängt (nicht

9   Ein Audiomitschnitt der Rede findet sich hier: tiny.one/indes221n3.

10   Vgl. etwa Birgit-Nicole Krebs, Sprachhandlung und Sprachwirkung. Untersuchungen zur Rhetorik, Sprachkritik und zum Fall Jenninger, Berlin 1993.

11   Das Redemanuskript Scheels findet sich hier: tiny.one/indes221n5.

erst) mit »Ratten und Schmeißfliegen« (Franz Josef Strauß) an, geht mit Martin Walsers »Moralkeule« weiter und hört mit »Denkmal der Schande« (Björn Höcke) oder »alimentierten Messermännern« (Alice Weidel) sicherlich nicht auf.[12] Bei einigen solcher Äußerungen ist davon auszugehen, dass die nachfolgende, durch massenmediale Verbreitung und Kommentierung zusätzlich beförderte Empörung durchaus einkalkuliert worden war. Denn man sollte sich bewusst machen: Die intendierte Wirkung einer Rede muss keineswegs darin bestehen, einen weitreichenden Konsens zu herbeizuführen. Vielmehr können Redner:innen es auch darauf anlegen, sich gegen den Mainstream zu positionieren oder auch nur zu provozieren. Beides können Strategien sein, um sich im Wettbewerb um Aufmerksamkeitsressourcen Vorteile zu verschaffen. Betrachtet man die Wirkung politischer Reden unter diesem Gesichtspunkt, so sind auch die zahlreichen sprachlichen Tabubrüche, die sich in den letzten Jahren insbesondere bei der extremen Rechten beobachten ließen, und die stets folgende Skandalisierung als kommunikative Erfolge einer skrupellosen Rhetorik aufzufassen. Eine solche Rhetorik kann gezielt dazu eingesetzt werden, der eigenen extremen Anhängerschaft Identifikationsangebote zu machen und damit gleichzeitig größtmögliche mediale Aufmerksamkeit auf sich zu ziehen, mithin zwei Fliegen mit einer Klappe zu schlagen.

ARGUMENTATIVE MUSTER

Kehren wir an den Anfang unserer Überlegungen und zur *Zeitenwende* zurück. Es dürfte den meisten Menschen in der westlichen Welt im Verlauf des Jahres 2022 bewusst geworden sein, dass Putins Angriffskrieg weltweite Auswirkungen bis hin zu vermehrten Nahrungsmittelkrisen hat – seien sie intendierte Effekte, seien sie unbeabsichtigte sogenannte Kollateralschäden. Derartige Auswirkungen – wie überhaupt die Tatsache, dass im Europa des 21. Jahrhundert wieder Krieg herrscht, bei dem täglich zahlreiche Menschen ihr Leben verlieren – sind für die meisten von uns bis vor kurzer Zeit kaum vorstellbar gewesen. Vor diesem Hintergrund könnte man Scholz' Ausdruck *Zeitenwende* und die folgende Bedeutungserklärung (»Wir erleben eine Zeitenwende. Und das bedeutet: Die Welt danach ist nicht mehr dieselbe wie die Welt davor.«[13]) als Trivialität abtun. Etwas Ähnliches scheint auch Olaf Heuser im Sinn zu haben, wenn er schreibt:

»Inzwischen sind weitere vier Kriegswochen vergangen und Olaf Scholz' ›Zeitenwende‹ hat gute Chancen, das Wort des Jahres zu werden – oder das Unwort, denn die Kritik an der schleppenden Entscheidungsfindung der deutschen Bundesregierung und ihres Kanzlers wächst.«[14]

12 Vgl. dazu Thomas Niehr, Das Unsagbare sagbar machen, in: Martin Wengeler & Alexander Ziem (Hg.), Diskurs, Wissen, Sprache. Linguistische Annäherungen an kulturwissenschaftliche Fragen, Berlin/Boston 2018, S. 139–160.

13 Dieses und die folgenden Zitate in diesem Abschnitt sind dem Plenarprotokoll des Deutschen Bundestags 20/19 v. 27.02.2022 entnommen, vgl. tiny.one/indes221n6.

14 Olaf Heuser, Das politische Rätsel der »Zeitenwende«, in: »Acht Milliarden« (Podcast), 27.04.2022, tiny.one/indes221n7.

Da jedoch politische Akteur:innen, die »Zustimmungsbereitschaften« erzeugen wollen, auch in der Lage sein sollten, Argumente für präferierte Handlungsoptionen zu liefern, ist dies möglicherweise eine vorschnelle Kritik. Betrachtet man nämlich die argumentative Struktur der Rede von Scholz, so zeigt sich, dass sie einem Grundmuster politischer Argumentation folgt. Dieses Grundmuster besteht darin, bestimmte Topoi anzuführen, die der Rechtfertigung politischer Handlungsziele dienen.[15] In der besagten Regierungserklärung folgt Scholz exakt diesem argumentativen Muster, wenn er folgende Topoi verwendet:

1. Datentopos (Beschreibung der Situation): *In der Ukraine herrscht Krieg.* (»Mit dem Überfall auf die Ukraine hat der russische Präsident Putin kaltblütig einen Angriffskrieg vom Zaun gebrochen […].«)
2. Valuationstopos (Bewertung der Situation): *Dieser Krieg ist nicht zu rechtfertigen.* (»Das ist menschenverachtend. Das ist völkerrechtswidrig. Das ist durch nichts und niemanden zu rechtfertigen.«)
3. Prinzipientopos (Prinzipien, Normen, Werte des eigenen Handelns): *Macht darf nicht vor Recht gehen.* (»Im Kern geht es um die Frage, ob Macht das Recht brechen darf, ob wir es Putin gestatten, die Uhren zurückzudrehen in die Zeit der Großmächte des 19. Jahrhunderts, oder ob wir die Kraft aufbringen, Kriegstreibern wie Putin Grenzen zu setzen.«)
4. Finaltopos (Ziele des eigenen Handelns): *Wir müssen handeln, um die Ukraine zu unterstützen und den Krieg zu beenden, aber auch um unsere eigene Sicherheit zu gewährleisten.* (»Fünf Handlungsaufträge liegen nun vor uns. Erstens. Wir müssen die Ukraine in dieser verzweifelten Lage unterstützen. […] unser zweiter Handlungsauftrag ist, Putin von seinem Kriegskurs abzubringen. […] die dritte große Herausforderung liegt darin, zu verhindern, dass Putins Krieg auf andere Länder in Europa übergreift. […] Und das ist mein viertes Anliegen […]. Wir müssen deutlich mehr in die Sicherheit unseres Landes investieren, um auf diese Weise unsere Freiheit und unsere Demokratie zu schützen. […] Damit bin ich beim fünften und letzten Punkt. Putins Krieg bedeutet eine Zäsur, auch für unsere Außenpolitik. So viel Diplomatie wie möglich, ohne naiv zu sein, dieser Anspruch bleibt. Nicht naiv zu sein, das bedeutet aber auch, kein Reden um des Redens willen.«)

Scholz verwendet den Ausdruck *Zeitenwende* vier Mal in dieser Regierungserklärung. Betrachtet man deren argumentative Struktur, so zeigt sich, dass *Zeitenwende* ein sehr gut gewählter Ausdruck ist, um Scholz' Argumentation zu stützen: Einerseits wird mit diesem Wort zum Ausdruck gebracht, dass durch den herrschenden Krieg nahezu alle Gewissheiten infrage gestellt

---

15 Vgl. Josef Klein, Redegattungen/Textsorten der politischen Rhetorik und ihre Charakteristika. Ein Überblick, in: Armin Burkhardt (Hg.), Handbuch politische Rhetorik, Berlin/Boston 2019, S. 327–350, hier S. 328.

werden bzw. infrage gestellt werden müssen. Dazu gehört demnach auch der bei passender Gelegenheit stets geäußerte Grundsatz, dass Deutschland keine Waffen in Spannungsgebiete liefere. (Dass diese Maxime auch schon vor dem Ukrainekrieg immer wieder gebrochen wurde, muss hier nicht betont werden.) Andererseits können mit dem Ausdruck *Zeitenwende* der herrschende Kriegszustand und die westlichen Werte, auf die sich Politiker:innen in Grundsatzfragen sehr gerne berufen, besonders deutlich kontrastiert werden: »Uns eint in diesen Tagen: Wir wissen um die Stärke freier Demokratien. Wir wissen: Was von einem breiten gesellschaftlichen und politischen Konsens getragen wird, das hat Bestand, auch in dieser Zeitenwende und darüber hinaus.«

POLITISCHE REDEN – EIN FAZIT

Politisches Handeln ist zu weiten Teilen kommunikatives Handeln, und politische Reden sind ein Teil dieses kommunikativen Handelns. Mit ihnen wenden Politiker:innen sich an das Volk sowie an Kolleg:innen aus den eigenen und den gegnerischen Reihen, um deren Positionen zu entkräften, die eigenen Positionen darzustellen, für sie zu werben und auf diese Weise »Zustimmungsbereitschaften« zu erzeugen. Meist lässt sich zwar nicht eindeutig bestimmen, ob eine Rede erfolgreich war oder nicht. Es lässt sich *indes* feststellen, dass die umgangssprachlich häufig anzutreffende Unterscheidung von (bloßem) Reden und (tatkräftigem) Handeln insbesondere für die politische Kommunikation wenig hilfreich ist. Denn Politik, zumindest wenn sie sich demokratischen Prinzipien verpflichtet fühlt, ist ja kaum anders denn als kommunikativ vermitteltes Werben für die je eigene Position denkbar. So lässt sich auch der häufig zitierte Satz v. Clausewitz' lesen, nach dem Krieg die Fortsetzung der Politik mit anderen Mitteln sei. Sieht man einmal von diesen anderen Mitteln ab, dann ist politisches Reden, dann sind politische Reden nach wie vor ein bestens geeignetes Mittel, um (in gewünschter Dosis) Transparenz in Bezug auf die eigenen Standpunkte zu gewährleisten und mittels Argumenten um Zustimmung für sie zu werben.

Prof. Dr. Thomas Niehr, geb. 1961, ist Professor für Germanistische Sprachwissenschaft an der RWTH Aachen. Zahlreiche Publikationen zur Sprachkritik und zur politischen Kommunikation, insbesondere auch zu rechtsextremistischer Kommunikation. Letzte Buchveröffentlichung (zusammen mit Jana Reissen-Kosch): *Volkes Stimme? Zur Sprache des Rechtspopulismus,* Bonn 2019 (Lizenzausgabe der Bundeszentrale für politische Bildung).

FÄLLT DER AUFBRUCH DEM UMBRUCH ZUM OPFER?
VOM FORTSCHLEPPEN EINER »FORTSCHRITTSKOALITION«

Ξ Volker Best

Ohne Aufbruch ging es nicht im Bundestagswahlkampf 2021. War die Corona-Pandemie zunächst noch zur neuen Daseinsberechtigung der ihrer selbst längst überdrüssigen Großen Koalition geworden, hatte sie doch zunehmend die Versäumnisse des langjährigen kleinteilig-visionslosen Vor-sich-hin-Merkelns aufgedeckt, insbesondere beim Thema Digitalisierung. Auch die bereits 2019 von Freitagsjungdemonstrant:innen und einem blauhaarigen YouTuber massenwirksam angeprangerten und vom Virus medial kurzzeitig überdeckten Unterlassungen beim Klimaschutz wurden im Wahljahr erst durch ein Urteil aus Karlsruhe wieder auf die politische Agenda gesetzt und dann von Ahr und Erft flutartig an deren Spitze zurückgeschwemmt. Der Wunsch nach einer grundlegend anderen Politik in der Bevölkerung war so groß wie nie in den vergangenen dreißig Jahren.[1] Selbst der Nachfolgekandidat der Kanzlerinnenpartei meinte nicht auf Aufbruchsmetaphorik verzichten zu können, auch wenn die Narrative einer ach so erfolgreichen 16-jährigen Ära und eines nunmehr notwendigen Modernisierungsjahrzehnts kaum in Einklang zu bringen waren. Entsprechend fiel, noch verstärkt durch Laschets Lachen im Flutgebiet und Söders Nörgeln im Hintergrund, auch das Wahlergebnis der Union aus.

DIE ALTERNATIVLOSE AMPEL

Den Aufbruch durften dann andere besorgen. Zu seinen Treibern riefen sich noch am Wahlabend FDP und Grüne aus, die aus ihrer Gemeinsamkeit, den *Status Quo GroKo* überwinden zu wollen, die Legitimität ableiteten, als erste Parteien miteinander zu sprechen und die (ehemaligen) Großparteien darauf warten zu lassen, welche von beiden sie als würdiger befinden würden, »ihren« Aufbruch sozusagen von hinten anzuführen. Das erfolgreich geltend gemachte Erstverhandlungsrecht wurde mit einem Gruppen-Selfie so erwartungshaltungsbrechend wie ikonografisch inszeniert,[2] führte aber, wie Robert Habeck später zugab, nicht wirklich dazu, dass die »Kleinen« gemeinsam den »Großen« die Preise hätten diktieren können.[3] Erstens war die Jamaika-Option

---

[1] Vgl. Stephan Lamby, Entscheidungstage. Hinter den Kulissen des Machtwechsels, München 2021, S. 373.

[2] Vgl. Sebastian Jarzebski, Bündnisse erzählen. Wie mit dem Narrativ vom Aufbruch eine neue Koalition geschmiedet wurde, in: Knut Bergmann (Hg.), »Mehr Fortschritt wagen«? Parteien, Personen, Milieus und Modernisierung. Regieren in Zeiten der Ampelkoalition, Bielefeld 2022, S. 61–80.

[3] Vgl. Matthias Dell, Habeck buzzert nicht. »Konfrontation: Markus Feldenkirchen trifft Robert Habeck«, in: zeit.de, 07.12.2021, tiny.one/indes221r1.

de facto ausgeschlossen, so pflichtschuldig-ernsthaft man sie auch ansondierte. Mochte der Vorsprung der SPD vor der Union auch klein ausgefallen sein, das Wahlergebnis war ansonsten eindeutig: Mit Blick auf die Gewinne und Verluste zur Vorwahl, die Repräsentation auch des Ostens, die Umfragen zu möglichen Regierungsbündnissen und insbesondere die Direktwahlfrage sowie die interne Unangefochtenheit des jeweiligen Kanzlerkandidaten

sprach legitimatorisch alles für die Ampel. Die Indiskretionen ausschließlich aus den Gesprächen mit der Union und deren unsortierter Gesamteindruck erleichterten dann insbesondere der FDP die Begründung der bereits vorgezeichneten Entscheidung.[4] Zweitens hätten SPD und Union rein arithmetisch – auch wenn das wirklich niemand wollte – auch eine weitere Große Koalition bilden können, wenn die Kleinen sie allzu dreist gegeneinander auszuspielen

4 Vgl. Volker Best, Aufbruch zu neuen Ufern des Regierens? Anmerkungen zur Ampel-Regierung, in: regierungsforschung.de, 24.01.2022, tiny.one/indes221r2.

versucht hätten. Drittens fehlte für einen grün-gelben Schulterschluss schlicht die Basis. Denn Freidemokraten und Grüne wollten vom *Status Quo GroKo* meist in unterschiedliche Richtungen aufbrechen, wie schon die Wahlprogramme – und Jahrzehnte ihrer Parteiengeschichte[5] – deutlich gezeigt hatten. Judith Niehues und Matthias Diermeier erachten den Begriff der Ampel – bei der das Gelb in der Mitte liegt – insofern als irreführend und plädieren stattdessen für die Bezeichnung *Kamerun-Koalition*, da in der Flagge dieses afrikanischen Landes das Rot in der Mitte liegt.[6] Nur bei wenigen Fragen der Gesellschaftspolitik liegen Grüne und FDP näher beieinander als jeweils mit der SPD, die hier aber auch tendenziell ähnliche Positionen aufweist – ganz im Unterschied zur Union, was noch zusätzlich gegen Jamaika sprach.

AUFBRUCH LIGHT

Es lief also auf ein Ampel-Bündnis hinaus, das Christian Lindner im Wahlkampf noch als »inhaltlich und rechnerisch abwegige[s] Szenari[o]«[7] abgetan hatte – ihm fehle die Fantasie, was SPD und Grüne der FDP anbieten könnten. Die Medien und die öffentliche Meinung sahen die Liberalen allerdings als Hauptgewinner der Koalitionsverhandlungen.[8] Diese Deutung basierte *indes* vor allem auf einzelnen besonders prominenten Beispielen freidemokratischer Verhandlungserfolge (Finanzministerium, Verkehrsministerium, kein Tempolimit). Und sie übersah, dass die »Gewinne« der FDP vor allem aus – naturgemäß leichter durchzusetzenden – Status-quo-Positionen bestanden (eben: *kein* Tempolimit, *keine* Bürgerversicherung, *keine* Steuererhöhungen, *kein* Aufweichen der Schuldenbremse), weniger aus der Verankerung eigener Reformvorstellungen. Auch die gelockerte Corona-Politik wird oft als Errungenschaft der FDP missinterpretiert; tatsächlich reichte ihr auch hier die Verweigerung, die ihr unliebsamen auslaufenden Corona-Maßnahmen zu verlängern. Auch wenn man die Corona-Lockerungen als Aufbruch in die Freiheit zu verkaufen versuchte, betätigte sich die FDP insgesamt kaum als Treiberin eines Ampel-Wandels, sondern vielmehr als Bremserin eines rot-grünen Politikwechsels, wodurch insbesondere die Grünen, die im Wahlkampf für einen besonders umfassenden Neubeginn eingetreten waren, als Verlierer der Koalitionsverhandlungen erschienen.

Das Ausbremsen weitergehender grüner Ansätze war dabei auch im Sinne von Olaf Scholz. Dieser hatte schon im Wahlkampf angedeutet, ein rot-grünes Kernbündnis lieber von der FDP komplettieren zu lassen als von den LINKEN, und damit einem *Aufbruch light* den Vorzug gegeben vor einem grundsätzlichen Politikwechsel. Diese Abfuhr für die sich regierungswillig gerierende Spitze der LINKEN dürfte zu deren erbärmlichem Wahlergebnis beigetragen

[5] Vgl. Franz Walter, Gelb oder Grün? Kleine Parteiengeschichte der besserverdienenden Mitte in Deutschland, Bielefeld 2010; Deniz Anan, Parteiprogramme im Wandel. Ein Vergleich von FDP und Grünen zwischen 1971 und 2013, Wiesbaden 2017.

[6] Vgl. Judith Niehues & Matthias Diermeier, Die Kamerun-Koalition. Wirtschaftspolitische Konfliktlinien zwischen den Anhängerschaften von Grünen, SPD und FDP, in: Bergmann (Hg.), S. 391–416, hier S. 412.

[7] Zitiert nach Albert Funk, Ausschließeritis, Ausschweigeritis, Konditionitis. Wenn Parteien im Wahlkampf Bedingungen stellen, in: tagesspiegel.de, 20.07.2022, tiny.one/indes221r3.

[8] Vgl. Infratest dimap, ARD-DeutschlandTREND Dezember 2021, tiny.one/indes221r4, S. 8.

haben. Viele ihrer Wähler:innen wanderten zu SPD und Grünen, bei denen tatsächlich Chancen gesehen wurden, das Regierungsschiff mitzusteuern.[9] Ob andernfalls eine rechnerische Mehrheit für Rot-Rot-Grün zustande gekommen wäre, ist spekulativ. Eine halbwegs verlässliche Koalitionsmehrheit hätte etwa mit Blick auf das Abstimmungsgebaren der alten LINKEN-Fraktion in Sachen Afghanistan-Evakuierung wohl – wenig realistisch – mindestens zehn Sitze »über den Durst« erfordert. Zumindest als Drohkulisse gegenüber der FDP hätte eine rot-rot-grüne Alternativmehrheit aber wohl geholfen, dieser etwas mehr Aufbruch abzutrotzen.

Die Light-Version eines Aufbruchs entsprach letztlich aber gut dem »entschiedene[n] Sowohl-als-auch«[10] des Wahlvolks, das umfassende Veränderungen einerseits zwar als notwendig erkannte, andererseits aber fürchtete. Insgesamt ist der Ampel-Vertrag unter dem an Willy Brandts erste Regierungserklärung erinnernden Titel »Mehr Fortschritt wagen« immerhin weniger vom kleinsten gemeinsamen Nenner geprägt als die letzte Große Koalition. Die Logik eines Nullsummenspiels wird durch einige Tauschgeschäfte überwunden, die den einzelnen Partnern des »Bündnis für Freiheit, Gerechtigkeit und Nachhaltigkeit« jeweilige Leuchtturmprojekte zugestehen.

UKRAINISCHER UMBRUCH

Die »Zeitenwende« des russischen Angriffskriegs auf die Ukraine bedeutete für die Ampel einen Umbruch, kaum dass der angekündigte Aufbruch beginnen konnte, zu dem die Bevölkerung der selbstproklamierten »Fortschrittskoalition« zwar den Willen abkauft, ohne aber unbedingt auf ihren Erfolg zu vertrauen.[11] Der ukrainische Umbruch ist für die Ampel ein dreifacher: Erstens rückt mal wieder akutes Krisenmanagement in den Vordergrund und verändert die Themenagenda in durchaus ambivalenter Weise. Der innerkoalitionäre Konsens zur Beschleunigung der Energiewende ist durch den russischen Angriffskrieg einerseits mittelfristig gestärkt worden, seit die Erneuerbaren nicht mehr bloß als klimaneutrale, sondern auch als »Freiheitsenergien« beworben werden können. Kurzfristig andererseits stehen nun die Akquise von nichtrussischem Gas – und sei es aus noch so zweifelhaften Quellen – und der Bau von Flüssiggasterminals ebenso auf der Agenda wie die Bezuschussung von fossilen Brennstoffen mittels der als »Tankrabatt« firmierenden Energiesteuersenkung.

Zweitens fand ein Umbruch in der Umfragegunst für die Ampel-Parteien statt: Der mundfaule Kanzler rutschte ein Stück weit ab, der ostentativ mit sich ringende Habeck und die anfänglich noch kritisch beäugte,[12] nun international renommierende Baerbock avancierten zu Publikumslieblingen. Ihre

9 Vgl. tagesschau.de, Wie die Wähler wanderten, 27.09.2021, tiny.one/indes221r5.

10 Lamby, S. 373.

11 Vgl. Beate Köcher, Erschüttertes Zukunftsvertrauen. Drei von vier Deutschen fühlen sich durch Russland persönlich bedroht, in: Frankfurter Allgemeine Zeitung, 24.03.2022, S. 10.

12 Vgl. Forschungsgruppe Wahlen 2021, Politbarometer Dezember, tiny.one/indes221r6.

situativ begründete Abkehr von im Wahlkampf bezogenen Positionen wurde ihnen als wohltuender Pragmatismus gutgeschrieben. Als Politiker:innen, die mehr Deutschland dienen denn Parteiinteressen – hinter denen sich allerdings ja gerade bei den Grünen als dezidierter Programmpartei auch Wählerinteressen verbergen –, gerieren Habeck und Baerbock sich als Merkels geistige Erb:innen. Rautenimitator Scholz hingegen wird nun der erklärungsarme Politikstil zur Last gelegt, den Merkel lange so erfolgreich vorgelebt hatte. Die Grünen überholen die Sozialdemokraten in den Umfragen, und die Liberalen rutschen Richtung Fünfprozenthürde ab. Ähnlich fielen dann auch die Landtagswahlen in Schleswig-Holstein und Nordrhein-Westfalen aus: Die FDP wurde von den Grünen aus den Landesregierungen verdrängt; die Schwäche der SPD gegenüber der CDU gab weitere Ampel-Bündnisse auf Länderebene[13] nicht her, mit denen man in die Nähe einer Bundesratsmehrheit unter Zuhilfenahme der LINKEN gerückt wäre, um zustimmungspflichtige gesellschaftspolitische Vorhaben auch gegen die Union durchsetzen zu können.

Die demoskopisch-bundesstaatlichen Verschiebungen führen drittens zu einem Umbruch des Koalitionsklimas. Nachdem die Ampel-Parteien in den ersten Monaten bemüht gewesen waren, auch um den Preis eigener Glaubwürdigkeit Friktionen zu kaschieren – der an politische Schizophrenie grenzende Eiertanz um die Impfpflicht, das Belassen eines »alten weißen Mannes« im Schloss Bellevue, der europäische Grünwaschgang für schmutzige Energien, das finanzpolitische Hütchenspiel mit Extra-Haushaltstöpfen –, nehmen nun die Profilierungskämpfe zu. Das vermeintlich so harmonische Bündnis gerät mehr und mehr zur »Nadelstich-Koalition«[14]: Die Grünen versuchen, jetzt doch das Tempolimit auf Autobahnen durchzudrücken, und prangern das Dienstwagenprivileg an. Die Liberalen graben die alten Spaltpilze Atomkraft und Fracking aus und möchten bei Langzeitarbeitslosen sparen. Die Sozialdemokraten dringen auf eine ambitioniertere Mieterschutzpolitik als im Koalitionsvertrag verankert. Die wirklich harten Konflikte stehen aber erst noch an, wenn die Schuldenbremse wieder greift und weitere Entlastungspakete zur Inflations-Abpolsterung nicht mehr zu schultern sind, derweil wichtige kostspielige Vorhaben (etwa Bürgergeld, Aktienrente und Kindergrundsicherung) noch ihrer Umsetzung harren. Daher wird nun auch Lindners Plan, 2023 die Schuldenbremse wieder einzuhalten, von SPD und Grünen infrage gestellt.

AUFBRUCH BRAUCHT RICHTUNG

All das wird die Ampel nicht sprengen. Wie auch die mehr oder weniger willig eingegangenen Großen Koalitionen vor ihr wird sie fortschreiten, notfalls

[13] Neben dem Bund wird nur Rheinland-Pfalz von einer rot-grün-gelben Koalition reagiert.

[14] Constanze von Bullion u. a., Die Nadelstich-Koalition, in: Süddeutsche Zeitung, 05.07.2022, tiny.one/indes221r9.

halt fortschlurfen, fortwursteln und sich fortschleppen bis zur Folgewahl im Herbst 2025. Der Parteienstaat der Berliner Republik und insbesondere die jetzt an die Macht gelangte geschmeidige Politikergeneration der Lindners, Baerbocks und Klingbeils sind professionalisiert-pragmatisch genug, mandats- und machtbeschneidende Maßnahmen zu unterlassen,[15] und die politische Kultur des Landes ist stabilitätsfixiert genug, den Bürger:innen keine allzu häufigen Wahlentscheidungen abzufordern. Aber die Ampel wird sich bei allem gesellschaftspolitischen Liberalisierungseinverständnis im Kern doch als bloßes GroKo-Substitut entpuppen.[16]

Umfassende politische Aufbrüche gab es in der Bundesrepublik nur wenige: zuletzt unter Rot-Grün, trotz aller Vorwahl-Beteuerungen, »nicht alles anders«, sondern nur »vieles besser« machen zu wollen; schließlich in der ersten Hälfte der Ära Kohl,[17] trotz aller ausgefallenen »geistig-moralischen Wenden« und heutigen Assoziation (vor allem der späten Kohl-Jahre) mit Bräsigkeit und Reformstau; schließlich in der sozialliberalen Koalition unter Willy Brandt, trotz vieler steckengebliebener Reformbemühungen. Solche Aufbrüche sind lagerübergreifend nicht zu haben, es sei denn, eine Partei verwandelt sich wahrlich dem anderen Lager an wie einst die FDP, in der erst der Sozialliberalismus über den Nationalliberalismus obsiegte, um anschließend vom Wirtschaftsliberalismus marginalisiert zu werden. Abseits der von allen politischen Akteuren geteilten Ziele wie der überfälligen Verglasfaserung der Republik, bei denen es eher darum geht, wer etwas »besser kann« – sogenannten »Valenzthemen« –, braucht Aufbruch eine Richtung, die nicht »vorwärts« heißt, sondern »links« oder »rechts«.

WANDELT SICH DAS POLITISCHE KLIMA FÜR DIE GRÜNEN?

Auch den Kampf gegen den Klimawandel schreiben sich bis auf die AfD alle Parteien auf die Fahnen; aber zu einem tatsächlichen Valenzthema ist er damit nicht geworden. Hier wird seitens der Mitte-Rechts-Parteien lediglich die Strategie der asymmetrischen Demobilisierung neu aufgelegt, diesmal gegenüber den Grünen. Es wird also bloß suggeriert, dass ohnehin alle das Gleiche wollen – nur manche eben etwas behutsamer und offener für neue technologische Entwicklungen, also kein Grund für übertriebene Wahlbeteiligung eurerseits, liebe Generation Z! Nimmt man den Klimawandel mit seinen Kipppunkten aber ernst, ist ein bisschen Aufbruch deutlich zu wenig Aufbruch. Interessant wird sein, ob die Grünen kraft ihrer außergewöhnlich ausgeprägten Themenführerschaft in Umwelt- und Klimafragen vom Schicksal der SPD unter den Großen Koalitionen verschont bleiben, für die als unzureichend empfundene Umsetzung ihrer Wahlversprechen abgestraft zu

---

15 Vgl. Nora Bossong, Die Geschmeidigen, Berlin 2022, S. 221.

16 Vgl. Volker Best, Die GroKo-Horkruxe und die Todesser der Demokratie. Plädoyer für eine Wahlsystemreform, in: INDES, H. 4/2016, S. 146–152.

17 Vgl. Manfred G. Schmidt: Sozialstaatliche Politik in der Ära Kohl, in: Göttrik Wewer (Hg.): Bilanz der Ära Kohl. Christlich-liberale Politik in Deutschland 1982–1998, Opladen 1998, S. 59–87, hier S. 77 f.

werden. Können sie vielleicht sogar profitieren von den Versäumnissen der Ampel, weil diese es umso dringlicher erscheinen lassen, die politische Kraft, die am entschiedensten für eine effektive Klimaschutzpolitik eintritt, zu stärken? Für die Lücke zum klimapolitisch Notwendigen im Jahr 2022 dürften die Grünen die Schuld noch erfolgreich bei Putin verorten können. Doch wird dieses Argument auch in den Folgejahren noch tragen? Bereits im Wahlkampf 2021 bröckelten die – obschon immer noch uneinholbaren – Kompetenzwerte der Grünen beim Umweltthema deutlich ab.[18] Wenn die Grünen nicht die Klimawende schaffen, werden jene Teile der Klimabewegung, bei denen zur objektiven Dringlichkeit des Umsteuerns noch subjektive Apokalyptik hinzutritt, kaum anders können, als neben den Freitagen auch die (Wahl-)Sonntage der Zukunft zu widmen. Für die Grünen könnten die Aussichten daher weit weniger rosig sein, als dies derzeit demoskopisch anmuten mag.

DIE GRENZEN DES VERTRAUENS

Vertrauen ist sehr viel schneller enttäuscht als (wieder) aufgebaut – davon wissen alle Ampel-Parteien ihr jeweiliges Lied zu singen. Dass nach der Bundestagswahl erstmals seit 1953 drei Fraktionen nötig waren, um eine stabile parlamentarische Mehrheit zusammenzudübeln, bedeutet, dass – zumal in einer lagerübergreifenden Konstellation wie der Ampel – die Glaubwürdigkeit von gleich drei Parteien auf dem Spiel steht. Auch das Vertrauen in die Demokratie insgesamt könnte in Mitleidenschaft gezogen werden, müssten doch einer Nachfolgeregierung ebenfalls eher zwei als eine der Ampel-Parteien – mit gegebenenfalls bereits angeknackster Glaubwürdigkeit – angehören. Es ist Zeit, sich Gedanken zu machen, wie man auch bezüglich der nur langsam erneuerbaren Ressource Vertrauen im Rahmen unseres politischen Systems zu einem sparsameren Verbrauch kommt.[19]

18 Vgl. Infratest dimap, ARD-DeutschlandTREND September 2021, tiny.one/indes221r7, S. 9.

19 Vgl. Frank Decker u. a., Vertrauen in Demokratie. Wie zufrieden sind die Menschen in Deutschland mit Regierung, Staat und Politik (Friedrich-Ebert-Stiftung), Bonn 2019, tiny.one/indes221r10; Best, Make Regieren Great Again!, in: faz.net, 01.03.2019, tiny.one/indes221r8.

Dr. habil. Volker Best, geb. 1981, ist Wissenschaftlicher Mitarbeiter am Institut für Politische Wissenschaft und Soziologie der Rheinischen Friedrich-Wilhelms-Universität Bonn und seit 2022 Mitglied der Redaktionsleitung der INDES. Seine Interessenschwerpunkte sind Parteien- und Koalitionsforschung sowie Demokratiereform.

PARLAMENTARISCHE ZEITENWENDEN

KONSTRUKTIVE MISSTRAUENSVOTEN IN DER BUNDESREPUBLIK

Ξ Mahir Tokatlı

Der Begriff »Zeitenwende«, der im politischen Diskurs gegenwärtig eine ungeahnte Konjunktur erlebt, stellt einen Versuch dar, die jüngsten Entwicklungen sowie die daraus abzuleitenden neuen Herausforderungen gedanklich zu fassen. Eine Zeitenwende im engeren Sinne impliziert das Ende einer bestehenden Ära oder Epoche und zugleich den Anfang einer neuen Zeitrechnung. In einem weiteren Begriffsverständnis lässt sich unter Zeitenwende jede grundsätzliche politische Veränderung fassen.

In Demokratien besitzt die Bevölkerung mit Stimmrecht die Möglichkeit, an der Wahlurne politische Wenden oder Kurswechsel einzuleiten. In parlamentarischen Systemen sind politische Zeitenwenden sogar inmitten einer Legislaturperiode denkbar. Dabei entspricht das in der Bundesrepublik eingeführte konstruktive Misstrauensvotum mit seiner zeitgleichen Ab- und Neuwahl eines Regierungschefs der Definition einer Zeitenwende im weiteren Sinne ziemlich präzise.

Periodisch wiederkehrende Wahlen erlauben den Stimmberechtigten, eine Vertretungskörperschaft zu wählen. Über die konkrete Bildung einer (Koalitions-)Regierung können sie dabei unmittelbar ebenso wenig entscheiden, wie es nicht in ihrer Macht liegt, ein Kabinett infolge schwacher Regierungsleistungen während der Legislaturperiode auszutauschen. Beide Verantwortlichkeiten liegen im Kompetenzbereich des Parlaments.

So sehr Politker:innen an Wahlabenden auch einen Regierungsauftrag für ihre Partei reklamieren: Die Stimmberechtigten leihen den Parteien und den von diesen bestimmten Wahlkreiskandidat:innen ihre Stimme im Vertrauen darauf, dass die Abgeordneten im Parlament jene Regierung bilden, die ihren Interessen und denen der Bevölkerung am ehesten entspricht. Zu den parlamentarischen Befugnissen gehört auch die Möglichkeit zur Selbstkorrektur der Abgeordnetenmehrheit und zur Auswechselung der Regierung zwischen zwei Wahlgängen durch das konstruktive Misstrauensvotum. Auch koalitionspolitische Wenden inmitten der Legislaturperiode widersprechen also nicht an und für sich einem vermeintlichen Wählerwunsch.

(Koalitions-)Politische Wenden sind in den in Europa vorherrschenden parlamentarischen Systemen dabei nicht bloß institutionell vorgesehen. Vielmehr sind Misstrauensvoten gar *das* zentrale Merkmal, welches parlamentarische Systeme von Präsidialsystemen unterscheidet.[1] Dennoch deuten bereits Diskussionen darüber, dieses Kerninstrument und systemische Alleinstellungsmerkmal zu nutzen, für gewöhnlich auf politische Krisen oder instabile Verhältnisse hin.

Ein internationaler Vergleich parlamentarischer Misstrauensvoten zeigt verschiedene Formen mit unterschiedlichen Hürden auf und lässt zwischen flexiblen und restriktiven Misstrauensvoten differenzieren.[2] In der Bundesrepublik einigten sich die Architekt:innen des Grundgesetzes nach langwierigen und intensiven Debatten auf eine vergleichsweise restriktive Form, indem sie letztlich das konstruktive Misstrauensvotum[3] einführten. Eine bedeutsame Rolle spielten hierbei Lehren, die gezogen wurden aus der Erfahrung des Scheiterns der Weimarer Republik, in welcher das Zustandekommen einer destruktiven Parlamentsmehrheit ausreichte, die Regierung abzuwählen, das Kabinett zu paralysieren und für instabile Verhältnisse zu sorgen.[4]

Um diese destruktive Kraft einer numerischen – nicht politischen – Mehrheit zu brechen, entschied sich der Parlamentarische Rat, sich an dem *uno actu-*Prinzip zu orientieren und die Abwahl mit einer Neuwahl zu verknüpfen. So ist kommissarischen Regierungen dauerhaft ein Riegel vorgeschoben und eine Regierungskontinuität gewährleistet. Selbst wenn Koalitionsparteien die Regierung vorzeitig verlassen und diese infolgedessen keine parlamentarische Legislativmehrheit mehr innehat, bleibt sie verhältnismäßig stabil im Amt.

Der Politikwissenschaftler Klaus von Beyme macht dennoch eine destruktive Auswirkung des konstruktiven Misstrauensvotums in der Bundesrepublik aus, da »hinter dem Rücken eines amtierenden Kanzlers bereits neue Mehrheiten auch unter den Regierungskollegen gesucht werden«[5] müssen. Ein erfolgreiches konstruktives Misstrauensvotum impliziert bereits einen politischen Seitenwechsel von Teilen der Regierungskoalition, was vorab das Ausloten von Positionen erforderlich macht.

In der 73-jährigen Geschichte der Bundesrepublik musste der Bundestag lediglich zwei Mal über ein konstruktives Misstrauensvotum nach Artikel 67 GG abstimmen. Die seltene Anwendung ist einerseits der rigiden Ausgestaltung des Instruments, andererseits aber auch der lange Zeit sehr hohen Stabilität des Parteiensystems zuzuschreiben. In stark fragmentierten und zugleich wenig segmentierten Parlamenten sind parlamentarische Misstrauensvoten hingegen wahrscheinlicher. In der jüngeren Vergangenheit unterstreichen zum Beispiel Bulgarien, Griechenland und Italien diese intuitive Annahme.

[1] Vgl. Winfried Steffani, Parlamentarische und präsidentielle Demokratie, Opladen 1979.

[2] Vgl. Tal Lento & Reuven Hazan, The vote of no confidence – towards a framework for analysis, in: West European Politics, H. 3/2022, S. 502–527.

[3] Weitere Staaten wie Spanien, Belgien oder Israel, aber auch die sogenannten neuen Bundesländer nahmen sich hieran ein Vorbild und adaptierten diese Konstruktion auf je eigene Art und Weise in ihre Verfassungen.

[4] Tatsächlich wurden lediglich zwei Regierungen (beide 1926) infolge eines parlamentarischen Misstrauensvotums gestürzt.

[5] Klaus von Beyme, Die parlamentarische Demokratie. Entstehung und Funktionsweise 1789–1999, Wiesbaden 2017, S. 218.

Auch in der Bundesrepublik bröckelt indes die Stabilität des Parteiensystems: Die ideologische Polarisierung nimmt durch die Etablierung neuer Parteien auf Kosten der traditionellen Volksparteien zu und die Koalitionslandschaft wird bunter. So mündete die Koalitionsbildung nach der Bundestagswahl 2017 zwar erneut in eine Große Koalition, allerdings zogen sich die Verhandlungen für bundesrepublikanische Verhältnisse derart in die Länge, dass sich der Bundespräsident genötigt sah, nach den gescheiterten Gesprächen zwischen Union, Grünen und FDP die Verantwortlichen der SPD zu mahnen, mit der Union über eine Neuauflage zu verhandeln.

Selbst die fast schon tabuisierte Option einer Minderheitsregierung schien nicht länger ausgeschlossen. Da eine solche das Kriterium einer parlamentarischen Mehrheit per definitionem nicht erfüllt, vermag sie den historisch bedingten, aus dem Untergang der ersten deutschen Republik herrührenden Stabilitätsfetisch der bundesrepublikanischen politischen Kultur nicht zu befriedigen. Tatsächlich sind Minderheitsregierungen ihrer Natur nach anfälliger für ein Misstrauensvotum, weil die Opposition bereits über eine numerische Mehrheit jenseits der Regierung verfügt, die sie »nur noch« in eine politische Mehrheit formen muss. Bei einem simplen Misstrauensvotum bedarf es noch nicht mal einer politisch-konstruktiven Mehrheit.

Aber auch lagerübergreifende Vielparteienkoalitionen sind durch ihr besonders hohes Maß an Heterogenität anfälliger für einen Regierungssturz. Im Fall der aktuellen Ampelkoalition etwa nährten die Abstimmungsniederlage des Kanzlers und des Gesundheitsministers in Sachen Impfpflicht und Uneinigkeit bezüglich Waffenlieferungen an die Ukraine Spekulationen über eine vorzeitige Beendigung.[6] Allerdings gilt das Heterogenitätsargument nicht minder für die Koalitionsalternativen Jamaika oder Große Koalition, die es für ein erfolgreiches konstruktives Misstrauensvotum bräuchte.

Das verfassungspolitische Gegenstück zum Misstrauensvotum, mit dem man ebenfalls zu neuen Mehrheiten gelangen kann, ist die Vertrauensfrage nach Artikel 68 GG. Hier ist *indes* allein der Kanzler und nicht die Opposition Herr des Verfahrens. Freilich lässt sich auf die Regierungskoalition oppositioneller und medialer Druck aufbauen, der zumindest in Forderungen münden kann, die Vertrauensfrage zu stellen. In der bisherigen Geschichte der Bundesrepublik aber konnten das Parlament oder die Öffentlichkeit noch so sehr auf eine Vertrauensfrage drängen – wenn der Kanzler oder die Kanzlerin sich verweigerte, verpuffte die Option. Während der Kanzlerschaft Ludwig Erhards kam auf Antrag der SPD-Fraktion einmal gar ein Parlamentsbeschluss zur Vertrauensfrage mit absoluter Mehrheit zustande, unterstützt durch einzelne Abgeordnete der an der Regierungskoalition mit

6 Vgl. Jens Peter Paul, Chance für Merz? Destruktives Misstrauensvotum gegen Scholz, in: Cicero, 23.04.2022.

den Unionsparteien beteiligten FDP. Doch der Bundeskanzler gab auch in diesem Fall der Aufforderung – verfassungspolitisch korrekt – nicht nach.

Angesichts der restriktiven Ausgestaltung des Instruments sowie des lange vorherrschenden Zweieinhalb-Parteien-Systems ist ein spärlicher Gebrauch des Misstrauensvotums nicht überraschend. Die beiden einzigen Voten auf der Bundesebene weisen zwar einen unterschiedlichen Aus-, aber identischen Vorlauf und Nachgang auf: Während das eine scheiterte und das andere einen Kabinettswechsel besiegelte, resultierten beide in einer vom Kanzler initiierten Vertrauensfrage und führten daran anschließend zu Neuwahlen, die den »Sieger« der parlamentarischen Abstimmung zu Artikel 67 jeweils bestätigten. Beide konstruktiven Misstrauensvoten stellten politische Zeitenwenden dar: Im ersten Fall wurde hierdurch die »neue Ostpolitik« Willy Brandts legitimiert, im zweiten Fall ein liberal-konservativer Politikwechsel unter Helmut Kohl ermöglicht. Beide liegen mittlerweile allerdings auch schon – vier bzw. fünf volle – Jahrzehnte zurück.

VOR FÜNFZIG JAHREN: GESCHEITERTES MISSTRAUENSVOTUM GEGEN WILLY BRANDT

In der damals noch jungen Bundesrepublik bedeutete die Bundestagswahl 1969 das Ende einer Ära, in der die Kanzler allesamt von der dominierenden CDU gestellt worden waren. Mit der Wahl Willy Brandts am 21. September 1969 durchbrach die SPD dieses vermeintliche Gesetz und stellte zum ersten Mal den Regierungschef, ohne selbst die stärkste Fraktion zu sein. Mit ihrer Koalitionspartnerin, der FDP, verfügte die erste sozialliberale Koalition über 254 Stimmen[7] – lediglich sechs mehr, als für eine absolute Mehrheit nötig waren.

Was für sich genommen als politische und gesellschaftliche Wende galt, wurde im Lauf der nächsten Jahre in Form einer neuen Außenpolitik zu einer veritablen Zeitenwende geformt. Die sozialliberale Koalition mit dem frisch gekürten Friedensnobelpreisträger an der Spitze leitete eine neue Ostpolitik ein, die den damaligen Status quo der Grenzen in Europa anerkennen wollte. Seitens der konservativen Opposition trug diese »Ostpolitik« der Regierung den Vorwurf des Ausverkaufs deutscher Interessen ein. Kritikpunkte waren, dass die bilateralen Verhandlungen mit Ostberlin den Status der DDR aufwerten und einen faktischen Verzicht auf ehemalige deutsche Gebiete bedeuten würden.

Kritische Stimmen blieben aber nicht allein auf die Opposition beschränkt, sondern weiteten sich auch auf die eigenen Reihen aus. Aus den Fraktionen sowohl der FDP als auch der SPD traten Abgeordnete in die Oppositionsreihen

[7] Da die Abgeordneten aus West-Berlin nicht stimmberechtigt waren, werden sie hier nicht berücksichtigt.

über und trugen so zu einer Verschiebung der Kräfteverhältnisse im Parlament und einem Zuwachs der Unionsfraktion bei.

In der Folge wurden die parlamentarischen Mehrheitsverhältnisse undurchsichtiger und die Unterzeichnung des Vertrags einerseits sowie die Annahme des bevorstehenden Haushalts andererseits gerieten in Gefahr.[8] Zugleich blieben der Opposition nicht viele strategische Züge, an der Lage etwas zu ändern und die Krise zu eigenen Gunsten auszunutzen. Weder konnte sie Neuwahlen einleiten, noch verfügte sie über eine stabile parlamentarische Mehrheit für ein erfolgreiches Misstrauensvotum. Dennoch beschloss die Union, den Artikel 67 zum ersten Mal anzuwenden und einen amtierenden Kanzler zu stürzen. Obwohl verfassungspolitisch nur dieser Schritt möglich war, erntete die Vorgehensweise reichlich Kritik.

»Es geht um den Versuch, eine Veränderung politischer Mehrheitsverhältnisse ohne Wählerentscheid herbeizuführen. Das trifft unabhängig von der formalen Legitimität den Nerv dieser Demokratie. Wenn es zur Regel werden sollte, dass Mehrheitsverhältnisse in Parlamenten durch Parteienwechsel, also ohne Wählervotum, verändert werden, dann stirbt die Glaubwürdigkeit der Demokratie.«[9]

Mit diesen hochtrabenden Worten schaltete sich der damalige Bundesminister des Auswärtigen Walter Scheel in die parlamentarische Debatte zum ersten konstruktiven Misstrauensvotum auf Bundesebene gegen Willy Brandt am 27. April 1972 ein. Auch der Kanzler machte in seinem Wortbeitrag deutlich, dass er das Verhalten derjenigen, die aus den Regierungsfraktionen austraten, aber ihr Mandat behielten, für moralisch falsch hielt.

Das Ziel der Koalitionsreihen war es, dem Verhalten der Opposition und etwaigen neuen Regierung etwas Anrüchiges anzuhaften. Dies mutet aus zweierlei Hinsicht seltsam an, denn einerseits ist die parlamentarische Abberufbarkeit der Regierung das zentrale Merkmal parlamentarischer Systeme und verfassungspolitisch vorgesehen. Andererseits waren sowohl die SPD als auch die FDP Hauptprotagonistinnen des ersten konstruktiven Misstrauensvotums in der Bundesrepublik gewesen, das sich im größten Bundesland Nordrhein-Westfalen 16 Jahre zuvor ereignet und den CDU-Ministerpräsidenten Karl Arnold während der Legislaturperiode durch den Sozialdemokraten Fritz Steinhoff ersetzt hatte.

Aber auch außerhalb des Bonner Regierungsviertels fand der Versuch des Kanzlersturzes wenig Zuspruch und sorgte für großen Unmut in der Bevölkerung. Insbesondere in der Arbeiterschaft rumorte es gewaltig, es kam zu Protesten, Demonstrationen sowie Streiks.[10] Im Spezifischen mag dies an

---

8 Vgl. Jürgen Plöhn, 40 Jahre nach dem ersten Misstrauensantrag im Deutschen Bundestag: Probleme einer Minderheitsregierung am Beispiel der ersten Regierung Willy Brandts, in: Zeitschrift für Parlamentsfragen, H. 1/2013, S. 76–92, hier S. 72 ff.

9 Deutscher Bundestag, 6. Wahlperiode, 183. Sitzung. Bonn, Donnerstag, den 27. April 1972, tiny.one/indes221s1, S. 10704.

10 Vgl. Bernd Rother, »Willy Brandt muss Kanzler bleiben!«. Die Massenproteste gegen das Misstrauensvotum 1972, Frankfurt a. M. 2022, S. 51 ff.

der außerordentlich hohen Beliebtheit Brandts gelegen haben, aber im Allgemeinen war wohl einfach die Zeit einer SPD-Kanzlerschaft nach jahrzehntelanger Dominanz der Union im Amt zu kurz, sodass sich in den Köpfen das Bild eines unfairen politischen Akts festsetzte. Das verfassungspolitisch vorgesehene und korrekt angewandte konstruktive Misstrauensvotum wurde als illegitim und ungerecht verstanden.

Am Tag der Abstimmung verzichteten die komplette SPD und ein großer Teil der FDP-Fraktion auf den Gang zur Urne. Auf den Vorwurf, die Koalitionsregierung verletze mit ihrem Verzicht das Wahlgeheimnis, da nun mehr oder weniger ersichtlich werde, wie die Unionsabgeordneten abstimmten, verwies die SPD auf den Charakter des konstruktiven Misstrauensvotums und die Bringschuld der antragstellenden Partei, eine Kanzlermehrheit zu organisieren.

Inzwischen ist bekannt, dass mindestens zwei Unionsabgeordnete den Bestechungsversuchen der Staatssicherheit nachgaben und ihre Stimmen verkauften, sodass Brandt als Kanzler die Ostpolitik fortführen konnte. Über die dritte Stimme kann nur spekuliert werden. In einem Nachruf auf Barzel deutete der Journalist Hartmut Palmer an, Barzel kenne den dritten Abtrünnigen aus den eigenen Reihen. Im Nachwort seines Romans *Verrat am Rhein* verweist er auf ein vertrauliches Gespräch zwischen ihm und Barzel, in dem der unterlegene Kandidat sich felsenfest überzeugt zeigte, niemand anderes als der Vorsitzende der Schwesterpartei CSU, Franz Josef Strauß, habe ihm die Stimme verweigert. Gleichzeitig drohte Barzel, im Falle einer Veröffentlichung dieser Information zu seinen Lebzeiten den Journalisten durch alle Instanzen zu verklagen, weswegen Palmer lediglich im Nachruf eine Andeutung – ohne Beweise – machen und im Roman diese Spekulation künstlerisch verarbeiten konnte.[11]

Zwar scheiterte die politische Wende in der Regierung. Die zuvor ausverhandelte, jedoch parlamentarisch zur Disposition stehende außenpolitische Zeitenwende konnte hingegen erst durch das gescheiterte konstruktive Misstrauensvotum vollendet werden. Weil ein parlamentarisches Patt die Haushaltsverhandlungen lahmlegte, griff Brandt auf Artikel 68 zurück und stellte die Vertrauensfrage.[12] Da diese wunschgemäß verloren ging, beraumte der Bundespräsident vorgezogene Bundestagswahlen an, die der Ostpolitik eine klare parlamentarische Mehrheit verschafften.

[11] Vgl. Hartmut Palmer, Verrat am Rhein, Meßkirch 2022.

[12] Vgl. Plöhn, S. 86.

VOR VIERZIG JAHREN: ERFOLGREICHES MISSTRAUENSVOTUM GEGEN HELMUT SCHMIDT

Als Helmut Schmidt und Helmut Kohl im Oktober 1982 um die Kanzlerschaft konkurrierten, war die Sache anders gelagert als rund ein Jahrzehnt zuvor zwischen Brandt und Barzel. Die sozialliberale Koalition im Bund war bereits im Zerfall begriffen, sodass der Versuch, diese durch eine christlich-liberale Koalition zu ersetzen, folgerichtig erscheint und nach 13 Jahren Partnerschaft mit »Bonner Wende« durchaus zutreffend bezeichnet ist.

Einen Vorboten dieser Entwicklung stellte zum einen die Wahl zum Abgeordnetenhaus in Berlin 1981 dar, als die CDU unter Richard v. Weizsäcker einen Minderheitssenat bildete, der von einzelnen FDP-Abgeordneten – trotz Intervention der Bundespartei – toleriert wurde. Zum anderen war bereits einige Jahre zuvor die Nachfolge des aus Altersgründen zurückgetretenen niedersächsischen Ministerpräsidenten Alfred Kubel als erster Riss zu verstehen gewesen. Die sozialliberale Koalition hatte sich zwar auf Helmut Kasimier geeinigt, ihn dann aber in den ersten beiden Wahlgängen durchfallen lassen. Selbst der Bundesminister für Raumordnung, Bauwesen und Städtebau Karl Ravens, der daraufhin nach Hannover »zurückversetzt« wurde und nun statt Kasimier in einem dritten Wahlgang zum Ministerpräsidenten gewählt werden sollte, unterlag dem CDU-Kandidaten Ernst Albrecht, der fortan eine Minderheitsregierung führte. Ähnlich wie im angesprochenen Weizsäcker-Senat wurde hieraus später eine offizielle Koalition, und bei den darauffolgenden Landtagswahlen 1978 wurde die FDP für ihren Partnerwechsel sanktioniert und flog aus dem Parlament. Am selben Tag schied sie auch aus der Bürgerschaft der Freien und Hansestadt Hamburg aus.

Anders als zehn Jahre zuvor lag 1982 dem konstruktiven Misstrauensvotum im Bundestag und seinem Erfolg ein regelrechtes Zerwürfnis der Koalitionspartner zugrunde, das in einen Koalitionsbruch mündete. Bereits im Bundestagswahlkampf 1980 war die FDP nur an der Seite der SPD geblieben, weil den Liberalen der Unionskandidat Franz Josef Strauß als Kanzler untragbar erschien. Einige Monate vor dem offiziellen Austritt der FDP aus der Koalition signalisierte das sogenannte Lambsdorff-Papier den Bruch, und die Befürworter der sozialliberalen Koalition um Gerhart Baum gerieten in der eigenen Fraktion in eine Minderheitsposition.[13]

Aufgrund der festen Bereitschaft der Liberalen, mit Helmut Kohl einen neuen Kanzler zu wählen, waren die Chancen eines Regierungswechsels sehr hoch. Als am 28. September die Mehrheit der Bundestagsfraktion und des Bundesvorstandes der FDP einer Koalitionsvereinbarung mit der Union sowie einem konstruktiven Misstrauensvotum grünes Licht gaben, wurde

[13] Vgl. Klaus Bohnsack, Die Koalitionskrise 1981/82 und der Regierungswechsel 1982, in: Zeitschrift für Parlamentsfragen, H. 1/1983, S. 5–32, hier S. 23.

der Antrag eingereicht. Laut Grundgesetz dürfen zwischen Antrag und Abstimmung maximal 48 Stunden liegen, weswegen schon am 1. Oktober Helmut Kohl mit insgesamt 256 Stimmen bei 236 Gegenstimmen zum sechsten Bundeskanzler gewählt wurde.

Naheliegenderweise sah der abgewählte Helmut Schmidt die Glaubwürdigkeit der demokratischen Institutionen beschädigt.[14] Doch genau betrachtet waren die an das konstruktive Misstrauensvotum anschließenden Überlegungen, der Regierungswechsel sei illegitim, bei einem verfassungspolitisch korrekt durchgeführten Vorgang fehl am Platz.

Ebenfalls noch im Jahr 1982 stellte Helmut Kohl die Vertrauensfrage, die das Parlament, obwohl kurz zuvor noch der Haushalt beschlossen worden war, absichtlich negativ beantwortete, um die parlamentarisch herbeigeführte politische Wende von der Bevölkerung legitimieren zu lassen. Wenngleich das Resultat dieser Vertrauensfrage offensichtlich fingiert war, löste der Bundespräsident Karl Carstens den Bundestag auf, und auch das Bundesverfassungsgericht erkannte bei diesem Vorgang keine Verfassungswidrigkeit. Die christlich-liberale Koalition verbesserte bei den Neuwahlen im Frühjahr 1983 ihre Sitzzahl und sollte bis zu den Bundestagswahlen 1998 in Regierungsverantwortung bleiben, ehe der erste komplette Regierungswechsel den dritten sozialdemokratischen Bundeskanzler, Gerhard Schröder, ins Kanzleramt hievte.

ZUKUNFTSLEKTIONEN AUS ZWEI JUBILÄEN

Auch wenn beim ersten konstruktiven Misstrauensvotum der bundesrepublikanischen Geschichte vor fünfzig Jahren die parlamentarische Abstimmung nicht zu einer Wende auf den Regierungsbänken führte, so wurde die Vollendung der (außen-)politischen Zeitenwende überhaupt erst durch das konstruktive Misstrauensvotum und die anschließende vorgezogene Neuwahl ermöglicht. Vor vierzig Jahren wiederum ist verfahrenstechnisch ein sauberer Machtwechsel erfolgt, der eine liberal-konservativen Politikwechsel ermöglichte und ebenfalls durch – wenngleich umstrittene – vorgezogene Neuwahlen die Legitimation durch Wählerhand einholte.

Koalitionsvereinbarungen sind keine Knebelverträge und Zerwürfnisse gehören zur Natur einer Partnerschaft. Freilich kratzte der Partnertausch 1982 inmitten der Legislaturperiode an der Glaubwürdigkeit der FDP und kettete sie an die Union. Anderseits blieb sie an deren Seite 16 Jahre lang in Regierungsverantwortung.

Mit der Bonner Wende der FDP und dem Aufkommen der Grünen verfestigten sich die politischen Lager, bis der Parteiensystemwandel ab 2005 ein

14 Ebd., hier S. 31.

Regieren innerhalb dieser Lager nur noch als Ausnahme (2009–2013) zuließ. Weil bisherige Wunschkoalitionen nicht länger mehrheitsfähig waren, wurden vermehrt Große Koalitionen gebildet, auch wenn es zu lagerinternen Bündnissen – 2013 gab es eine rechnerische Mehrheit für Rot-Rot-Grün – numerisch bisweilen gereicht hätte. Letztlich lag sogar die dritte Anwendung eines konstruktiven Misstrauensvotums im Bereich des Möglichen.

Das zuletzt gebildete lagerübergreifende Dreierbündnis scheint ein konstruktives Misstrauensvotum vordergründig eher zu begünstigen. Trotz der Schwierigkeiten, mit denen die Ampelkoalition zu kämpfen hat, ist ein solches aber eher unwahrscheinlich. Denn noch schwerer, als die Koalition zusammenzuhalten, dürfte die erfolgreiche Durchführung eines konstruktiven Misstrauensvotums sein; müsste die CDU/CSU doch nach Lage der Dinge nicht nur einen, sondern beide bisherigen Koalitionspartner der SPD von den Vorzügen eines Bruchs des Regierungsbündnisses überzeugen.

Schließlich sind die bisherigen Erfahrungen mit dem konstruktiven Misstrauensvotum eher negativ, sodass der Exportschlager des Grundgesetzes in der bundesrepublikanischen Praxis als *game changer* diskreditiert und kaum nutzbar zu sein scheint. Sowohl die Umstände des Stimmenkaufs bei der zentralen Frage des Regierungschefs 1972 als auch die fingierte Vertrauensfrage samt Auflösung des Bundestags nach einer eigentlich erfolgreichen koalitionspolitischen Wende 1982 belasteten das Vertrauensverhältnis zwischen Parlament und Wahlberechtigten nachhaltig und stellten die Parteien vor viele Unwägbarkeiten. Zu einer größeren Attraktivität des konstruktiven Misstrauensvotums führten diese Ereignisse kaum. Dabei begann die bis heute nach Tagen längste Kanzlerschaft – jene von Helmut Kohl – mit einer solchen parlamentarischen Wende.

Dr. Mahir Tokatlı ist Wissenschaftlicher Mitarbeiter am Institut für Politische Wissenschaft der RWTH Aachen. Seine Forschungsinteressen liegen in der Regierungsforschung, der Demokratie- und Autokratieforschung sowie der Türkeiforschung.

© Universität Bonn, Barbara Frommmann

WENDE ZUM ENDE?
DIE LINKE IN DER KRISE

Ξ Julia Reuschenbach

Ein bunter Strauß von Zustandsbeschreibungen in Politikwissenschaft und Medien illustriert die gegenwärtige Situation der LINKEN. Die Partei befinde sich im »Irrgarten«[1], in einem »Ausnahmezustand ohne Ende«[2], gleiche gar einem »Trümmerhaufen«[3]. Diese kurze und unvollständige Auflistung verdeutlicht: Die Lage ist ernst. Und das – wie zu zeigen sein wird – nicht erst seit den verheerenden Verlusten bei den letzten Landtagswahlen und dem Wiedereinzug in den Bundestag bei der Bundestagswahl 2021 (der im Übrigen nur drei errungenen Direktmandaten zu verdanken ist). Dabei sollte man meinen, dass eine dezidiert linke Partei derzeit durchaus Gewinnerthemen für sich ausmachen könnte. Gravierend steigende Energiepreise, Wohnungsmangel, Inflation und eine enorm ungleiche Vermögensverteilung – all dies könnten Themen der LINKEN sein. Doch öffentliche Aufmerksamkeit erlangte die Partei in den vergangenen Monaten mehrheitlich durch interne Querelen, irrlichternde Auftritte exponierter Parteivertreter:innen sowie diffuse Positionierungen zu zentralen Fragen der politischen Agenda.

Die folgenden Ausführungen sollen verdeutlichen, dass dieses öffentliche Bild nur einen von mehreren Gründen für den Niedergang der LINKEN darstellt. Neben ihrer Selbstdarstellung nach außen zeigen Daten vergangener Wahlen, die Entwicklung in der Mitgliederschaft und Kompetenzzuschreibungen, dass die Partei an einem Scheidepunkt angelangt ist. Dabei geht es um mehr als politische Relevanz, nämlich um die existenzielle Frage des Fortbestands einer Partei, die man derzeit – und trotz vierer Regierungsbeteiligungen auf der Länderebene – wohl als nahezu bedeutungslos charakterisieren muss. Will die LINKE diesen Zustand aufbrechen, braucht sie, neben einer personellen Neuaufstellung, eine erwartbar schmerzhafte programmatische Klärung und Erneuerung, die weit über bisherige Versuche dieser Art hinausreicht, und eine Verständigung über innerparteiliche Diskussionskulturen und Entscheidungsprozesse. Die Oppositionsrolle neben den Unionsfraktionen und der AfD, einer lagerübergreifenden Regierungskoalition aus SPD, Bündnis 90/Die Grünen und FDP gegenüber, könnte sich dafür perspektivisch als interessante Ausgangssituation erweisen.

---

[1] Thomas Falkner, DIE LINKE im Irrgarten, in: Knut Bergmann (Hg.), »Mehr Fortschritt wagen«? Parteien, Personen, Milieus und Modernisierung – Regieren in Zeiten der Ampelkoalition, Bielefeld 2022, S. 273–298, hier S. 273.

[2] Sarah Frühauf, Ausnahmezustand ohne Ende, in: tagesschau.de, 06.05.2022, tiny.one/indes221j1.

[3] Konrad Litschko, Ein Trümmerhaufen, in: die tageszeitung, 20.04.2022, tiny.one/indes221j2.

DIE LINKE AM LIMIT

Einer Studie der parteinahen Rosa-Luxemburg-Stiftung zufolge liegt das Wähler:innenpotenzial der LINKEN bundesweit bei circa 18 Prozent.[4] Dies wären gut 13 Prozentpunkte mehr, als die Partei zuletzt im Bund erreichen konnte. Nicht erst der Bundestagswahlkampf der LINKEN war geprägt von innerparteilichen Auseinandersetzungen. Im Scheinwerferlicht dieser Querelen war allen voran die frühere Co-Fraktionsvorsitzende Sahra Wagenknecht auszumachen, die wahlweise mit anderen Führungsfiguren, etwa der damaligen Parteivorsitzenden Katja Kipping, oder inhaltlichen Grundlinien des Parteivorstandes und der Partei öffentlichkeitswirksam über Kreuz lag. Parteien sind auf Zugpferde angewiesen, auf Personen, die sie nach innen wie außen prägen und die innerhalb der Wahlbevölkerung einen Wiedererkennungseffekt erzeugen können. Zweifelsohne stellt Sahra Wagenknecht eine solche Figur dar. Doch zugleich führen die fortwährenden Auseinandersetzungen rund um Wagenknecht und das ihr innerhalb der Partei nahestehende Lager vor allem zu einer desaströsen Außenwirkung. Die Partei wirkt zerstritten, scheint sich mehrheitlich mit sich selbst statt mit den politischen Fragen und Problemen des Landes zu beschäftigen. Wähler:innen bevorzugen jedoch Geschlossenheit. Sie wollen wissen, was sie »bekommen«, wenn sie einer Partei ihre Stimme geben.

So konnte die LINKE im Wahlkampf weder programmatisch noch personell punkten, denn auch die Spitzenkandidat:innen der Partei waren noch bis zum Wahltag in der Bevölkerung nahezu unbekannt.[5] Das rund 155 Seiten umfassende Wahlprogramm mit dem sperrigen Titel »Zeit zu handeln! Für soziale Sicherheit, Frieden und Klimagerechtigkeit«[6] konnte in dieser Konstellation keine Wirkung entfalten, zumal die Relevanz der Einstellungen zu politischen Sachfragen bei Wähler:innen in der Regel ohnehin schwächer ausfällt.[7] Die mit der Wahl von Janine Wissler und Susanne Hennig-Wellsow schon rund ein halbes Jahr vor der Bundestagswahl erfolgte Neuaufstellung an der Spitze der Partei brachte für den Bundestagswahlkampf ebenfalls nicht den erhofften Auf- und Rückenwind. Somit konnte die LINKE weder Partei noch Programm oder Person – die drei Faktoren, die die Politikwissenschaft als maßgebliche Einflussfaktoren für die Wahlentscheidung von Wähler:innen identifiziert hat – erfolgreich zur Geltung bringen. Noch auf dem Parteitag im Februar 2021 hatte die scheidende Vorsitzende Katja Kipping ihre Genoss:innen dazu aufgerufen, sich für eine Regierungsbeteiligung zu öffnen. Davon konnte am Wahlabend keine Rede mehr sein. Es wundert insofern wenig, dass unmittelbar nach der Bundestagswahl, aber vor allem nach der Landtagswahl im Saarland, den innerparteilichen Diskussionen um

---

[4] Vgl. Rosa-Luxemburg-Stiftung (Hg.), Eine Partei mit Zukunft: Die Linke. Ergebnisse einer repräsentativen Befragung im Auftrag der Rosa-Luxemburg-Stiftung zum Wähler*innenpotenzial der LINKEN, Berlin 2022, tiny.one/indes221j3, S. 4.

[5] Vgl. die Daten des ARD-DeutschlandTREND im August und September 2021, tiny.one/indes221j4 sowie tiny.one/indes221j5.

[6] Vgl. DIE LINKE, Zeit zu handeln! Für soziale Gerechtigkeit, Frieden und Klimagerechtigkeit. Wahlprogramm der Partei DIE LINKE zur Bundestagswahl 2021, Berlin 2021.

[7] Vgl. Rüdiger Schmitt-Beck, Wahlpolitische Achterbahnfahrt. Wer wählte wen bei der Bundestagswahl 2021?, in: Aus Politik und Zeitgeschichte, H. 47–49/2021, S. 10–16, hier S. 14.

Sexismus-Vorwürfe und dem Rücktritt der Co-Vorsitzenden Hennig-Wellsow erneut eine personelle Neuaufstellung gefordert wurde.

Während die Wahl des neuen Führungsduos Martin Schirdewan und Janine Wissler, welche sich trotz aller Kritik im Amt behaupten konnte, für eine erste Bewertung noch nicht hinreichend lange zurückliegt, zeigt sich *indes*, dass die Diskussionen um Sahra Wagenknecht andauern. Gegenwärtig entsteht zwar der Eindruck, dass es um Wagenknecht mit ihren Thesen zum Krieg Russlands gegen die Ukraine innerparteilich recht einsam wird, und auch die Niederlagen ihrer Anhänger:innen auf dem jüngsten Parteitag haben ihr Lager geschwächt. Doch dominieren die Debatten um ihre Person auch weiterhin die Berichterstattung rund um die Partei. Für die Zukunft der LINKEN scheint es unerlässlich, dass das neue Führungsduo in der Causa Wagenknecht klar Position bezieht und auch innerhalb der Partei auf Einigkeit und Verlässlichkeit drängt. Wagenknechts Reaktion auf die Wahl der beiden neuen Vorsitzenden macht darauf jedoch wenig Hoffnung. Anstatt zu gratulieren, stichelte sie, der Parteitag habe wohl nach dem Motto »Never change a losing team« agiert und es sei nicht zu erwarten, dass die Partei damit einen Aufbruch schaffe.[8] Es ist unstrittig, dass in einer Partei um Positionen und Programmatik gerungen werden darf. Dies hat linke Parteien seit jeher ausgezeichnet und etwa von den Unionsparteien unterschieden. Doch zugleich muss am Ende – und daran mangelt es bei der LINKEN – eine Position stehen, die dauerhaft von der Breite der Partei getragen und verkörpert wird. Perspektivisch kann die LINKE nur dann erfolgreich sein, wenn es ihr gelingt, streitbare Persönlichkeiten stärker zu integrieren oder klar gegen diese Position zu beziehen.

ALTER WEIN IN NEUEN SCHLÄUCHEN?

Bei der Bundestagswahl 2021 verlor die LINKE in allen Bundesländern. Dieses Ergebnis unterbrach einen Trend zur Stabilisierung, den die Partei im Zuge der 2007 erfolgten Fusion mit der westdeutschen WASG bei den Wahlen 2005, 2009, 2013 und 2017 mit Ergebnissen zwischen acht und zwölf Prozent hatte erreichen können. Schon die Europawahl 2019, bei der sie »in allen sozialen Gruppen, in allen Generationen, in alle Richtungen« verlor und bei 5,5 Prozent landete, stellte für die Partei ein Alarmsignal dar.[9] Die LINKE tut sich schwer mit einer programmatischen Neuformulierung ihrer Grundideen. Befand sich die Partei in der Corona-Politik lange auf Konfrontationskurs zur Regierung und zu weiten Teilen der eigenen Anhänger:innenschaft, verdeutlichte vor allem die Positionierung zum Angriffskrieg Russlands auf die Ukraine ihren außen-, sicherheits- und verteidigungspolitischen

8 Vgl. o.V., Wagenknecht kritisiert neue Linken-Führung: »Kaum Hoffnung«, in: faz.net, 26.06.2022, tiny.one/indes221j6.

9 Vgl. Falkner, S. 275.

Klärungsbedarf. Nicht zuletzt stellten die außenpolitischen Grundpositionen der Partei, etwa die Forderung nach einem Austritt aus der NATO, schon lange vor dem Krieg Russlands diejenigen Aspekte dar, die eine mögliche Regierungsbeteiligung im Bund immer wieder als nahezu unmöglich erscheinen ließen und lassen.[10]

Die Partei muss für sich die Frage beantworten, ob sie, wie Kipping es ihr mit auf den Weg gab, perspektivisch tatsächlich für eine Regierungsbeteiligung im Bund Profil entwickeln und nicht nur im Wahlkampfmodus Ad-hoc-Aktivitäten entfalten will, wie man es 2021 mit dem »Sofortprogramm« kurz vor der Wahl tat.[11] Ohne grundsätzliche Debatten über ihre Positionen in zentralen Politikfeldern wird sie ersteres nicht erreichen. Fraglich bleibt an dieser Stelle, inwieweit die derzeitige Zusammensetzung der Bundestagsfraktion und vor allem deren Führung einer programmatischen Erneuerung tatsächlich zuträglich sein können. Immerhin erfolgte nach dem desolaten Ergebnis der Bundestagswahl dort keine personelle Veränderung und es bleibt abzuwarten, inwieweit auch die neue Fraktion im Rahmen schwieriger Abstimmungen – wie etwa im August 2021 über die Evakuierung der Ortskräfte aus Afghanistan – klares Profil und klare Positionen zeigen wird. Dabei geht es nicht um eine Anbiederung an SPD und Bündnis 90/Die Grünen oder um die Aufgabe eigener Grundüberzeugungen, sondern vielmehr um die Kompetenz, letztere kompromiss- und koalitionsfähig zu machen. Die Grünen, selbst gegenwärtig in nahezu allen Grundüberzeugungen und Traditionen ihrer Partei bis aufs Äußerste herausgefordert, machen vor, wie dies möglich ist.

Dabei bleibt selbstverständlich offen, wie die Parteimitglieder und Wähler:innen dieses Vorgehen langfristig bewerten werden. Daten der *German Logitudinal Election Study* zur Bundestagswahl 2021 zeigen, dass Präferenzen für eine rot-rot-grüne Koalition die Wahrscheinlichkeit einer Stimmabgabe für die LINKE deutlich erhöht haben.[12] Wenngleich das Bündnis im Vergleich aller Koalitionsoptionen im Vorfeld der Wahl wenig beliebt war, verdeutlicht dies doch, dass die Anhänger:innen der LINKEN den Wunsch nach einer aktiven politischen Mitgestaltung ihrer Partei haben. Da SPD und Bündnis 90/Die Grünen ihre Koalitionsfähigkeit bereits bewiesen haben, hinge ein solches Bündnis nicht nur von einer soliden Mehrheit ab, sondern vor allem von der Frage, ob die LINKE verlässliche Positionen in strittigen Feldern entwickeln könnte, die Wahlkämpfe überdauern, und ob mit Fraktion und Partei eine konstruktive Zusammenarbeit ohne permanentes Störfeuer möglich wäre. Anders als es bei der ebenfalls durchaus problematischen Zusammenarbeit mit der FDP der Fall ist, würde Rot-Rot-Grün von SPD und Bündnis 90/Die Grünen sonst wohl doch als zu großes Wagnis eingeordnet. Fernab dessen

---

10 Mit Verweis auf die von der Partei ungenutzten Möglichkeiten, eigene außen- und friedenspolitische Positionen schon im Verlauf der Legislatur bis zur Bundestagswahl 2021 zu justieren, vgl. Frank Decker, Leierende Wahlkampfschlager, in: Der Hauptstadtbrief, 04.09.2021, tiny.one/indes221j7.

11 Vgl. Janine Wissler u. a., Sozial und klimagerecht. Wir machen das. Unser Sofortprogramm für einen Politikwechsel, 06.09.2021, tiny.one/indes221j8.

12 Vgl. Schmitt-Beck, S. 15. In einigen Befragungen vor der Wahl wurde ein rot-rot-grünes Bündnis einer unionsgeführten Regierung vorgezogen, was jedoch wohl eher auf den schwachen Auftritt von Partei und Kandidat der Union zurückzuführen ist. Zumindest aber deutet dies an, dass »R2G« seine Wirksamkeit als Schreckgespenst verloren hat, vgl. Decker, Leiernde Wahlkampfschlager. 94 Prozent der LINKEN-Wähler:innen gaben 2021 an, es gut zu finden, wenn ihre Partei an der nächsten Regierung beteiligt wäre, vgl. tiny.one/indes221j12.

stellt sich für künftige Koalitionsoptionen ohnehin noch die Frage, ob eine dritte Partei – die FDP oder womöglich auch einmal die LINKE – tatsächlich dauerhaft für die Koalitionsbildung gebraucht wird. So eifrig wir von einer Fragmentierung des Parteiensystems sprechen, so bleibt doch abzuwarten, ob der Höhenflug der Grünen über die Legislatur hinweg anhalten kann, um womöglich an deren Ende wieder Zweierbündnisse, mit Union oder SPD, realistisch werden zu lassen.

Auch in Fragen der Wirtschafts- und Sozialpolitik könnte die LINKE gerade jetzt neues Profil entwickeln. Schon die Folgen der Corona-Pandemie hätte eine weniger um sich selbst kreisende LINKE zu ihrem zentralen Thema machen können. In Diskussionen über soziale Gerechtigkeit, über Kurzarbeiter:innen, Solo-Selbstständige, über die Lage von Kindern, Jugendlichen und Studierenden und natürlich in den überfälligen Debatten über die Situation in der (Kranken-)Pflege – hier könnte die LINKE sich als Anwältin der Interessen vieler Wähler:innen profilieren. Doch dafür braucht es mehr als mantraartig vorgetragene Umverteilungsideen, die fortwährend die Frage offenlassen, ob nun die *Überwindung* des Kapitalismus das Ziel der gesamten Partei darstellt. Die aktuelle Situation erfordert geradezu, dass neue Ideen und politische Angebote unterbreitet werden, die Antworten auf die gegenwärtigen Herausforderungen beinhalten. Bei der Bundestagswahl 2021 war die Frage danach, welcher Partei Wähler:innen am ehesten die Lösung der wichtigsten Probleme zutrauen, besonders bedeutsam für die Wahlentscheidung.[13] 21 Prozent der Wähler:innen trauten keiner Partei diese Lösungskompetenzen zu, das Vertrauen in die LINKE lag bei drei Prozent.[14] Krisenmanagement und Resilienzstreben, Kommunikationsfähigkeit in unübersichtlichen Zeiten und insbesondere Verlässlichkeit in der Positionierung könnten künftig womöglich mehr denn je wahlentscheidende Faktoren werden.

FLIEHKRÄFTE IN DER WÄHLER:INNENSCHAFT

Eine programmatische Neudefinition würde für die LINKE jedoch nicht nur auf eine langfristige Positionierung für eine Regierungsbeteiligung in einem rot-rot-grünen Bündnis, sondern allem voran auf die (Zurück-)Gewinnung von Wähler:innen zielen, die die Partei in den letzten Jahren in enormem Ausmaß verloren hat. Bei der Bundestagswahl 2021 entwickelten sich Fliehkräfte in alle Richtungen. Die Partei verlor massiv im eigenen Lager an SPD und Grüne, daneben an alle anderen Parteien, bis hin zur Union und AfD. Zudem verlor die LINKE über eine halbe Million Stimmen an das Lager der Nichtwähler:innen. Schaut man genauer auf die Zahlen, wird deutlich, dass die Partei zwar gerade bei jungen Menschen viele Parteieintritte verzeichnen konnte, zugleich die Zahl der Verstorbenen in Relation zur Mitgliederschaft bei keiner anderen Partei so groß ist wie bei der LINKEN.[15] Vor allem in Ostdeutschland hat die Partei in den letzten Jahren sowohl ihr Potenzial als Protestpartei als auch als *Anwältin des Ostens* eingebüßt. Stand 2019 konnte die Partei in keinem

---

13 Vgl. Schmitt-Beck, S. 15.

14 Vgl. ARD-DeutschlandTREND September 2021.

15 Oskar Niedermayer, Parteimitglieder in Deutschland: Version 2020, Arbeitshefte aus dem Otto-Stammer-Zentrum, Nr. 31, Berlin 2020, tiny.one/indes221j9, S. 91.

Bundesland mehr eine fünfstellige Zahl von Mitgliedern vorweisen. Mitte der 1990er Jahre war dies noch in allen sechs ostdeutschen Bundesländern der Fall gewesen.[16] Bis auf Thüringen und Berlin hat sich dort die Mitgliederzahl zwischen 2005 und 2019 halbiert, während sie in den meisten westdeutschen Bundesländern – wenn auch auf niedrigem Niveau – zumindest stabil blieb.[17] Mit Mitgliederverlusten steht die LINKE in der deutschen Parteienlandschaft zwar keineswegs alleine da. Doch gerade die Erosion der einstigen ostdeutschen Basis einerseits und die geringe Mitgliederdichte in der Fläche westdeutscher Länder andererseits erschweren die (Mobilisierungs-)Aktivitäten. 2019 lag der Mitgliederanteil in Ost und West nahezu gleich auf.[18] Zum Vergleich: 2008, nach der Fusion mit der westdeutschen WASG, war der Anteil ostdeutscher Mitglieder noch gut doppelt so groß wie der Anteil westdeutscher Mitglieder.

Berücksichtigt man, dass bei der Bundestagswahl 2021 langfristige Parteibindungen noch immer zu den »dominanten Prägekräften des Wahlverhaltens«[19] zählten, wiegt der Rückgang des ostdeutschen Rückhalts für die Partei besonders schwer. Doch Parteibindungen gehen zurück, sie aufzubauen braucht viel Zeit, sodass es für die LINKE – aber auch für die anderen Parteien – im Kontext von Wahlen mehr denn je auch darum gehen muss, diejenigen zu erreichen, die keine solche Parteibindung besitzen. Ein weiterer bedeutsamer Aspekt für Die LINKE, die sich selbst als »Partei mit feministischem Anspruch«[20] bezeichnet, ist der stetige Rückgang des Frauenanteils an der Mitgliederschaft. Mit 36,4 Prozent im Jahr 2018 verzeichnete die Partei zwar immer noch den zweithöchsten Frauenanteil hinter Bündnis 90/Die Grünen; jedoch ist dieser Wert seit 1997 um rund zehn Prozentpunkte gesunken. Die LINKE ist damit neben der FDP die einzige Partei, deren Frauenanteil abnimmt.

ZUKUNFTSFRAGEN

Gegenwärtig scheint nicht absehbar, wohin die Partei sich entwickelt. Die anstehende Landtagswahl in Niedersachsen dürfte kaum eine Wende bringen. In aktuellen Umfragen rangiert die Partei bei dürftigen drei Prozent. Im kommenden Jahr steht mit der hessischen Landtagswahl im Heimatland der Parteivorsitzenden Wissler eine neue Bewährungsprobe an. Die Kräfte aller Parteien jedoch konzentrieren sich bereits auf die Europawahl 2024, die auch deshalb von Interesse ist, weil in anderen europäischen Ländern, etwa in Portugal oder Spanien, sozialistische Parteien regieren. Auch in Frankreich hat jüngst das Linksbündnis von Jean-Luc Mélenchon für Aufsehen gesorgt.

Daneben scheint jedoch der nahe Herbst für die Partei Potenziale zu bieten. Es ist nicht frei von Zynismus, dass ausgerechnet die durch den russischen Angriffskrieg auf die Ukraine ausgelösten und verstärkten sozialen Probleme

16 Der Spitzenwert lag 1996 in Sachsen noch bei 27.401 Mitgliedern.

17 Niedermayer, S. 18.

18 Auf knapp 32.000 Mitglieder im Osten kamen gut 29.000 Mitglieder im Westen.

19 Schmitt-Beck, S. 12.

20 Vgl. die Selbstdarstellung auf der Website der Partei, tiny.one/indes221j10.

Schieflagen erzeugen, die für die LINKE politisch nutzbar sein könnten. Wenn Mieter:innen ihre Heizkostenrechnungen nicht mehr begleichen können, Energiepreise gerade Geringverdiener:innen besonders stark belasten und ein neuer Corona-Winter droht, könnte die LINKE ihr programmatisches Profil schärfen. Dazu braucht es jedoch neben außenpolitischen Kursklärungen eigene und von einer breiten innerparteilichen Basis getragene Antworten auf die großen Fragen der Zeit. Thomas Falkner ist zuzustimmen, wenn er feststellt, dass

»*die Idee einer bloßen Umkehr der politischen und ökonomischen Machtverhältnisse [wie sie immer noch in einer gewissen Breite in der Partei vertreten wird, J. R.] lediglich Ausdruck einer Flucht aus dem demokratischen Wettbewerb um die angemessene Gestaltung einer modernen Gesellschaft [ist], die mehr als nur kapitalistisch ist.*«[21]

Jüngste Nachrichten über eine Kampagne der Partei für die kommenden Monate lassen bislang jedoch wenig erwarten. Eine Videobotschaft des Parlamentarischen Geschäftsführers Jan Korte kommt in wütendem, teils populistischem Sprech daher, lässt inhaltliche Forderungen der Partei in den Hintergrund treten und setzt damit fort, womit die Partei in den letzten Jahren gescheitert ist.[22] Womöglich bieten die oft nur wenig beachteten vier Regierungsbeteiligungen der Partei in Bremen, Berlin, Mecklenburg-Vorpommern und Thüringen, wo sie mit Bodo Ramelow sogar den Ministerpräsidenten stellt, für die LINKE künftig einmal mehr die Gelegenheit, Krisenfestigkeit und Gestaltungswillen unter Beweis zu stellen. Bislang, etwa während der Corona-Pandemie, ist es der Partei nicht gelungen, daraus über die jeweiligen Bundesländer hinaus Kapital zu schlagen. Dies mag auch dem Umstand geschuldet sein, dass die in den Ländern in exekutiver Verantwortung stehenden Personen, etwa der Berliner Kultursenator Klaus Lederer, aber auch Bodo Ramelow in Thüringen, hinsichtlich ihres parteipolitischen Engagements auf der Bundesebene zumeist vornehme Zurückhaltung an den Tag legen. Zugleich kann man sich des Eindrucks nicht erwehren, dass Teile der Partei diese bestehenden Regierungsbeteiligungen mehr dulden als wertschätzen und nicht wenige noch immer nicht von der »habituellen Opposition gegen jedwede staatliche Entscheidung«[23] lassen können. Die neue Rolle als einzige linke Oppositionspartei gegenüber einer Ampel-Bundesregierung, die vor allem durch die sozial- und finanzpolitischen Querschläge der FDP permanent in sich herausgefordert bleibt, böte Ansatzpunkte zur Erneuerung und Profilierung. Es bleibt demnach vorerst abzuwarten, ob die LINKE tatsächlich vor der Wende zum Ende – oder womöglich doch zu einem Neuanfang – steht.

---

21 Falkner, S. 285.

22 Lesenswert dazu Uwe Jahn, Hoffen auf den Herbst, 06.08.2022, tiny.one/indes221j11.

23 Falkner, S. 275.

Dr. Julia Reuschenbach promovierte an der Universität Bonn mit einer Arbeit zu Geschichtspolitik als Politikfeld. Seit 2022 ist sie als Wissenschaftliche Mitarbeiterin an der Arbeitsstelle Politische Soziologie der Bundesrepublik Deutschland des Otto-Suhr-Instituts für Politikwissenschaft an der Freien Universität Berlin tätig. Sie lehrt und forscht zu Parteien, Wahlkämpfen, politischer Kommunikation und Politikfeldern und ist seit 2015 Co-Sprecherin des Arbeitskreises Hochschullehre in der Deutschen Vereinigung für Politikwissenschaft.

FRANKREICHS NEUE PARTEIENLANDSCHAFT

STARKE RÄNDER, GESCHWÄCHTES ZENTRUM

Ξ Simon Braun

Nach Jahrzehnten eines bipolaren Parteiensystems, in dem sich die gemäßigte Rechte und die gemäßigte Linke an der Regierung abgelöst hatten, wird die französische Parteienlandschaft fortan von drei Blöcken dominiert: einer sozialökologischen Linken, einem liberalen Zentrum und einer nationalautoritären Rechten. Diese Dreiteilung des politischen Systems hat sich 2022 – anders als noch im Wahlzyklus 2017 – erstmals auch in den Parlamentswahlen niedergeschlagen und spiegelt sich in der Zusammensetzung der neuen Nationalversammlung wider. Die Präsidentschafts- und Parlamentswahlen 2022 haben daher den Beleg geliefert, dass die fünf Jahre zuvor eingeleitete Umwälzung des Parteiensystems von Dauer und das etablierte Parteiensystem der V. Republik endgültig passé ist.

DÉJÀ-VU BEI DEN PRÄSIDENTSCHAFTSWAHLEN

Aus mehreren Gründen wurde die Präsidentschaftswahlkampagne vielfach als unbefriedigend wahrgenommen. Erstens hatten Umfragen schon seit geraumer Zeit nahegelegt, dass es zu einer Neuauflage der Stichwahl von 2017 zwischen Emmanuel Macron und Marine Le Pen kommen werde. Lediglich für wenige Wochen im Herbst 2021 schienen die Dinge in Bewegung zu geraten, als eine massive Medienoffensive des rechtsextremen Publizisten Éric Zemmour dessen Stichwahleinzug in den Bereich des Möglichen rücken ließ und enge Vertraute Le Pens ins Zemmour-Lager überliefen. Besonders symbolträchtig waren der Verrat von Le Pens eigenem Wahlkampfchef sowie von ihrer lange Zeit als Nachfolgerin gehandelten Nichte Marion Maréchal. Zweitens überlagerte der russische Angriffskrieg gegen die Ukraine über Wochen hinweg die Wahlkampagne. Während Macron seine Rolle als Krisenmanager geschickt zu nutzen wusste und einen deutlichen Schub in den Umfragen verzeichnen konnte, gerieten die in der Vergangenheit für ihre Putin-Nähe bekannten Kandidat:innen Le Pen und Zemmour sowie der Linkspopulist Jean-Luc Mélenchon im Gegenzug spürbar unter Druck. Schließlich trug auch Macrons Unlust, seine komfortable Position als amtierender Präsident aufzugeben und in die Wahlkampfarena hinabzusteigen, ihren Teil zur spannungsfreien Wahlkampagne bei. Er inszenierte sich als vielbeschäftigter Staatsmann, der kaum Zeit für die Niederungen der Tagespolitik, geschweige denn für eine Wahlkampagne habe, und entzog sich weitestgehend den politischen Auseinandersetzungen. Entsprechend zögerte er nicht nur die offizielle Verkündigung seiner abermaligen Präsidentschaftskandidatur bis zum spätestmöglichen Zeitpunkt heraus, sondern weigerte sich auch, vor dem ersten Wahlgang an einer TV-Debatte mit seinen Herausforderer:innen teilzunehmen.

Die politischen Debatten des Wahlkampfs wurden im Spätherbst 2021 zunächst von den Themenkomplexen Terrorismus und Einwanderungspolitik dominiert, was sowohl auf die anhaltenden islamistischen Terroranschläge als auch auf den steilen Aufstieg Zemmours zurückzuführen war, dessen rechtsradikaler Verschwörungstheorie einer vermeintlichen »Umvolkung« in den Medien breiter Raum eingeräumt wurde. Mit der Übernahme der EU-Ratspräsidentschaft durch Frankreich im Januar 2022 rückte zu Beginn des Jahres die Europafrage in den Vordergrund und gab Macron die Gelegenheit, sich als überzeugter Pro-Europäer zu präsentieren. Im Gegenzug belegte unter anderem die heftige Kontroverse über das Hissen der Europaflagge am Pariser Triumphbogen – vor allem die Kandidat:innen des rechten Spektrums hatten diese symbolische Geste als Angriff auf die nationale Identität kritisiert – einmal mehr, wie sehr sich die politischen Geister in Frankreich am Europathema scheiden. Im Gegensatz zur Präsidentschaftswahl 2017, die den begrenzten Anklang eines harten Euroskeptizismus offengelegt hatte, forderte unter den relevanten Präsidentschaftskandidat:innen jetzt allerdings keine:r mehr den Austritt Frankreichs aus der EU oder der Eurozone. Im Frühjahr wiederum bewirkten die indirekten Auswirkungen des Kriegs in der Ukraine, allen voran die steigende Inflation und die galoppierenden Energie- und Benzinpreise, dass soziale Fragen die letzten Wahlkampfwochen dominierten. Ökologische Themen *indes* fanden im Präsidentschaftswahlkampf – was insbesondere aus deutscher Perspektive befremdlich scheint – kaum Beachtung.

VOLKSPARTEIEN, *FRONT RÉPUBLICAIN* UND WAHLBETEILIGUNG IM NIEDERGANG

Zur ersten Runde der Präsidentschaftswahl am 10. April 2022 traten zwölf Kandidat:innen an. Amtsinhaber Macron landete mit 27,8 Prozent auf dem ersten Platz, gefolgt von Marine Le Pen (23,2 Prozent) und Jean-Luc Mélenchon (22,0 Prozent). Alle drei konnten damit im Vergleich zu 2017 weiter zulegen und vereinten zusammen knapp drei Viertel der abgegebenen

Stimmen auf sich. Die übrigen Bewerber:innen folgten mit großem Abstand: Zemmour erhielt 7,1 Prozent, die rechtsbürgerliche Valérie Pécresse 4,8 Prozent und der grüne Kandidat Yannick Jadot 4,6 Prozent der Stimmen. Besonders blamabel war das Ergebnis für die sozialistische Kandidatin und Pariser Bürgermeisterin Anne Hidalgo, die mit gerade einmal 1,7 Prozent der Stimmen auf dem drittletzten Platz landete. Die Wahlbeteiligung lag mit 73,9 Prozent vier Prozentpunkte unter jener von 2017. In der zweiten Runde, der Stichwahl, setzte sich Macron mit 58,5 Prozent gegen Le Pen durch, die auf 41,5 Prozent kam. Die Wahlbeteiligung sank weiter auf 72,0 Prozent und erreichte damit ihren niedrigsten Wert bei einer Präsidentschaftswahl seit fünfzig Jahren. Betrachtet man dieses Wahlergebnis genauer, so lässt sich bereits in der ersten Runde der Präsidentschaftswahl die Tendenz zur Blockbildung erkennen.

Zahlreiche Wähler:innen entschieden sich dafür, ihre Entscheidung nicht allein auf Grundlage ihrer parteipolitischen und persönlichen Präferenzen zu treffen, sondern auch strategische Überlegungen zu berücksichtigen. Diese Dynamik der *vote utile* führte dazu, dass die jeweils bestplatzierten Kandidat:innen der drei Blöcke (Mélenchon, Macron, Le Pen) im Vergleich zu den letzten Vorwahlumfragen jeweils deutlich zulegen konnten. Der zweite Befund bezieht sich auf den fortgesetzten und offenbar irreversiblen Abstieg der beiden ehemaligen Volksparteien, der Sozialisten und der Republikaner. Bei der Präsidentschaftswahl 2017 hatten mit François Fillon und Benoît Hamon zwar erstmals beide Kandidaten der vormals großen Parteien den Einzug in die Stichwahl verpasst, allerdings waren sie gemeinsam immerhin noch auf 26 Prozent der Stimmen gekommen. Fünf Jahre später gaben weniger als sieben Prozent der Wähler:innen ihre Stimme für Pécresse oder Hidalgo ab. Auch wenn jeweils spezifische Ursachen für ihren Niedergang verantwortlich sind, leiden sowohl Sozialisten als auch Republikaner darunter, zwischen dem Zentrum und den politischen Rändern auf der Rechten und der Linken aufgerieben zu werden. Beide Parteien kämpfen daher an zwei Fronten, was ihre strategische Positionierung im Parteiensystem umso schwieriger macht. Zugleich stehen sie vor enormen finanziellen Herausforderungen, da ihre Kandidatinnen bei der Präsidentschaftswahl weniger als fünf Prozent erreichten und sie damit von der Wahlkampfkostenerstattung ausgeschlossen sind.

Mit Blick auf den zweiten Wahlgang ist zunächst die zunehmende Erosion des *front républicain* aller demokratischen Kräfte zur Verhinderung eines Wahlerfolgs der extremen Rechten hervorzuheben. Denn während Macron fünf Jahre zuvor noch 32 Prozentpunkte vor Le Pen gelegen hatte, betrug sein

Vorsprung 2022 gerade einmal 17 Prozentpunkte. Passend dazu betrachten immer weniger Wähler:innen den *Rassemblement National* (RN) als eine Gefahr für die Demokratie.[1] Die von Marine Le vorangetriebene Strategie der »Entdiabolisierung«, die das rechtsextreme Erbe der Partei vergessen machen soll und 2018 in der Umbenennung des ehemaligen *Front National* (FN) kulminierte, scheint also zunehmend Früchte zu tragen. Dabei profitierte sie auch von der Kandidatur Zemmours, dessen offen rechtsextreme Positionen ihr eigenes Programm im Vergleich beinahe moderat erscheinen ließen. Schließlich nimmt die Wahlenthaltung immer besorgniserregendere Ausmaße an. Rechnet man die ungültigen und leeren Stimmzettel hinzu, weigerten sich über ein Drittel der Wahlberechtigten, in der zweiten Runde ihr Kreuz für Macron oder Le Pen zu setzen. Zahlreiche Wähler:innen lehnten es offenbar ab, sich für das »kleinere Übel« zu entscheiden und für eine:n von zwei Kandidat:innen zu votieren, die beide kaum ihre eigenen politischen Überzeugungen repräsentierten. Vor allem auf der Linken herrschte eine enorme Frustration, nach 2017 in der Stichwahl erneut für Macron stimmen zu müssen, dessen Politik viele äußerst kritisch gegenüberstanden. Entsprechend enthielten sich knapp die Hälfte der Wähler:innen Mélenchons im zweiten Wahlgang der Stimme.[2]

NEUES LINKSBÜNDNIS

Den ungewöhnlich großen Abstand zwischen den Urnengängen nutzten die relevanten Parteien auf der Linken – Mélenchons linkspopulistische *La France Insoumise* (LFI, dt.: »Aufsässiges Frankreich«), Kommunisten (PCF), Grüne (EELV) und Sozialisten (PS) –, um ein gemeinsames Wahlbündnis zu schmieden, die *Nouvelle Union populaire écologique et sociale (Nupes)*. Gestärkt durch das gute Abschneiden Mélenchons bei der Präsidentschaftswahl konnte LFI das neue Bündnis sowohl mit Blick auf die Wahlkreisverteilung als auch auf die programmatische Positionierung dominieren. Vor allem der vereinbarte Konfrontationskurs gegen die gegenwärtige Ausrichtung der Europäischen Union war innerhalb der traditionell eher EU-freundlichen Grünen und Sozialisten heftig umstritten. Schließlich beugten sie sich jedoch dem radikalen Programm Mélenchons, da sie fürchten mussten, ohne das Wahlbündnis bei den Parlamentswahlen kaum Mandate erringen zu können. Im Gegenzug profitierte auch LFI von der Bildung des Wahlbündnisses, da die Partei lokal kaum verankert und auf die regional weiterhin starken Strukturen der Sozialisten und – mit Abstrichen – der Grünen angewiesen war. Erklärtes Ziel von *Nupes* war es, der Linksallianz eine Mehrheit in der Nationalversammlung zu verschaffen und somit Macron zu »zwingen«,

[1] Vgl. Kantar Public, Baromètre d'image du Rassemblement National, Februar 2022, tiny.one/indes221u1.

[2] Vgl. Julie Carrat, Au second tour, l'électorat Mélenchon partagé entre le vote Macron et l'abstention, in: Le Monde, 28.04.2022, tiny.one/indes221u2.

Mélenchon zum Premierminister zu ernennen. Auch wenn dieses Ziel von vornherein wenig realistisch schien, konnte diese Strategie linke Wählerschichten mobilisieren.

Der zentristische Block um Macron hatte schon im Herbst 2021 das Wahlbündnis namens *Ensemble* geschlossen, um die moderaten politischen Kräfte für die Parlamentswahlen im Juni 2022 unter einem Dach zu bündeln. Zu dieser Parteienkoalition gehören neben Macrons *La République En Marche* (zukünftig *Renaissance*) und dessen liberalem Bündnispartner *MoDem* auch die von Macrons ehemaligem Premierminister Édouard Philippe gegründete Mitte-rechts-Partei *Horizons* sowie drei weitere kleinere Parteien mit sozialdemokratischen und ökologischen Profilen. Auf ein gemeinsames Wahlprogramm konnten sich die unterschiedlichen Parteien allerdings nicht einigen; das einzige verbindende Element von *Ensemble* bestand in der gemeinsamen Unterstützung Macrons. Während der linke und der zentristische Block somit jeweils mit vereinten Kräften in die Parlamentswahlen zogen, schlug Le Pen nach dem giftig geführten Präsidentschaftswahlkampf zwischen ihr und Zemmour dessen Angebot eines gemeinsamen Wahlbündnisses aus.

NEUE INSTABILITÄT

Macrons Parteienbündnis *Ensemble* wurde zwar als stärkste politische Kraft bestätigt, verfehlte die absolute Mehrheit mit 246 von 577 Sitzen allerdings deutlich. Erstmals seit der Verkürzung der Amtszeit des Staatspräsidenten auf fünf Jahre, die in Verbindung mit der Inversion des Wahlkalenders dazu geführt hat, dass die Parlamentswahlen seit 2002 stets kurz nach der Präsidentschaftswahl stattfinden, wurde einem frisch gewählten Präsidenten damit eine absolute Parlamentsmehrheit zur Umsetzung seiner Politik verwehrt. Besonders schmerzhaft für das Regierungslager waren die Niederlagen von zahlreichen politischen Schwergewichten, darunter der langjährige Parlamentspräsident Richard Ferrand und der bisherige Fraktionsvorsitzende Christophe Castaner. Für das Wahlbündnis *Nupes* zogen 131 Abgeordnete in die neugewählte Nationalversammlung ein, wobei innerhalb der Linksallianz über die Hälfte der Mandate auf LFI entfielen. Da deren grüne, kommunistische und sozialistische Bündnispartner die von Mélenchon angeregte Bildung einer gemeinsamen parteiübergreifenden Fraktion zurückgewiesen haben, wird die größte Oppositionsfraktion fortan vom RN gestellt. Mit 89 Abgeordneten erzielte die Partei ihr bislang bestes Ergebnis bei einer Parlamentswahl und konnte erstmals seit 1986 – der bislang einzigen Parlamentswahl unter Anwendung des Verhältniswahlrechts – eine eigene Fraktion bilden. Den rechtskonservativen Republikanern gelang es dank ihrer starken lokalen

Verwurzelung, die erwarteten Verluste in Grenzen zu halten und immerhin 64 Abgeordnete in die Nationalversammlung zu entsenden. Die Wahlbeteiligung bei den Parlamentswahlen lag mit gerade einmal 46 Prozent im ersten und 47,5 Prozent im zweiten Wahlgang noch einmal deutlich unter der Wahlbeteiligung bei der Präsidentschaftswahl, wobei – zum Schaden von *Nupes* – vor allem die junge Generation den Wahlurnen fernblieb. Weniger als dreißig Prozent der 18- bis 24-Jährigen gaben im zweiten Wahlgang ihre Stimme ab.[3]

Im Großen und Ganzen bestätigten die Parlamentswahlen das Ergebnis der Präsidentschaftswahl und die Aufteilung der Parteienlandschaft in einen sozialökologischen, einen zentristischen und einen national-autoritären Block. Ungeachtet des absoluten Mehrheitswahlrechts, das in der Vergangenheit häufig für Verzerrungen zwischen Stimmenanteilen und Parlamentssitzen gesorgt hatte, spiegeln sich die gegenwärtigen politischen Kräfteverhältnisse damit auch im Parlament wider. Fortan wird die Nationalversammlung vorrangig aus einem breiten Bündnis aus Mitte-Parteien sowie aus Abgeordneten der politischen Ränder gebildet, wobei vor allem das starke Abschneiden des RN in diesem Ausmaß für viele Beobachter:innen überraschend kam. Begünstigt wurde dieser Wahlerfolg der extremen Rechten nicht zuletzt dadurch, dass weder das Regierungslager noch *Nupes* eindeutig dazu aufgerufen hatten, im zweiten Wahlgang für den jeweiligen Gegner eines RN-Kandidaten zu stimmen. Die Stärke des RN ist daher ein weiterer Beleg für die zunehmende Erosion des *front républicain.*

NEUE UNWÄGBARKEITEN

Auch wenn die Aufteilung der französischen Parteienlandschaft in die drei beschriebenen Blöcke von Dauer zu sein scheint, ist diese Neustrukturierung mit einigen Unwägbarkeiten behaftet. Mit Blick auf das Zentrum besteht die größte Herausforderung darin, eine faktisch ausschließlich auf dem Charisma Macrons beruhende Ad-hoc-Partei in eine stabile politische Kraft zu transformieren. Bis heute haftet der Partei das Image eines Präsidentenwahlvereins an, der sich kaum von seinem Gründer und Sinnstifter emanzipieren konnte. Spätestens mit Blick auf die Präsidentschaftswahl 2027, nach der zweiten und laut Verfassung letzten aufeinanderfolgenden Amtszeit Macrons, wird sich die Frage nach dessen Nachfolge stellen. Mit dem ehemaligen Premierminister Edouard Philippe sowie dem Wirtschafts- und Finanzminister Bruno Le Maire stehen zwar mindestens zwei potenzielle Präsidentschaftskandidaten bereit, allerdings bleibt abzuwarten, ob der Führungswechsel reibungslos gelingen wird oder ob die Spannungen zwischen den Bündnispartnern aufbrechen werden.

---

[3] Vgl. Dina Cohen, L'abstention massive des jeunes inquiète les états-majors, in: Le Figaro, 19.06.2022, tiny.one/indes221u3.

Auch die Neustrukturierung der politischen Linken ist noch mit vielen Unsicherheitsfaktoren behaftet. Denn auch der Erfolg von LFI, die endgültig die Vorherrschaft im linken Lager übernommen zu haben scheint, beruht maßgeblich auf der Persönlichkeit ihres Anführers. Mélenchon verfügt *indes* über kein Parlamentsmandat mehr und hat bereits angekündigt, in fünf Jahren nicht mehr als Präsidentschaftskandidat zur Verfügung zu stehen. Es bleibt daher abzuwarten, ob die Partei dauerhaft das Gravitationszentrum des linken Lagers bilden können wird. Zudem wird spätestens die Europawahl 2024 Aufschluss darüber geben, ob die innerhalb der Linksallianz strittige Europafrage das Potenzial hat, die gegenwärtigen Bündnispartner zu entzweien.

Am positivsten stellt sich die Lage für den RN dar. Die mit dem historisch guten Abschneiden verbundenen öffentlichen Zuwendungen bedeuten nicht nur eine erhebliche finanzielle Entlastung für die hochverschuldete Partei, sondern die parlamentarische Bühne bietet ihr auch eine große Chance, sich als eine »normale« Partei im Parteiensystem zu etablieren. Folglich versucht Le Pen, die sich als Fraktionsvorsitzende ganz auf die Parlamentsarbeit konzentrieren will und daher den Parteivorsitz dauerhaft abgegeben hat, ihre Fraktion als verantwortungsbewusste Opposition zu präsentieren, um den RN langfristig als glaubwürdige Regierungsalternative in Stellung zu bringen. Zur »Normalisierung« der Partei trägt auch bei, dass sich der jahrzehntelange Sperrgürtel *(cordon sanitaire)* um die Partei gelöst hat. So wurden mit Stimmen der Regierungsfraktionen und der Republikaner erstmals zwei RN-Abgeordnete ins Präsidium der Nationalversammlung gewählt und werden künftig als Vizepräsidenten Plenarsitzungen leiten. Immerhin blieb das Drängen der RN-Fraktion, im Sinne der Entdiabolisierungsstrategie im Plenarsaal nicht mehr rechts außen, sondern zwischen der Regierungsfraktion und den Republikanern zu sitzen, vergeblich. Unterdessen tobt bei den Republikanern ein Richtungskampf. Der bisherige Parteivorsitzende Christian Jacob hatte sich stets dafür eingesetzt, eine eigenständige Kraft innerhalb der bürgerlichen Rechten zu bleiben. Allerdings droht die Partei mit diesem Kurs langfristig zwischen dem Zentrum und der extremen Rechten zerrieben zu werden. Während einflussreiche Teile der Partei daher für eine Öffnung hin zu Macrons Regierungslager plädieren, zeigen sich radikalere Kräfte offen für eine Allianz mit dem RN. Die Neuwahl des Parteivorsitzes im Herbst wird Aufschluss darüber geben, welchen Kurs die Partei einschlagen wird oder ob gar eine Spaltung droht.

NOTWENDIGE KOMPROMISSE UND NEUE FREIHEITEN

Die skizzierte Neustrukturierung der Parteienlandschaft hat auch Auswirkungen auf die Funktionsweise des politischen Systems, denn der Ausgang der Parlamentswahlen und das Fehlen einer Mehrheit für das Regierungslager wird den parlamentarischen Charakter des politischen Systems stärker in den Vordergrund rücken. Die neue Minderheitsregierung unter Premierministerin Élisabeth Borne wird gezwungen sein, jenseits des Regierungslagers Mehrheiten für ihre Gesetzesvorhaben zu organisieren und Kompromisse mit der Opposition zu schmieden. Diese gewissermaßen erzwungene Wiederbelebung der parlamentarischen Zusammenarbeit über Parteigrenzen hinweg könnte zugleich eine dringend benötigte Frischzellenkur des politischen Systems bedeuten, dessen Probleme sich vor allem in der geringen Wahlbeteiligung widerspiegeln. Ironischerweise könnte ausgerechnet der oftmals wegen seiner vertikalen Amtsführung kritisierte Macron einen Ausweg aus dieser demokratischen Malaise bieten. Schließlich darf er bei der Präsidentschaftswahl 2027 qua Verfassung nicht mehr antreten und könnte diese Freiheit dazu nutzen, während seiner zweiten Amtszeit einige institutionelle Reformvorhaben anzuschieben. Die bereits 2017 von Macron versprochene und von fast allen politischen Kräften geforderte Einführung eines (teilweisen) Verhältniswahlrechts könnte ein erstes Beispiel für eine solche parteiübergreifende Zusammenarbeit zur notwendigen Reformierung des politischen Systems sein. Schließlich könnte die Etablierung eines Verhältniswahlrechts, welches die politischen Kräfteverhältnisse besser abbilden würde, dazu beitragen, der seit Jahren sinkenden Wahlbeteiligung entgegenzuwirken.

Einen ersten Hinweis auf die weitere Entwicklung des Parteiensystems und die Dauerhaftigkeit der geschlossenen Wahlbündnisse wird die Europawahl 2024 liefern. Die Präsidentschafts- und Parlamentswahlen 2027 werden dann Aufschluss darüber geben, ob die skizzierte Dreiteilung der Parteienlandschaft weiter Bestand haben wird und welchem der drei Blöcke es am besten gelingen wird, seine Kräfte zu bündeln.

Simon Braun hat Politikwissenschaft und Geschichte in Bonn und Paris studiert. Seine Forschungsschwerpunkte liegen in der vergleichenden Analyse des politischen Systems Frankreichs sowie in der Analyse des französischen Parteiensystems.

»HASTA LA VISTA, BABY!«
GROSSBRITANNIEN NACH BORIS JOHNSON

Christine Heuer

Großbritannien hat seine Zeitenwende schon hinter sich. Nach dem Brexit war die Welt nicht mehr wie vor dem Brexit. Und das liegt nicht am Projekt an sich, sondern an der Methode, mit der es verwirklicht wurde. Nicht der Austritt aus der Europäischen Union hat das Königreich in seinen Grundfesten erschüttert, sondern der Rechtspopulismus, mit dem er durchgeboxt wurde. Dieser Populismus ist eng mit dem Namen Boris Johnson verknüpft, der den Briten, wie er selbst gern sagt, den Brexit geliefert hat. Nun nimmt der Premierminister, der noch vor Kurzem laut über seine dritte Amtszeit nachdachte, bereits vor dem regulären Ablauf seiner ersten Abschied von Downing Street. Die Briten haben die Möglichkeit, sich auf ihre politischen Tugenden zurückzubesinnen, die Mutter der modernen Demokratie hat die Chance, das Ruder wieder herumzureißen. Doch wird sie sie nutzen?

Im Moment sieht es nicht danach aus. Bis auf Weiteres liegt Britanniens Schicksal in Tory-Hand. Die Konservative Partei regiert bis zur nächsten Wahl, die regulär 2024 stattfinden soll. Ihre Mitglieder allein entscheiden, wer sie und damit das Land bis dahin führen soll. Zur Wahl stehen Liz Truss und Rishi Sunak. Der eine war bis kurz vor Schluss Schatzkanzler unter Boris Johnson, die andere hielt ihm als Außenministerin selbst nach seinem angekündigten Rücktritt noch die Treue. Sie sei loyal, sagte Truss bei einem TV-Duell gegen Sunak, der Premierminister habe Fehler gemacht, aber ob die wirklich so schlimm gewesen seien, dass die Partei ihn abstoßen musste? Das sieht Sunak zwar anders, aber nach Johnsons politischer Bilanz befragt, gab auch er dem scheidenden Premier zehn von zehn Punkten für den Brexit. Beide bekennen sich ohne Wenn und Aber zum EU-Austritt, beider großes Vorbild ist Margaret Thatcher, keiner von ihnen steht für einen politischen Neuanfang. Man muss befürchten, dass die nächsten zwei Jahre so werden, wie die letzten drei waren, nur weniger lustig. Denn was immer man sonst über ihn denken mag: Boris Johnson hat immensen Unterhaltungswert, gegen den Rishi Sunak blass und Liz Truss unbeholfen, mitunter auch unfreiwillig komisch wirkt.

»HASTA LA VISTA, BABY!«

Aber wird Johnson je ganz weg sein – oder ist er vielleicht schon wieder da? In seiner Rücktrittsrede kam das Wort Rücktritt überhaupt nicht vor, und vom Unterhaus hat sich der Premierminister mit dem Ausruf »Hasta la vista, Baby!« – »Bis zum nächsten Mal!« – verabschiedet, einem Zitat aus *Terminator 2 – Tag der Abrechnung*. Man darf das durchaus als politische Drohung verstehen von einem Mann, dessen Idol Winston Churchill ist, der das Vereinigte Königreich bekanntlich ebenfalls zweimal regierte. Die erste Etappe zu einem möglichen Comeback hat Boris Johnson jedenfalls schon vor seinem endgültigen Abschied erfolgreich bewältigt. Mögen ihm seine Beamten in Scharen davongelaufen sein, er selbst durfte bis zum Amtsantritt seines Nachfolgers in Downing Street bleiben. In seinem »Bunker mit Goldtapete«[1] konnte er wochenlang die Strippen ziehen, um Rishi Sunak als seinen Nachfolger zu verhindern. Der Finanzminister hatte mit seinem Rücktritt die Lawine gegen Johnson mit ausgelöst und kurz darauf ein Bewerbungsvideo für den Vorsitz von Partei und Regierung veröffentlicht, das offensichtlich seit Monaten in seiner Schublade bereitgelegen hatte. Team Johnson, hört man, nannte ihn danach nur noch den »verräterischen Drecksack«. Da ist ihnen doch Liz Truss noch lieber. Die lässt sich zwar schon seit Jahren am liebsten als Wiedergängerin von Margaret Thatcher fotografieren, hat aber nichts von den politischen Qualitäten der *Eisernen Lady* und könnte die nächste Regierung rasch an die Wand fahren. Dann wäre die Bühne möglicherweise schon bald frei für *Boris Johnson, Teil 2*.

»IT'S ONE RULE FOR US AND ANOTHER RULE FOR THEM«

Dabei war der erste Teil schon schlimm genug. Nicht weil der Regierungschef den Brexit lieferte, sondern weil er die demokratischen Spielregeln mit Füßen trat und nachhaltig beschädigte. In einem Land ohne geschriebene Verfassung ist das keine Kleinigkeit, sondern ein ernstes Problem. Denn es ist schwer, einzuschreiten, wenn der mächtigste Politiker im Land Regeln bricht, die nicht ganz genau fixiert sind. Wenn er gegen Grundsätze verstößt, die sakrosankt sein sollten. Wenn er findet, dass der Ehrenkodex, der für alle gilt, auf ihn nicht angewendet werden darf. Als Kind gab Boris Johnson als Berufswunsch »König der Welt« an, als Premierminister war er dann so frei, gegen alles zu verstoßen, woran die anderen sich halten müssen, auch gegen Vorschriften, die er selbst erlassen hatte.

---

[1] Keir Starmer, Vorsitzender der Labour Party, am 20.07.2022 in der Fragestunde des Parlaments.

Das ist auch der Kern der *Partygate*-Affäre, die ihm die Bürger so nachhaltig übelnahmen, dass sie ihn loswerden wollten. »It's one rule for us and another rule for them« wurde zum geflügelten Wort, weil es den Skandal bündig zusammenfasst. Es geht nicht darum, dass Johnson im Lockdown Kuchen mit seinen Mitarbeitern aß, es geht nicht einmal um die Saufgelage, in denen das Laisser-faire in Downing Street gipfelte. Das und seine Lügen darüber hätten die sonst so gelassenen, freundlichen Briten ihrem Regierungschef verziehen, hätte auch nur eine seiner vielen Entschuldigungen wirklich reumütig auf sie gewirkt. Was sie ihm nicht verzeihen, ist, dass er sich so ungeniert über das Gesetz stellte. Es geht darum, dass die Regierenden die Freiheit der Bürger schmerzlich einschränkten, während sie sich selbst jede Freiheit nahmen, und dass sie darüber auch noch lachten. Ende letzten Jahres strahlte der Fernsehsender *ITV* ein aus Downing Street geleaktes Video aus, in dem Johnsons Pressesprecherin Witze über die verbotenen Lockdown-Partys machte. Es war der Wendepunkt für den Premierminister. Von da an ging's bergab.

Dabei ist Regelbruch eigentlich Johnsons Erfolgsrezept. »Das Vehikel, in dem Boris Johnson zur Macht schwamm, war der Brexit,« resümiert der irische Kolumnist Fintan O'Toole.[2] Der »Populist aus Eton« habe den Brexit als anarchische, freiheitsliebende, Regeln brechende Figur kongenial verkörpert. Und genau aus diesem Grund hätten am Ende 52 Prozent der Briten für den Austritt gestimmt. Dass sich so viele Bürger mit den Lügen und leeren Versprechungen der *Vote Leave*-Kampagne ködern ließen, ist schlimm genug. Noch schlimmer *indes* ist, dass auch so viele seiner Parteigenossen auf Johnsons Vehikel aufsprangen. Ob aus Überzeugung oder nicht, ist dabei zweitrangig. Sie alle erlagen dem gewaltigen Machtversprechen von Johnsons Brexit. Und dieses Versprechen immerhin hat der Premierminister drei Jahre lang gehalten. Erst als er und mit ihm seine Partei in der Wählergunst beängstigend abrutschten, erst als die Bürger mit ihm fertig waren, ließen ihn auch die Tories fallen. Bis dahin hatten die meisten von ihnen kein Problem gehabt mit einem Regierungschef, der Anstand vermissen ließ und eine Politik verfolgte, die dem Land unter dem Strich mehr geschadet als genutzt hat.

»I, ME, MINE«

Seitdem seine Tage als Premierminister gezählt sind, hört Boris Johnson gar nicht mehr auf, sich selbst zu loben. Zu seinen größten Erfolgen zählt er den Brexit, die Coronapolitik und seine Unterstützung für die Ukraine gegen Russland. Letztere steht tatsächlich auf der Habenseite seiner Bilanz, gleichzeitig jedoch auch in der Kontinuität britischer Außenpolitik, die seit

[2] Fintan O'Toole, Why was Boris Johnson so influential at such a momentous moment?, in: The Irish Times, 09.07.2022.

Langem sehr Ukraine-freundlich und im Inland unumstritten ist. Selbst die Opposition sammelt sich in dieser Frage hinter der Regierung. Ob Johnsons Ukraine-Strategie tatsächlich besonders effektiv ist, lässt sich deshalb nur im internationalen Vergleich beurteilen. Aber wie groß ist schon das Verdienst, entschlossener zu reden und zu handeln als der deutsche Bundeskanzler Olaf Scholz? Auch Corona ist kein voller Erfolg für Boris Johnson. Erfolgreich ist nur das Impfprogramm, von dem er gern behauptet, es wäre innerhalb der EU so nicht möglich gewesen. Eine glatte Lüge, wie so vieles aus seinem Mund. Und der Brexit? Den hat Johnson – bemerkenswert unbritisch – mehr als Ideologie denn als pragmatisches Projekt behandelt. Es ging darum, den Keil zwischen die Briten und die bei vielen von ihnen regelrecht verhasste EU möglichst tief zu treiben. Deshalb durfte es nicht der vergleichsweise weiche Brexit von Theresa May sein, deshalb musste ein harter Brexit her, der jede Bindung an Binnenmarkt und Zollunion ein für alle Mal kappte. Wirtschaft und Bevölkerung schadet das noch immer massiv: Ihr EU-Austritt kostet die Briten nach offiziellen Berechnungen vier Prozent ihres Bruttoinlandsprodukts, jedes Jahr und auf lange Sicht.[3] Boris Johnsons politische Bilanz ist keineswegs so strahlend, wie er gern behauptet. Sein politisches Vermächtnis ist *indes* verheerend: die Beschädigung der britischen Demokratie.

In seiner kurzen Zeit als Premierminister hat Boris Johnson tragende Pfeiler des politischen Systems des Vereinigten Königreichs angegriffen – allen voran das Parlament und die Justiz. Dabei hat er keine Zeit verloren. Kurz nach seinem Amtsantritt bat er die Königin unter Vorspiegelung falscher Tatsachen, das Unterhaus in eine einmonatige Zwangspause zu schicken. Der Grund: Die gewählten Abgeordneten hatten partout darauf bestanden, den EU-Austritt ihres Landes zu beraten und ein Wörtchen dabei mitzureden, wie er ausgestaltet werden sollte – nämlich nicht als *No Deal-Brexit*, wie Johnson es wollte. Der »verfassungsrechtliche Skandal«[4] landete schließlich vor dem Obersten Gerichtshof, der einstimmig urteilte, dass die Unterhausvertagung »ungesetzlich, null und nichtig« war. Tags darauf trat das House of Commons nach gut zwei Wochen erstmals wieder zusammen. Johnson ließ wissen, er widerspreche der Gerichtsentscheidung nachdrücklich. Wenig später kündigte er eine juristische Prüfung der Normenkontrolle an: Der Rechtsweg dürfe nicht »missbraucht« werden, um Politik zu betreiben oder überflüssige Verzögerungen zu kreieren.[5] Das wurde allgemein als Racheakt am Supreme Court aufgefasst.

Mittelbar wirft der Streit über die Unterhausvertagung auch ein Licht auf das Zusammenspiel von Boris Johnson und den ihm wohlgesinnten Medien.

---

3   Website des Office for Budget Responsibility, tiny.one/indes221v1.

4   Der damalige Parlamentspräsident John Bercow am 28.08.2019.

5   Boris Johnson am 15.01.2020 im Unterhaus.

Die Klage am Supreme Court hatte die politische Aktivistin Gina Miller eingereicht. 2016 war sie schon einmal erfolgreich vor Gericht gezogen und hatte verhindert, dass die Regierung May den Brexit ohne vorherige Zustimmung des Parlaments auslöste. Die *Daily Mail* war anderntags mit der Schlagzeile »Enemies of the people« – »Feinde des Volkes« – unter den Porträts der drei beteiligten Richter in ihren Roben erschienen. Diese Vorgeschichte ist wichtig, denn Herausgeber des mächtigen Boulevardblatts war damals Paul Dacre, ein überzeugter *Brexiteer* und *BBC*-Hasser, den Johnson später zum Chef der britischen Medienaufsicht *Ofcom* machen wollte, was allerdings am Widerstand der Berufungskommission scheiterte. Zum Abschied könnte Johnson Dacre nun zu einem Sitz im Oberhaus verhelfen, sein Name steht auf des Premierministers Wunschliste für die Verleihung der Peerswürde an verdiente Freunde und Wegbegleiter. Johnsons *Honours List* ist übrigens doppelt so lang wie die von Theresa May und David Cameron.

»WE ARE THE MASTERS NOW«

Schon im ersten bedeutenden Akt seiner Amtszeit ist alles angelegt, was Boris Johnson als Regierungschef gefährlich gemacht hat für die britische Demokratie: ein autoritärer Regierungsstil, der Wille, seine Gegner nicht zu überstimmen, sondern sie auszuschalten, auch seine Neigung zu Vetternwirtschaft, Korruption und Lüge. John Major, zwischen 1990 und 1997 selbst konservativer Premierminister, warnte kurz vor *Partygate*, in der Regierung herrsche »a general whiff of ›We are the masters now‹« (»ein Hauch von ›Wir sind jetzt die Herren‹«), das müsse aufhören, und zwar sofort.[6] Aber es hörte nicht auf. Allein die Bilanz der letzten paar Monate ist erschreckend: Großbritannien möchte sich ermächtigen, das Nordirland-Protokoll und damit den Kern des Brexit-Vertrags einseitig zu verändern, damit würde es internationales Recht brechen. Flüchtlinge sollen umstandslos nach Ruanda abgeschoben werden können, dafür zahlt London dem ostafrikanischen Staat, in dem willkürliche Verhaftungen und Folter an der Tagesordnung sind, weit über hundert Millionen Pfund. Für sich selbst denkt Großbritannien über einen Ausstieg aus der Europäischen Menschenrechtskonvention nach. Die Polizei darf neuerdings Demonstrationen wegen des Vorwurfs der Ruhestörung auflösen. Der öffentlich-rechtliche Sender *Channel 4* soll verkauft werden, der *BBC* droht die Abschaffung der Rundfunkgebühren – beide Sendeanstalten hält die Regierung für zu regierungskritisch. Summa summarum eine Politik, die Donald Trump zur Ehre gereicht hätte. Wen wundert es da noch, dass Boris Johnson zum Abschied konspirativ warnte, »Labour und der ›deep state‹« wollten den Brexit rückgängig machen?[7]

[6] So Major in der Sendung *Today*, in: BBC, Radio 4, 06.11.2021.

[7] Boris Johnson am 18.07.2022 im Unterhaus.

Das ist natürlich eine Lüge, vielleicht auch nur eine Provokation. Tatsache ist, dass niemand es wagen würde, den Brexit rückgängig zu machen, weder bei den regierenden Konservativen noch in der Labour-Opposition. Unter Boris Johnson ist der EU-Austritt zum regelrechten Kult mutiert, an den niemand rühren darf. Die gläubigsten *Brexiteers* sind im abgehängten Norden Englands zu Hause. Klassisches Labour-Land, in das Johnson 2019 mit seinem Austrittsversprechen erfolgreich einbrach. Dort, in der sogenannten *Red Wall*, könnten sich auch die nächsten Wahlen entscheiden. Deshalb kämpfen die Tories dafür, die zu ihnen übergelaufenen Labour-Wähler zu behalten; Labour möchte sie unbedingt zurückholen. An den Segnungen des Brexits öffentlich zu zweifeln, würde da nur schaden. Und so hat Oppositionsführer Keir Starmer nach langem Zögern kürzlich bekannt, auch seine Partei werde nicht in Binnenmarkt und Zollunion oder zur Arbeitnehmerfreizügigkeit zurückkehren.[8] Dabei wären genau das die Optionen, mit denen der wirtschaftliche Schaden des EU-Austritts geheilt oder wenigstens eingedämmt werden könnte. Doch *Vote Leave*, Nigel Farage, Boris Johnson und Konsorten haben die EU-Hasser im Königreich dermaßen besoffen geredet, dass sich kein Politiker und die wenigsten Medien mehr trauen, der Wahrheit nüchtern ins Auge zu blicken. Mögen sich die LKW noch so viele Kilometer vor Dover stauen, mögen die Supermarktregale und Tanksäulen noch so leer sein und der Ruf nach bezahlbaren Arbeitskräften noch so ungehört verhallen: Mit dem Brexit darf das alles nichts zu tun haben.

Im wirklichen Leben führt das immer wieder zu absurden Verdrehungen. Zu Beginn der Sommerferien kam es vor den Fährhäfen am Ärmelkanal zum Verkehrschaos. Dover ist ein Nadelöhr zum Kontinent, das sich bei großem Andrang rasch schließt – zum Beispiel, wenn tausende britische Familien sich auf den Weg in den Urlaub nach Südeuropa machen. Weil sie aus einem Drittland in die EU einreisen wollten, mussten französische Grenzbeamte die Pässe der Briten überprüfen und abstempeln. Die Formalitäten führten zu stundenlangen Wartezeiten an der englischen Küste. London ärgerte sich und tat, was es in solchen Fällen regelmäßig tut: Es gab Frankreich die Schuld und verlangte von dem EU-Land, das Problem schleunigst zu lösen. Man muss sich das auf der Zunge zergehen lassen: Die Nation, die so dringend die Kontrolle über ihre Grenze zurückhaben wollte, beschwert sich, dass auf der anderen Seite ebenfalls kontrolliert wird. Kein Wort davon, dass der lästige Papierkram allein dem EU-Austritt der Briten geschuldet ist. Keinerlei Einsicht, dass Freizügigkeit in beide Richtungen gilt oder in keine. Die Briten haben einen griffigen Ausdruck für solch eine Haltung: *Cakeism*, den Kuchen essen und ihn trotzdem behalten wollen.

8 Rede beim Centre for European Reform (CER) am 04.07.2022, Kernaussagen abrufbar auf der Labour-Website, tiny.one/indes221v2.

LITTLE ENGLAND

Kann es sein, dass die Bürger früher aus diesem Traum erwachen als diejenigen, die sie regieren? Eine jüngere Umfrage von *YouGov*[9] könnte ein Fingerzeig in diese Richtung sein. Demnach halten 53 Prozent der Befragten den Brexit mittlerweile für einen Fehler, nur 35 Prozent denken noch, dass er richtig war. Angesichts der desolaten Wirtschaftslage Großbritanniens spricht einiges dafür, dass sich dieser Trend in den kommenden Monaten verstärken wird. Die Bürger ächzen unter explodierenden Energie- und Lebensmittelpreisen, die Inflation klettert in schwindelerregende Höhen, die Reallöhne sinken, und ein Ende ist nicht in Sicht. Die Regierung schiebt diese Probleme auf die Pandemie und auf Russlands Angriffskrieg gegen die Ukraine. Sie sagt, die Ursachen seien internationale Krisen. Das ist unbestreitbar richtig. Aber gleich danach beginnen schon wieder die Lügen. Denn die Regierung behauptet auch, anderen Staaten gehe es genauso schlecht, und das wiederum entspricht nicht der Wahrheit. Gerade hat die OECD ihre Wachstumsprognose für 2023 deutlich gesenkt, dem Vereinigten Königreich sagt sie voraus, dass es nächstes Jahr unter den zwanzig führenden Volkswirtschaften der Welt den vorletzten Platz belegen wird – vor Russland auf dem letzten. Und der IWF bescheinigt Großbritannien in seiner Vorschau auf nächstes Jahr das schwächste Wachstum im Reigen der G7-Staaten. Alle haben zu kämpfen, aber in Großbritannien legt der Brexit eben immer noch ein Schippchen drauf. In Großbritannien – also in England, Wales und Schottland –, aber nicht im vierten Landesteil des Vereinigten Königreichs, in Nordirland.

Den Nordiren geht es vergleichsweise gut. Und auch wenn in London niemand darüber sprechen mag: Das liegt daran, dass sie dank des Protokolls faktisch immer noch der Zollunion und dem Europäischen Binnenmarkt angehören. Nordirland wird so zur Blaupause für die wirtschaftlichen Nachteile des Brexits. Eine Mehrheit dort hatte 2016 gegen den EU-Austritt gestimmt und fühlt sich nun bestätigt. Immer mehr Nordiren können sich eine Vereinigung mit der Republik Irland vorstellen und damit ihre vollständige Rückkehr in die Europäische Union. Auch deshalb haben sie bei der letzten Parlamentswahl die republikanische Partei *Sinn Féin* erstmals zur stärksten Kraft gewählt. In Schottland war die Mehrheit ebenfalls gegen den Brexit, auch dort bleibt eine Loslösung vom Königreich auf der politischen Agenda. Die regierende Schottische Nationalpartei (SNP) hat den Obersten Gerichtshof in London angerufen, um ein neues Unabhängigkeitsreferendum zu erzwingen, das sie schon nächstes Jahr durchführen will. Sollte das Gericht dagegen urteilen, will die SNP die Wahlen 2024 zu einem De-facto-Referendum über Schottlands Unabhängigkeit erklären. Dass die schottische Regierung damit

9 Umfrage im Auftrag der *Times*, bei der am 13./14.07.2022 1.733 Briten befragt wurden, tiny.one/indes221v3.

durchkommt, erscheint im Moment zwar eher unwahrscheinlich. Und auch in Nordirland dürfte es noch viele Jahre dauern, bis die Zeit wirklich reif ist, sich zwischen London und Dublin zu entscheiden. Und doch – der Stachel des Brexits sitzt tief, und er beflügelt nachhaltig separatistische Fantasien. Eines Tages könnte Großbritannien aus seinem Traum von alter Souveränität und Größe unsanft erwachen und sich als »Little England« wiederfinden.

»MISSION ACCOMPLISHED!«

In seiner letzten Unterhaus-Rede als Premierminister meldete Boris Johnson Vollzug: »Mission largely accomplished!«, rief er den Abgeordneten zu, seine Mission sei im Wesentlichen erfüllt. Tatsächlich hinterlässt er politisch, ökonomisch und sozial einen Scherbenhaufen. Wer immer diesem Premier nachfolgt, tritt ein schweres Erbe an. Die Probleme sind groß, zahlreich und nicht leicht zu lösen. Anders als beim Brexit 2016 geht es nicht um eine nationale Aufwallung, sondern um reale Sorgen, die alle Bürger in ihrem Alltag umtreiben. Großbritannien steckt in seiner tiefsten Wirtschaftskrise seit Jahrzehnten. Es braucht dringend eine ernsthafte, besonnene und nachhaltige Politik, das genaue Gegenteil und eine Abkehr von Boris Johnsons Populismus. Der scheidende Premier hat das Land gespalten, der oder die Neue in Downing Street muss es wieder zusammenführen und klug lenken, um den sozialen Frieden zu sichern. Leider wecken weder Liz Truss noch Rishi Sunak viel Hoffnung auf eine solche Wende. Beide stehen inhaltlich für ein Weiterso, in ihrem parteiinternen Wahlkampf haben sie sich mit Versprechen am rechten Rand von Politik und Gesellschaft überboten: mehr Brexit, weniger Flüchtlinge, kein Ende im ewigen Streit mit der Europäischen Union. Auch Ton und Stil in ihrem Wettbewerb um den Chefsessel lassen wenig Gutes ahnen. Sunak und Truss haben sich eine persönliche Schlammschlacht geliefert, in der die eine als unfähig und opportunistisch, der andere als Brutus an Boris Johnson und nicht eisern »thatceresk« genug gezeichnet wurde. Auch wenn es nicht ganz so schlimm kommen mag wie unter Boris Johnson, dem »Buffoon«: Ein Neuanfang sieht anders aus. Die nächste Zeitenwende lässt in Großbritannien wohl noch länger auf sich warten.

Christine Heuer, geb. 1967, ist seit 2020 die *Deutschlandfunk*-Korrespondentin für das Vereinigte Königreich und Irland mit Sitz in London. Neben und nach ihrem Germanistikstudium arbeitete sie als Korrespondentin im *DLF*-Hauptstadtstudio in Bonn und Berlin. Später war sie NRW-Korrespondentin, Chefin vom Dienst und Redakteurin in der Abteilung *Aktuelles* ihres Senders. Sie moderierte viele Jahre die Sendung *Informationen am Morgen* im *Deutschlandfunk*.

PERSPEKTIVEN

BRIEFWECHSEL

»VERZEIHEN SIE MEINEN FUROR«

BRIEFWECHSEL ZWEIER »STREITBARER DEMOKRATEN« FÜNFZIG JAHRE NACH DEM RADIKALENERLASS

Ξ Eckhard Jesse / Claus Leggewie

BERUFSVERBOTE 2.0?
CLAUS LEGGEWIE, 30. JANUAR 2022

Lieber Eckhard Jesse,

warum soll eine Demokratie, die in der Nachfolge eines totalitären und genozidalen Regimes entstanden ist und sich gegen Rückschläge und neuerliche Bedrohungen wappnen muss, erklärte Feinde der demokratischen Lebens- und Herrschaftsform gewähren lassen? Es liegt nahe, der Demokratie einen dicken Abwehrgürtel anzulegen, der Bedrohungen ringsum einhegt, sie also so wehrhaft zu machen, dass sie jeder Attacke zuvorkommen und Angriffe kontern kann. Streitbar ist sie, indem sie sich mit Kritikern und Gegnern der in der Verfassung zugrunde gelegten Prinzipien argumentativ auseinandersetzt; wehrhaft dann, wenn sie den Zugang zu Positionen verwehrt, von denen aus die »Zerstörung der Demokratie von innen« (Bundespräsident Steinmeier) erneut möglich wäre.

Diese Lehre zog man aus dem Scheitern der Weimarer Republik. Sie führte 1950 zur Etablierung des Bundesamtes für Verfassungsschutz als einer Art präventiver Gedankenpolizei, es folgten Verbotsprozesse gegen rechts- bzw. linksradikale Flügelparteien (damals: Sozialistische Reichspartei SRP und Kommunistische Partei Deutschlands KPD) und 1972 der Radikalenerlass mit dem Ausschluss von »Verfassungsfeinden« aus dem öffentlichen Dienst.

Die Verteidigung, die Sie, Herr Jesse, als Liberaler diesem Erlass in der *Welt* zukommen ließen,[1] erscheint mir freilich, pardon, dürftig. Zustimmen kann ich höchstens Ihrem Hinweis auf übertriebene Wertungen dieses fünfzig Jahre alten Beschlusses. Der Radikalenerlass hat, wie auch aktuelle

[1] Vgl. Eckhard Jesse, Die linken Maßnahmenkritiker von 1972, in: Die Welt, 28.01.2022, tiny.one/indes221x1.

Zeitzeugeninterviews bestätigen, mit Angstmache Angst und ein verbreitetes Duckmäusertum erzeugt.

Es war ein Reifezeugnis der Republik, dass sie dieses Relikt des Kalten Krieges im Endeffekt geradezu an sich abperlen ließ. Berufsverbote, die ein Promille der durchleuchteten Bewerberinnen und Bewerber für den öffentlichen Dienst trafen, entbehrten ganz offensichtlich jeder Verhältnismäßigkeit[2] – man hätte, wären da nicht die realen Folgen für die Betroffenen gewesen, über diesen Kanonenanschlag auf Spatzen lachen müssen. Denn was die Behörden damals alles als »aktive Handlungen gegen die Demokratie« herausgespitzelt haben, spottet jeder Beschreibung.[3] Im Übrigen bewirkte der Ausschluss linksradikaler (und einiger weniger rechtsradikaler) Anwärter auf staatliche Beamten- und Angestelltenpositionen bei einigen das genaue Gegenteil: weitere Radikalisierung.

Als Zeitzeuge (und Objekt einer langwierigen »Regelanfrage« beim Verfassungsschutz, die nicht zum Verbot der Ausübung meiner Tätigkeit als Wissenschaftler im Beamtenverhältnis führte) sei mir die Erlebnisperspektive erlaubt, die durch einen Zwiespalt geprägt ist. Einerseits waren mir die von den Berufsverboten hauptsächlich betroffenen K-Gruppen (Deutsche Kommunistische Partei DKP und Kommunistischer Bund Westdeutschland KBW) gründlich zuwider: wegen ihrer Bejahung des in der Sowjetunion/DDR beziehungsweise Volksrepublik China angeblich realexistierenden Sozialismus, ihres dogmatischen und sektiererischen Auftretens, ihres durch und durch autoritären Habitus. Die DDR war nicht nur für mich das krasse Gegenteil des Sozialismus; die VR China erkannten auch Salonmaoisten alsbald nicht als eine gegen »Moskau« gerichtete Alternative, sondern als riesigen Gulag.

Doch ging es hier andererseits nicht um eine irregeleitete Konkurrenz. Folglich saß auch ich, der ich Zentralkomitees verachtete und lange Sitzungen nach Möglichkeit mied, in einem »Komitee gegen Berufsverbote« und übte Solidarität mit lenin- und stalintreuen Parteikommunisten, mit denen die Weltanschauungskämpfe um die richtige Auslegung des Marxismus weiter anhielten. Selbst das Engagement von DDR-Stellen und den engen Draht von Komitee-Mitgliedern zum Ministerium für Staatssicherheit musste man grollend hinnehmen. Warum? Es ging hier nicht um »Sozialismus«, sondern um die Verteidigung demokratischer Grundrechte, namentlich der Meinungs- und Berufsfreiheit, gegen ihre vermeintlichen Verteidiger.

Überdies mischte sich das Erschrecken über die Brüchigkeit demokratischer Prinzipien gegenüber politischen Leichtgewichten wie der DKP mit dem Misstrauen gegen eine Sozialdemokratie, die sich in der Großen Koalition mit Nazi-Größen an einen Tisch gesetzt hatte. Nun spürte ihre Galionsfigur Willy

[2] Dazu abschließend das Grundsatzurteil 7/1994/454/535 bzw. 17851/91 vom 26. September 1995 des Europäischen Gerichtshofs für Menschenrechte.

[3] Ein einschlägiges Sündenregister findet sich bei Detlef Borchers, Missing Link. 50 Jahre Radikalenerlass, 23.01.2022, in: heise.de, tiny.one/indes221x2.

Brandt in der Ministerpräsidentenkonferenz gemeinsam mit dem »furchtbaren Richter« Hans Filbinger aus Baden-Württemberg »Radikale« auf. Die Ironie der Geschichte war, dass die KPD als DKP nach Verhandlungen mit Justizminister Gustav Heinemann faktisch wiederzugelassen worden war – als innenpolitische Ergänzung der neuen Ostpolitik nach außen.

Während der Verfassungsschutz – ich bleibe dabei: ein Unikat unter den westlich-liberalen Demokratien – nach Phasen der normativen oder prozeduralen Infragestellung im »Kampf gegen rechts« wieder breite Zustimmung genießt, ist das »scharfe Schwert« des Parteiverbots mit dem gescheiterten Prozess gegen die Nationaldemokratische Partei Deutschlands (NPD), auch im Blick auf die europäische Gesetzgebung, stumpf geworden. Und der Radikalenerlass, der schon 1979 faktisch revidiert wurde und lediglich in Bayern bis 1992 überlebte, gilt heute fast unisono und zu Recht als Verstoß gegen demokratische Spielregeln.

Ich hoffte, Sie würden der allgemeinen Beteuerung des »Irrtums der Berufsverbote« beipflichten. Ich dachte, das Instrument eines Radikalenerlasses wäre endgültig passé und der Instrumentenkasten der wehrhaften Demokratie gegen »Extremisten« aller Schattierungen würde geschlossen – bis ich jüngst eine Neuauflage, nunmehr gegen den rechtsradikalen Richter Jens Maier, zu lesen bekam, die terminologisch und inhaltlich stark an die 1970er Jahre anschloss. Um kein Missverständnis aufkommen zu lassen: Der abgewählte sächsische AfD-Abgeordnete, der nun mandatslos auf seine (ihm rechtlich zustehende) Versorgungsstelle zurückstrebt, ist eines der übelsten Exemplare dieser vermaledeiten Partei; wer sich selbst als »kleiner Höcke« ausgibt, den darf man getrost wie dieses Vorbild als Faschisten etikettieren. Ein solcher ist im Bundestag so misslich wie auf Richterbänken, da ist dem Rechtswissenschaftler Andreas Fischer-Lescano zuzustimmen.[4] Aber man muss auch bei der speziellen Treuepflicht beamteter Richter die Proportionen wahren und darf den Radikalenerlass 2.0 nicht durch die Hintertüre einführen.

Es trifft zu: Das Richtergesetz kennt ein »außerdienstliches Mäßigungsgebot«, welches das öffentliche Vertrauen in eine unparteiische Amtsführung schützt. Es bewertet aber nicht anstößige Gesinnungen. So wie ein Richter Mitglied und Mandatsträger einer nicht verbotenen, also legalen Partei werden kann, schreibt Art. 46 GG auch vor, ein Abgeordneter dürfe

»zu keiner Zeit wegen seiner Abstimmung oder wegen einer Äußerung, die er im Bundestage oder in einem seiner Ausschüsse getan hat, gerichtlich oder dienstlich verfolgt oder sonst außerhalb des Bundestages zur Verantwortung gezogen werden«.

4 Vgl. Andreas Fischer-Lescano, »Dann ist der Rechtsstaat am Ende«, in: die tageszeitung, 18.01.2022, tiny.one/indes221x3.

Ausgenommen von dieser Indemnität sind verleumderische Beleidigungen oder Aufrufe zur Gewalt, die nicht unter die Meinungsfreiheit fallen und für deren Ahndung das gewöhnliche Strafrecht ausreicht.

Dass erneut »verfassungsfeindliche Bestrebungen« ein Berufsverbot rechtfertigen, sollte heute als Lehre von 1972 ff. ausgeschlossen werden, auch wenn es sich nun um Leute handelt, die nicht mehr Stalins Prozesse, Maos Kulturrevolution und Honeckers Ausbürgerung von Dissidenten gutheißen, sondern eine völkisch-autoritäre Nazi-Ideologie aufwärmen. Über die berufliche Eignung der Maiermüllerschulzes darf der Verfassungsschutz so wenig entscheiden wie seinerzeit über die pädagogischen Fähigkeiten des KBWlers Wilfried Kretschmann, der Biologie unterrichten wollte. Das knüpft anachronistisch an Traditionen des deutschen Obrigkeitsstaates seit dem 19. Jahrhundert an, die sich nach dem infamen NS-»Gesetz zur Wiederherstellung des Berufsbeamtentums« 1933 eigentlich erledigt haben sollten. Auch wenn es jetzt »gegen rechts« geht.

Demokratie ist nicht wehrlos, wenn ein Jens Meier in der Provinz veramtsschimmelt und sich mit Befangenheitsanträgen auseinandersetzen muss. Die Antwort auf seine famose Partei können einzig Wählerinnen und Wähler geben. Wenn, wie in Thüringen und Sachsen, ein Viertel von ihnen einer zumal dort jedes liberalen Feigenblattes ledigen AfD die Stimme geben wollen, helfen keine Berufsverbote, sondern nur Maßnahmen der Demokratieförderung, die sich nicht in der Abwehr der Rechten erschöpfen.

BERUFSVERBOTE 1.0: NEIN!
ECKHARD JESSE, 4. FEBRUAR 2022

Lieber Claus Leggewie,

wenn Sie mir auch mit Blick auf »übertriebene Wertungen« zustimmen (und lediglich in diesem Punkt!), so fällt diese Ihre Charakterisierung für mich doch reichlich »untertrieben« aus. Wer wie der Schriftsteller Alfred Andersch die staatlichen Schutzmaßnahmen eines demokratischen Staates in einen Zusammenhang mit den Gaskammern des Dritten Reiches rückt, argumentiert nicht »übertrieben«, sondern verwirrt, milde formuliert. Urteilskraft fehlte (und fehlt weiterhin) beim Bewerten der seinerzeitigen Prävention.

Anlässlich der 50. Wiederkehr des Extremistenbeschlusses in diesem Jahr prangerten zahlreiche Artikel die Berufsverbote an. Auch Sie sprechen von solchen. Doch entgegen allen Mythen: Es hat keine gegeben. Jeder Beamtenanwärter muss spezifische Kriterien erfüllen: ein Examen haben, gesund sein und gemäß den Beamtengesetzen die freiheitliche Ordnung bejahen, nicht mehr, nicht weniger. Deutschland ist eine streitbare bzw. wehrhafte Demokratie – der von Ihnen herausgearbeitete Unterschied scheint mir sophistischer Natur zu sein. Wer eine streitbare Demokratie verficht, hat sich nicht nur argumentativ mit ihren Feinden (ja, es gibt sie!) auseinanderzusetzen, sondern muss auch dafür sorgen, dass sie nicht in den öffentlichen Dienst gelangen und schon gar nicht in staatliche Schlüsselpositionen.

Und nein, der Verfassungsschutz ist kein »Unikat« unter den von uns geschätzten westlich-liberalen Demokratien. Auch diese besitzen Nachrichtendienste, einige sogar mit exekutiven Befugnissen. Dort greifen, wie das Beispiel des öffentlichen Dienstes offenbart, eher informelle, »diskretere« Mechanismen. Zuweilen erfahren Bewerber die Gründe ihrer Zurückweisung gar nicht. Anders als in der Bundesrepublik besteht vor allem wegen der fehlenden Notwendigkeit, negative Bescheide zu erklären, und des wenig ausgeprägten Rechtsschutzes die Gefahr von Benachteiligungen.

Ein Beispiel, das nicht einmal die Treuepflicht für den öffentlichen Dienst betrifft: Für Rudi Dutschke war es nach dem auf ihn verübten Attentat eines Rechtsextremisten keineswegs einfach, im Ausland ein Domizil zu finden.[1] In den USA, Kanada, den Niederlanden, Belgien und Frankreich galt er als *persona non grata*. Großbritannien gewährte ein befristetes Visum ausschließlich unter der Bedingung, jegliche politischen Aktivitäten zu unterlassen. Nach dem Sieg der Konservativen bei den Unterhauswahlen 1970 wurde Dutschke ohne Begründung mitgeteilt, er sei im Lande unerwünscht und habe es zu verlassen. Dutschke stellte sich einem Anhörungsverfahren

---

[1] Vgl. Ulrich Chaussy, Rudi Dutschke. Die Biographie, München 2018, insbes. S. 418–437.

vor dem Appellationsgericht – ohne Erfolg. In Dänemark fand der Berufsrevolutionär schließlich ein Refugium. Als die hiesigen Behörden dem belgischen Trotzkisten Ernest Mandel im Jahre 1972 die Einreise in die Bundesrepublik Deutschland verweigerten, hagelte es (berechtigte) Proteste des In- und Auslandes, eine Empörung, die bei Dutschkes Abschiebung weitgehend ausgeblieben war.

Wer die Existenz des Verfassungsschutzes verteidigt, verteidigt deswegen nicht generell dessen Praxis. Missbräuche dürfen nicht vertuscht werden, wiewohl sie in den *arcana imperii* schwerer nachzuweisen sind als anderswo. Aber: Beim inkriminierten Extremistenbeschluss stellte der Verfassungsschutz nicht eigens Recherchen an, sondern er bekundete auf Computeranfragen hin in deutlich mehr als 99 Prozent der Fälle eine Fehlanzeige. »Mit Angstmache Angst […] erzeugt«? Ja, so sehe ich es auch. Freilich war der Urheber nicht der Staat, sondern die überbordend-maßlose Kritik.

Wie sonst ließe sich das breite öffentliche Verständnis für die bundesweite, von der DKP gesteuerte Initiative gegen den Extremistenbeschluss erklären? Es soll mehr als 350 regionale »Weg mit den Berufsverboten«-Komitees gegeben haben. Kritik an den tatsächlichen Berufsverboten in der DDR ließen diese Komitees nicht zu. Es ehrt Sie, Claus Leggewie, Ihre dortige Mitarbeit offen zu bekennen. Sie waren in guter Gesellschaft: Olaf Scholz, damals stellvertretender Bundesvorsitzender der Jungsozialisten, gehörte in den 1980er Jahren sogar dem kommunistisch dominierten Arbeitsausschuss an, also dem 25-köpfigen Leitungsgremium der zentralen Initiative »Weg mit den Berufsverboten«. Hand aufs Herz: Ging es Ihnen wirklich ausschließlich um Meinungs- und Berufsfreiheit? Haben Sie ebenso »Solidarität« mit den abgelehnten Bewerbern von rechts außen geübt? Wenn ja: alle Achtung vor Ihrer Konsequenz! Dann wären Sie ein »weißer Rabe«! Das Urteil des Europäischen Gerichtshofes für Menschenrechte im Fall der Beamtin Dorothea Vogt, auf das Sie abstellen, zielte eigens nicht auf Bewerber für den öffentlichen Dienst, ist mithin schwerlich ein Grundsatzurteil.

Eine kardinale Differenz zwischen uns: Für Sie ist ein Eingreifen des Staates erst beim Verstoß gegen Strafgesetze *möglich*, für mich ist es schon vorher nötig. Deswegen setzen Sie *Extremisten* in Anführungszeichen, nicht nur in Ihrem offenen Brief. Aber nicht jeder, der Gewalt ablehnt und auch nicht zu ihr aufruft, ist ein Demokrat. Es gibt Extremisten und Extremismen, aus dem rechten, dem linken, dem religiös-fundamentalistischen Spektrum. Dies muss zur Sprache kommen. Das Spannungsverhältnis zwischen Legalität und Legitimität betrifft ein Grenzproblem der Demokratie: Nicht alles, was legal ist, muss legitim sein, so die Konzeption der streitbaren Demokratie.

Wenn der Verfassungsschutz die AfD als extremistischen Verdachtsfall einstuft und V-Leute aus der Partei verpflichtet, hat das Konsequenzen für die Willensbildung: außer- und innerhalb der AfD. Wähler werden wohl dazu neigen, stärker auf Distanz zu gehen; gemäßigte Mitglieder könnten sich zurückziehen und so zur weiteren Radikalisierung der Partei beitragen. Diese Intervention des Verfassungsschutzes erreicht damit das Gegenteil des Angestrebten. In einem solchen Fall kommt der rechtsprechenden Gewalt eine wichtige Funktion als Prüfinstanz zu. Der Verfassungsschutz muss ein Schutz für die Verfassung sein, darf nicht zu einem Schutz für die Etablierten mutieren. Was ich einräume: Keineswegs alle im Grundgesetz verankerten Instrumentarien sind von Liberalität getragen, vor allem nicht die Möglichkeit, einzelnen Personen politische Aktivrechte zu entziehen. Selbst bei Parteiverboten dürften Nachteile Vorteile überlagern. Und erst recht lässt die Praxis mitunter zu wünschen übrig. Sind die vielen Vereinsverbote, vor allem gegen »rechts«, wirklich notwendig und ein Indiz für Liberalität?

Die »Neukonstituierung« der DKP in der Zeit der Großen Koalition lief auf eine innenpolitische Ergänzung der neuen Ostpolitik hinaus. Das ist die eine Seite. Die andere: die maßgeblich unter anderem von Richard Löwenthal inspirierten – halbherzig eingehaltenen – Abgrenzungsbeschlüsse von 1970/71, wonach SPD-Mitgliedern eine Zusammenarbeit mit der DKP und ihren Kombattanten untersagt sei. In diesen Rahmen passte der Extremistenbeschluss. War dies nicht die *Raison d'être* einer solchen Politik: nach außen Öffnung gegenüber dem Kommunismus, nach innen Abgrenzung? Ein großer Teil der Wählerschaft dankte es der Sozialdemokratie. Ich gehörte dazu.

Die SPD habe sich während der Großen Koalition mit »Nazi-Größen« an einen Tisch gesetzt? Nein, Kurt Georg Kiesinger, NSDAP-Mitglied von 1933 bis 1945, Vorgänger Willy Brandts als Kanzler, war keine »Nazi-Größe«.[2] Mit diesem Hinweis sollen freilich nicht Versäumnisse bei der »Vergangenheitsbewältigung« (was für ein deutsches Wort!) unter den Teppich gekehrt, wohl aber die Proportionen zurechtgerückt werden. Im ersten Bundeskabinett von Brandt zählte die Mehrheit der Minister einst zu Hitlers Parteigenossen: Horst Ehmke, Erhard Eppler, Josef Ertl, Hans-Dietrich Genscher, Lauritz Lauritzen, Hans Leussink, Walter Scheel und Karl Schiller. Bekannte Politiker der CDU (Karl Carstens, Alfred Dregger, Hans Filbinger, Kurt-Georg Kiesinger, Gerhard Schröder) und der CSU (Hermann Höcherl, Richard Jaeger, Richard Stücklen, Friedrich Zimmermann) hatten ebenfalls ein solches Parteibuch besessen. Wer diese Namen nennt, will nicht denunzieren, vielmehr die Verführbarkeit von Jüngeren durch antidemokratische Ideologien belegen. Entscheidend ist nicht, wo jemand herkommt, sondern wo jemand hinwill. Was

2 Vgl. dazu Philipp Gassert, Kurt Georg Kiesinger 1904–1988. Kanzler zwischen den Zeiten, München 2006.

keinesfalls stimmt: einmal rechtsextremistisch, immer rechtsextremistisch – einmal linksextremistisch, niemals linksextremistisch.

Der Extremistenbeschluss zielte in der Regel zu Recht nicht auf frühere »Jugendsünden«, sondern auf aktuelles Engagement in einer extremistischen Partei. DKP-Mitglieder mussten mit für sie negativen Konsequenzen rechnen. Das Missliche: Die Ablehnungsbescheide erwähnten weitere Aktivitäten, da es als nicht ausreichend galt, lediglich auf die Mitgliedschaft abzustellen. Diese rückten die Abgelehnten in den Vordergrund, sodass in der Öffentlichkeit der Eindruck von Gesinnungsschnüffelei entstand, entstehen sollte. Eine ganz andere Frage ist: Musste die Treuepflicht auch für untere Beamtenränge gelten?

Sie benennen ein paradoxes Phänomen: Der Verfassungsschutz erfahre mittlerweile von links Zustimmung, weil er sich dem »Kampf gegen rechts« verschreibe – hoffentlich ist diese problematische Formel von Ihnen pejorativ gemeint, denn es muss in einem liberalen Verfassungsstaat linke wie rechte Demokraten geben. Ein Teil der einst staatskritischen Linken ist staatstreu, ein Teil der einst staatstreuen Rechten staatskritisch geworden. Wir beide haben unsere Position beibehalten. Ihr abschließendes Plädoyer für »Demokratieförderung«, um mit einer Gemeinsamkeit zu enden, rennt bei mir offene Türen ein, denn das Pro (»für Demokratie«) ist wichtiger als das Kontra (»gegen Extremismus«). Nur: Wie wird, wie soll die »Förderung« aussehen? Beim Streit über diese Frage geht uns der Diskussionsstoff nicht aus.

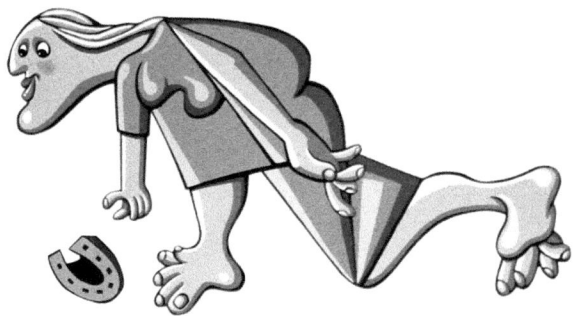

DEMOKRATIEFÖRDERUNG?
CLAUS LEGGEWIE, 10. FEBRUAR 2022

Lieber Eckhard Jesse,

bei aller Differenzierung ist es seltsam, wie dogmatisch der Antiextremismus bleibt. Als wäre der Verfassungsschutz, der sehr wohl eine deutsche Eigen- und Unart ist, weniger durch seine zahlreichen Skandale (der unsägliche Präsident Maaßen als letztes Beispiel!) als durch sein Funktionieren ein Dauerskandal in einer liberalen Demokratie! Als wäre das starre Symmetriegebot – Extremisten hier, Extremisten da – mit seiner ziemlich dürftigen totalitarismustheoretischen Fundierung und immanenten Aufrechnungslogik angesichts historischer Erfahrungen und aktueller Entwicklungen in Deutschland und der Welt kein Anachronismus!

Oder eine Farce, wenn man nüchtern zur Kenntnis nähme, von wo die Gefahr stets am meisten und heute wieder droht: vom Faschismus in seinen diversen Spielarten bis zur heutigen religiös-rassistischen *White Supremacy*, die uns das gehässige, bis weit in die Mitte wirkende Meme des »Bevölkerungsaustauschs« beschert hat. Pardon, lieber Herr Jesse: Was droht in den USA – ein Putsch von links? Was läuft in Ungarn und Polen – eine (post-)kommunistische Attacke auf die Unabhängigkeit der Gerichte, der Medien, der Wissenschaft und Kunst?

Wo ballen sich völkisch-autoritäre und antisemitische Kräfte – bei den versprengten Häuflein antikapitalistischer Linker und Grüner oder doch eher bei Le Pen und Zemmour? Wer attackiert die Grundfesten auch der zweiten deutschen Republik – die MLPD, die DKP, Connewitzer Autonome oder doch eher die Höcke-AfD, der »III. Weg«, die »Freien Sachsen«? Um gar nicht zu reden von den Hundertschaften bewaffneter Rechter, die der Staatsschutz gerade mal aus den Augen verloren hat?[1]

Denen kam noch nie und kommt heute erst recht kein Verfassungsschutz bei, sondern ein entschieden durchgesetztes staatliches Gewaltmonopol. Das gilt übrigens auch für den dritten Zweig der Extremismustheorie, den militanten Islamismus. Bei genauer Betrachtung zeigt sich, dass er eine starke Familienähnlichkeit mit dem Ethnozentrismus und Antisemitismus der extremen Rechten aufweist und darunter subsumierbar ist.

Verzeihen Sie meinen Furor, aber ich warte darauf, dass Liberale und Konservative endlich aufwachen.[2] Was ich stattdessen sehe, ist ein Bröckeln des Feuerwalls bei den Republikanern in den USA und in ganz Europa eine Rehabilitation der Piłsudskis, Horthys und Pétains, um eine »harte« Rechte, die sich in der Kollaboration mit dem Nationalsozialismus diskreditiert hatte,

---

1 Vgl. Konrad Litschko, Abgetauchte Neonazis hatten Waffen, in: die tageszeitung, 10.02.2022.

2 Als Vorbild, wie sich ein republikferner Konservativer mit Herz und Verstand zu einem antifaschistischen Demokraten entwickelt hat, habe ich Thomas Manns Wendung in den späten 1920er Jahren beschrieben, markiert durch seine Novelle *Mario und der Zauberer* von 1926/29, vgl. The Enduring Power of the Charlatan, in: Los Angeles Review of Books, 11.02.2022, deutsch in: Neue Rundschau (im Erscheinen).

wieder salonfähig zu machen. In Deutschland beschränkt sich das zum Glück auf Polit-Clowns wie Maaßen und Otte, aber einige CDU-Landtagsabgeordnete in Sachsen-Anhalt, Thüringen und Sachsen – und natürlich auch im Westen – könnten sich als unsichere Kantonisten erweisen und sogar antiextremistisch argumentieren: Wenn es der SPD erlaubt war, mit Grünen und LINKEN (beide einmal als »Verdachtsfälle« gehandelt, Sie erinnern sich) zu koalieren, warum das nicht mit der AfD versuchen und das Ausscheiden von AfD-Fundis als politische Hygiene verkaufen?

Wenn wir schon vom Extremismus reden, möchte ich im lockeren Anschluss an Seymour M. Lipset den Extremismus der Mitte ins Visier nehmen.[3] Genauer: den politischen Nihilismus heutiger Strömungen, die in der Pandemiekrise den Narrensaum *(lunatic fringe)* verlassen und weder rechts noch links konnotiert sind, sondern zunehmend bürgerliche Kreise, die berühmte Mitte der Gesellschaft affizieren – und damit erneut Trittbrettfahrer, Sprecher und Sponsoren der extremen Rechten ins Spiel bringen. Erneuter Verrat, nun auch noch unter der falschen Fahne der »Freiheit« und dem einmal als Kompliment gemeinten Titel »Querdenken«.

Die Spannbreite und weltanschauliche Heterogenität dieser Bewegung hätte *a priori* nicht vermuten lassen, sie würden gegen Corona-Maßnahmen gemeinsame Sache machen und bei aller auch sozialstrukturellen Verschiedenheit ein »sozialmoralisches Milieu« bilden. Anders als bei M. Rainer Lepsius[4] ist dieses emergierende Milieu nicht durch gemeinsame Ideologie, Wählermobilisierung oder wirtschaftliche Interessen verbunden, sondern einzig durch ein gewaltiges Nein!

Zustrom findet es aus ganz unterschiedlichen Quellen: anthroposophisch-esoterischen Zirkeln, grün-alternativ-lebensreformerischen Gruppen, unorganisierten Rechtsradikalen, christlich-fundamentalistischen Kreisen sowie Protestbewegungen gegen urban-industrielle Großprojekte und Atomkriegsrisiken. Und nicht zuletzt behaupten da via Montagsdemos und PEGIDA-Aufmärschen Wurmfortsätze der DDR-Bürgerbewegung, sie seien das Volk.

Impfskepsis und Impfverweigerung bilden nur den austauschbaren Aufhänger, der ansonsten averse oder antagonistische Gruppierungen mit einem wuchtigen Feindbild eint. Ihre Selbstwahrnehmung als Opfer staatlicher Willkür nährt eine lachhaft übersteigerte Notwehrhaltung: Nicht sie, die bei ihren Aufmärschen und in der Konfrontation mit (öffentlich-rechtlichen) Medien sowie ärztlich-medizinischem Personal zunehmend rabiat und, wie im Fall der Tankstelle in Idar-Oberstein, sogar mit Tötungsabsicht vorgehen, seien die Gewalttäter – das seien »der Staat«, »die Wissenschaft« und »die Medien«, die sie angeblich in die Enge treiben. Die vermeintliche Opferrolle drücken

[3] Vgl. Seymour Martin Lipset, Der »Faschismus«, die Linke, die Rechte und die Mitte, in: Ernst Nolte (Hg.), Theorien über den Faschismus, Köln 1976, S. 449–491.

[4] Vgl. Gangolf Hübinger, »Sozialmoralisches Milieu«. Ein Grundbegriff der deutschen Geschichte, in: Steffen Sigmund u. a. (Hg.), Soziale Konstellation und historische Perspektive. Festschrift für M. Rainer Lepsius, Wiesbaden 2008, S. 207–227.

geschmacklose NS-Vergleiche und die Proklamation des Widerstandsrechts aus, ein Vermächtnis des unseligen »Instituts für Staatspolitik«, das auf die Neonazis der 1970er Jahre zurückgeht und den NSU angetrieben hat.

Man könnte bei der Beurteilung der aktuellen »Querdenker«-Proteste angesichts einer unübersehbaren Beteiligung und logistischen Unterstützung durch völkisch-autoritäre Identitäre, Reichsbürger, Nationalsozialisten und Aktivisten des AfD-Flügels zu dem Schluss kommen, hier formiere sich eine »braune APO« mit zunehmend terroristischer Tendenz. Die Einordung auf der Rechts-links-Achse trifft auf das Gros der »Querdenker« aber nicht zu, die schon im Titel an einen antiautoritären Nonkonformismus anschließen, der einmal die linksradikale APO der 1960er Jahre angetrieben und hernach das »grün-alternative« Milieu bewegt hat. Mit deren Zielsetzungen einer sozialistischen Revolution und im Ergebnis einer von Jürgen Habermas so bezeichneten »Fundamentalliberalisierung« der Bundesrepublik Deutschland beziehungsweise der Kritik des industriellen Wachstumsdogmas haben die heutigen Querdenker nichts mehr gemein. Offenbar hat sich aber der antiautoritäre Reflex (»Keine Macht für Niemand«) verselbstständigt und die aus der ökologischen Krise folgende Dringlichkeit (»die Menschheit vor der Selbstauslöschung«) auf ganz triviale Ziele verlagert, wie das nach allen Gesetzen der Vernunft gebotene Impfen oder die Vermeidung höherer Rundfunkgebühren.

Es geht den weniger quer als nicht Denkenden also nicht darum, etwas zu bewirken, gar eine andere oder neue Gesellschaft zu gründen (und sei es eine neofaschistische); es geht um die Ausschaltung aller wahrheitsverbürgenden Institutionen wie der Wissenschaft, der unabhängigen Medien und der Gerichte, letztlich um einen Angriff auf den demokratischen Staat und dessen repräsentative Organe. Die allgemeine Nervosität angesichts der multiplen Krisen der Gegenwart fördert dies, aber die ubiquitären Ängste werden erst im Kollektiv brisant und ergeben einen »Zeitgeist«. Das erinnert an die von Georg Lukács analysierte »Zerstörung der Vernunft«, die dem Nationalsozialismus zupasskam, oder an den »paranoiden Stil« (Richard Hofstadter) der McCarthy-Ära, dessen Familienähnlichkeit mit dem Judenhass ebenfalls sofort durchscheint.

Auch wenn sich bei den Querdenkern radikale Rechte und Linke treffen, hat man es nicht mit dem berüchtigten »Hufeisen« der Extremismustheorie zu tun oder mit der Wiederbelebung der »Querfront«; dieses sozialmoralische Milieu rekrutiert sich vielmehr aus bis dato meist unpolitischen Personen und gehört in den Typus des Extremismus der Mitte ohne politische Vision. Querdenker verfolgen kein Projekt wie jüngere Protestbewegungen für die Bändigung des Finanzkapitals (Occupy), die Rettung des Planeten

(Fridays for Future), die Gleichstellung der Frauen (Women's Lib), die Anerkennung von sexuellen und ethnischen Minderheiten (BLM und LGBQ+) oder deren Äquivalente in früheren sozialen Bewegungen. Es geht um buchstäblich nichts als die trotzige individuelle Verweigerung und rücksichtsloses Benehmen, also politisch um: nichts.

Die Quintessenz der diversen formalen, stilistischen und politisch-kulturellen Ingredienzien der aktuellen Protestbewegung wäre demnach, wie ich vorschlagen möchte, politischer Nihilismus. Das hat nicht die Fallhöhe eines Friedrich Nietzsche, nimmt aber eine pessimistische Weltansicht an, die in seinen Worten »nicht bloß Nein sagt, Nein will, sondern – schrecklich zu denken! – Nein *tut*.« Die pauschale Absage an alle nur erdenklichen Werte kennt keine Autoritäten (außer den Scharlatanen der Szene), vertraut keiner etablierten Institution (außer der eigenen Filterblase) und lässt keine Repräsentation zu (außer die der eigenen, angeblich unterdrückten Claque). Ein Patchwork der Minderheiten bleiben die (insgesamt wenigen) Querdenker sehr wohl, aber in ihrer narzisstischen Destruktivität sind sie brandgefährlich, und zwar nicht nur für die Gesundheit ihrer Mitbürger und Mitbürgerinnen, sondern auch für die Erhaltung der Demokratie.

Der »Kampf gegen rechts« ist bei uns überwiegend Symbolpolitik, und das gilt leider auch für eine »Demokratieförderung«, die sich in Beschwörungen eines hilflosen Antifaschismus erschöpft, statt endlich eine Demokratisierung der Demokratie zu unterstützen, die meines Erachtens in der Verbesserung ihrer deliberativen Qualität (und weniger in direktdemokratischem Populismus) liegt,[5] in der lebensweltlichen Öffnung der Parteien für die Bürgergesellschaft, in konsequenterer Korruptionsbekämpfung und in einer Öffnung unseres immer noch anthropozentrischen Politikhabitus für ein erweitertes »Parlament der Dinge« (Bruno Latour).[6] Oder wie sehen Sie das?

5 Vgl. Patrizia Nanz & Claus Leggewie, Die Konsultative. Mehr Demokratie durch konsultative Bürgerbeteiligung, Berlin 2018.

6 Vgl. Frederic Hanusch, Claus Leggewie & Erik Meyer, Planetar denken. Ein Einstieg, Bielefeld 2021.

DEMOKRATISCHER VERFASSUNGSSTAAT: JA!
ECKHARD JESSE, 16. FEBRUAR 2022

Lieber Claus Leggewie,

ist dies nicht paradox? Der Anhänger der wehrhaften Demokratie nimmt weniger Gefahren für die offene Gesellschaft wahr als deren Kritiker. Wer ist nun liberaler? Für Sie geht die Gefahr »stets am meisten [...] vom Faschismus in seinen diversen Spielarten« aus. Ihre Frage, wer die Grundfesten der zweiten deutschen Demokratie mehr attackiert, läuft daher auf pure Rhetorik hinaus. Warum können Sie sich nicht zu einer Sowohl-als-auch-Antwort durchringen und die »Connewitzer Autonomen« wie die »Freien Sachsen« gleichermaßen erwähnen, obwohl weder die eine noch die andere Seite über Wirkkraft und Kampagnenfähigkeit verfügt? Ganz so abwegig ist die als »berüchtigt« abqualifizierte »Hufeisen«-Metapher wohl nicht. Mein (Anti-)Faschismusverständnis, weitaus enger gefasst, kann mit Eindimensionalität nichts anfangen.[1]

Wer von »Hundertschaften bewaffneter Rechter« liest, die abgetaucht sind und mit Haftbefehlen gesucht werden, muss alarmiert sein, doch bei näherem Hinsehen verbreiten Sie Alarmismus, ja Panikmache. Die Antworten der Bundesregierung auf Kleine Anfragen der AfD und der Partei Die LINKE vom Dezember 2021 fallen nämlich deutlich weniger bedrohlich aus. Bezogen nur auf die rechte Variante des politischen Spektrums: Mit einem offenen Haftbefehl wegen einer terroristischen Tat wird nach einer Person gefahndet, wegen eines politisch motivierten Gewaltdelikts sind dies 26 Personen und 125 wegen anderer politischer Straftaten (z. B. Verwenden von Kennzeichen verfassungswidriger Organisationen). Die anderen gesuchten 444 Personen gehören in den Bereich der Allgemeinkriminalität.[2] Bei den als »Relevante Personen« Eingestuften wird aus dem Phänomenbereich der Politisch Motivierten Kriminalität nach zwei Linken und zwei Rechten sowie nach 19 Islamisten gefahndet. Aktuell liegen »keine offenen Haftbefehle zu Gefährdern und Relevanten Personen mit bekanntem Aufenthaltsort im Inland vor.«[3]

Zwar müssen Sie kein Anhänger des Antiextremismus sein, aber eine angemessene Charakterisierung dieses Konzepts wäre fair. Es macht sich weder ein »starres Symmetriegebot« zu eigen (so wird ein Popanz aufgebaut) noch eine »immanente Aufrechnungslogik« (der Verweis auf die eine Form des Extremismus entlastet doch nicht die andere). Die antiextremistische Konzeption basiert erstens auf der Akzeptanz der offenen Gesellschaft, die zweitens (präventiven) Schutz verdient und zwar – drittens – gegenüber allen ideologischen Varianten, darunter gegebenenfalls staatlichen Überreaktionen. Sollte das ein Anachronismus sein, bin ich gerne ein »Ewiggestriger«.

---

1 Vgl. Eckhard Jesse, Antifaschismus – gestern und heute, in: Totalitarismus und Demokratie, H. 1/2021, S. 89–119.

2 Vgl. Drucksache des Deutschen Bundestages 20/322, 21.12.2021, tiny.one/indes221x4, S. 2.

3 Drucksache des Deutschen Bundestages 20/167, 01.12.2021, tiny.one/indes221x5, S. 5.

Sie subsumieren den militanten Islamismus, der einen »Gottesstaat« propagiert, zu Unrecht unter Rechtsextremismus. Dieser religiöse Fundamentalismus, der keinen ethnischen Volksbegriff verficht, ist vielmehr ein eigenständiger Zweig innerhalb des Extremismus. Ein Teil der Linken warnt unaufhörlich vor »Islamophobie« und »antimuslimischem Rassismus«, weil sie ihr Idealbild einer schrankenlosen multikulturellen Gesellschaft gefährdet sehen. Ein anderer hingegen wähnt im Islamismus eine Gefahr für die Universalität der Menschenrechte und für die Emanzipation der Frau. Augenscheinlich gehören Sie dazu. Die nötige Konsequenz wäre dann, stärker die Schattenseiten der multiethnischen Gesellschaft zu betonen. Beides geht nicht zusammen: Man kann nicht sowohl den Islamismus als rechts abtun als auch Kritik an ihm.

Für Sie ist Götz Kubitschek, der *Sezession*-Herausgeber, eine Art »Spinne im Netz«, indirekt verantwortlich für den Neonationalsozialismus der 1970er Jahre und den NSU, für mich ist er ein Scheinriese! Im kulturellen Milieu dominiert der Linksliberalismus in einer Weise, die nach Gegenpositionen ruft, um dem Pluralismusgebot Rechnung zu tragen. Die Hegemonie greift mittlerweile auf die praktische Politik über – der »Kampf gegen rechts« ist keineswegs überwiegend Symbolpolitik. So gelangten antifaschistische Klauseln in die Verfassungen einiger Länder, weitere folgen – mit Sicherheit. Wer ein antiextremistisches Demokratieverständnis verficht, kauert in der Defensive, nicht umgekehrt, wie von Ihnen suggeriert.

Ihr Plädoyer für ein entschieden durchgesetztes Gewaltmonopol rennt bei mir offene Türen ein. Es muss gegen jedermann gelten, auch gegen Autobahn-Sitzblockaden von Personen, die sich als »Klimaaktivisten« begreifen (und als »letzte Generation« bloß Apokalyptiker sind: »die Menschheit vor der Selbstauslöschung«, wie es bei Ihnen heißt). Die Umweltministerin Steffi Lemke hat ähnlich wie die Co-Vorsitzende der Grünen Ricarda Lang Verständnis für Straßenblockaden bekundet: »Es ist absolut legitim, für seine Anliegen zu demonstrieren und dabei auch Formen des zivilen Ungehorsams zu nutzen.«[4]

Wäre hier nicht, um glaubwürdig zu sein, ein dezidierter Widerspruch angezeigt, ebenso gegen »Ende Gelände« und »Extinction Rebellion«? Stattdessen werfen Sie pauschal Liberalen und Konservativen vor, nichts gegen die Rehabilitation der Piłsudskis, Horthys und Pétains zu unternehmen. Ist dem wirklich so? Ich nehme prinzipiell keine Erosion der Abgrenzung bei dem von Ihnen inkriminierten Spektrum wahr, wie mit dem Schlagwort vom »Extremismus der Mitte« unterstellt. Stattdessen lebt der Vorwurf der »Kontaktschuld« auf. Ist das nicht ein Zeichen der Illiberalität?

Der Kritiker des Extremismusbegriffs beklagt unter Berufung auf Seymour M. Lipset den »Extremismus der Mitte«. Wie Sie genau wissen, hat

4 Zit. nach Zeit Online, 10.02.2022, tiny.one/indes221x6.

Lipset diesen Topos anders – schichtenspezifisch – gemeint: Vor allem der Mittelstand sei für die Erfolge der NSDAP verantwortlich gewesen.[5] Die Entgrenzung des Extremismusbegriffs läuft auf dessen Delegitimierung hinaus. Was die Sache an sich betrifft, findet Ihre Argumentation im Kern mein Einverständnis: Kritiker der staatlichen Corona-Maßnahmen agieren aus höchst unterschiedlichen Motiven heraus und verfolgen keinesfalls dieselben Ziele – das Einordnen nach herkömmlichen Links-rechts-Maßstäben fällt wahrlich schwer.

Aber selbst Leute, die wider jede Evidenz von einer »Corona-Diktatur« faseln und auf ihr »Widerstandsrecht« pochen, müssen ungestört demonstrieren dürfen. Die Meinungsfreiheit ist ein zu hohes Gut, als dass wir hier von »Aufmärschen« reden sollten. Hingegen haben wir nach den tieferen Ursachen der Staatsskepsis zu fragen, denn in der Tat bilden die Corona-Maßnahmen bloß einen Aufhänger für den Protest. Die Themen vagabundieren. So war es vor mehr als einem halben Jahrhundert mit den »68ern«. Wer der Annahme huldigte, diese oder jene Reform bringe den Protest zum Erliegen, gab sich einer Illusion hin. Die heterogene Bewegung wetterte ebenfalls gegen das Establishment, ohne ihre Anliegen genau benennen zu können.

Wenn die »68er« (allerdings nicht nur sie!) zu einer Fundamentalliberalisierung beigetragen haben (in der Wirkung, nicht in der Intention), muss auch die Kehrseite zur Sprache kommen: Ein beträchtliches Ausmaß an Illiberalität grassiert. Stichwortartig seien genannt: *Identity Politics*, *Cancel Culture* und *Political Correctness*. Und die hofierte Diversität läuft nicht immer auf Toleranz hinaus. Es war die nonkonformistische Sahra Wagenknecht, die solchem Ideengut mit ihrem Plädoyer für Normalität und Nationalstaat einerseits sowie Leistung und Liberalität andererseits in ihrem jüngsten Buch Paroli geboten hat.[6]

Wir beide, Sie und ich, plädieren – abstrakt – für eine Demokratieförderung, *in concreto* unterscheiden wir uns jedoch, selbst wenn die gemeinsame Skepsis direktdemokratischem Populismus gilt. Ihr vages Plädoyer für eine »Demokratisierung der Demokratie« erinnert mich an Chantal Mouffes »Radikalisierung der Demokratie«.[7] Diese zielt auf den »Neoliberalismus«, ohne aber den Pluralismus infrage zu stellen.

Was Sie vorschlagen, bleibt ähnlich vage. Wer etwa könnte etwas gegen eine konsequentere Korruptionsbekämpfung haben? Ihre Begrifflichkeit ähnelt der »Radikaldemokratie«, die Volkssouveränität absolut setzt und die verfassungsstaatlichen Komponenten hintanstellt, an deren Stärkung mir im Gegensatz dazu gelegen ist. Der demokratische Verfassungsstaat sichert rechtstaatliche Prinzipien. Der Rechtsstaat zähmt den mitunter

---

5 Nach den Forschungen von Jürgen W. Falter (Hitlers Wähler. Die Anhänger der NSDAP, Frankfurt a. M. 2021, insbes. S. 329–333) trifft das in dieser Deutlichkeit ohnehin nicht zu.

6 Vgl. Sahra Wagenknecht, Die Selbstgerechten. Mein Gegenprogramm – für Gemeinsinn und Zusammenhalt, Frankfurt a. M. 2021.

7 Vgl. Chantal Mouffe, Für einen linken Populismus, Berlin 2018, S. 51–70.

ressentimentgeladenen Populismus von unten,[8] ebenso den bisweilen selbstgerecht-kosmopolitischen Eliten-Furor von oben,[9] dem es oft schwerfällt, diesem gelassen zu begegnen.

Was dem demokratischen Verfassungsstaat nicht gut zu Gesicht steht, das ist die grassierende Moralisierung der Politik. Gesinnungsethik, oft nicht von Urteilskraft getragen, triumphiert vielfach über Verantwortungsethik, *Emotio* über *Ratio*. Das gilt für Regierte wie Regierende gleichermaßen. Die strikte Orientierung an rechtsstaatlichen Prinzipien schiebt allfälligen Versuchungen einen Riegel vor. Und das ist fürwahr keine Kleinigkeit!

[8] Vgl. Yascha Mounk, Der Zerfall der Demokratie. Wie der Populismus den Rechtsstaat bedroht, München 2018.

[9] Vgl. Philip Manow, (Ent-)Demokratisierung der Demokratie, Berlin 2020.

CLAUS LEGGEWIE, 17. FEBRUAR 2022

Hier müsste die Debatte weitergehen. Aber wir machen jetzt mal einen Punkt.

ECKHARD JESSE, 17. FEBRUAR 2022

Ja, einen Schlusspunkt.

Prof. Dr. Eckhard Jesse, geb. 1948, von 2007 bis 2009 Vorsitzender der Deutschen Gesellschaft für Politikwissenschaft, lehrte zuletzt an der Technischen Universität Chemnitz.

Prof. Dr. Claus Leggewie, geb. 1950, Sozialwissenschaftler, ist Ludwig-Börne-Professor an der Universität Gießen und war bis 2016 Mitglied im Wissenschaftlichen Beirat der Bundesregierung Globale Umweltveränderungen (WBGU) sowie bis 2017 Direktor des Kulturwissenschaftlichen Instituts (KWI) in Essen.

PORTRÄT

ICH FEIER' KEINEN GOTTESDIENST MEHR!
DER PFARRER UND DIE REVOLUTION

☰ Carsten Linden

»Ich feier' keinen Gottesdienst mehr!« Das war die Mitteilung eines evangelischen Bremer Gemeindepastors bei einer Silvesterfeier mit Kollegen auf Langeoog im Jahr 1967.[1] Bei diesen Worten in Sektlaune sollte es nicht bleiben. Tatsächlich schaffte er im Mai 1968 den Sonntagsgottesdienst in seiner Kirchengemeinde ab, wodurch er (west-)deutschlandweit bekannt wurde.

Der Name dieses Bremer Pastors war Wolfgang Schiesches, und er war ein typischer 68er-Pastor,[2] wie nicht zuletzt die Tatsache zeigt, dass die von ihm initiierte eigenmächtige Einstellung des Gottesdienstes seiner Kirchengemeinde auf den Mai 1968 datiert. Dass er diesen Schritt innerhalb der Bremer Landeskirche unternahm, die schon damals als die liberalste aller deutschen Landeskirchen galt, dürfte erklären, warum erst im Herbst desselben Jahres ein Disziplinarverfahren gegen ihn eingeleitet wurde,[3] das zudem im Sande verlief. Genau diese lässige Reaktion »von oben« bestärkte Schiesches freilich nur darin, seinen Kurs beizubehalten.[4]

Allerdings bewirkten diese Aktion ebenso wie eine Reihe weiterer Vorhaben in seiner Kirchengemeinde, die er entweder selbst initiierte oder billigte, sowie sein zwischenmenschlich zunehmend selbstbewusstes Auftreten, das teilweise als anmaßend wahrgenommen wurde, dass er ab Januar 1972 in seinem Amt als Pastor sukzessive ausgebremst wurde. Zunächst übertrug die Kirchenleitung die Geschäftsführung der Kirchengemeinde einem Rechtsanwalt; später wurde auch das pastorale Handeln, also ebenfalls der Sonntagsgottesdienst, einem neuen Pastor überantwortet.[5] 1975 war Schiesches somit zur Randfigur in seiner eigenen Kirchengemeinde geworden,[6] seine offizielle Entlassung in diesem Jahr wurde öffentlich nur noch als Randnotiz vermerkt.[7]

---

[1] So ein Teilnehmer der Silvesterfeier, Pastor i. R. Harald Weinacht, im Interview mit dem Autor am 01.04.2019.

[2] Vgl. Schiesches' berufliche Kurzbiografie in Hartwig Ammann, Bremer Pfarrerbuch. Die Pastoren der Bremischen Evangelischen Kirche seit der Reformation. Bd. 2, Bremen 1996, S. 152.

[3] Vgl. Wolfgang Schiesches, Ein Lachen wird es sein, Bremen 1987, S. 125.

[4] In anderen Landeskirchen wurde energischer durchgegriffen, etwa bei den typischen 68er-Pastoren Michael Schmidt, Oldenburger Landeskirche, und Edda Groth, Schleswig-Holsteinische Landeskirche (heute Nordkirche).

[5] Vgl. Neue Kirche in Huchting, in: Weser Kurier, 10./11.06.1972.

[6] Die auf Wikipedia (tiny. one/indes221y1) publizierten Angaben sind teils unrichtig. Er wurde beispielsweise erst 1975 amtsenthoben.

[7] Vgl. die kurzen Notizen in der *Süddeutschen Zeitung* vom 16.12.1975 und im *Weser-Kurier* vom 10.12.1974. Das Urteil wurde Ende 1974 gefasst, Anfang 1975 für Wolfgang Schiesches »ausgefertigt«, das heißt ihm mitgeteilt, und nach erfolglosem Berufungsantrag Ende 1975 rechtskräftig.

ABRUPT, RADIKAL, ENTSCHLOSSEN

Maßgeblich für Schiesches' innere Prägung war sein Erleben der Zerstörung der Stadt Königsberg, heute Kaliningrad, durch Spreng- und Brandbomben der britischen Royal Air Force im Juni 1944. In seiner letzten Publikation erinnerte er sich:

»*Man kann in einer Nacht viel lernen. Eine solche Nacht erlebte ich im August 1944. Natürlich hatten wir in meiner Heimatstadt Königsberg davon gehört, daß Hamburg, Bremen, Köln, ja selbst Berlin bombardiert wurden, aber wir – so weit im Osten – glaubten uns sicher. Doch […] mit den neuen Flammenstrahlbomben und der Angriffstechnik ›Feuersturm‹ [wurde] in einer Nacht […] die Stadt plattgemacht.*«[8]

Besonders seine weitere Schilderung dieser Nacht in Königsberg lässt sich als Folie für sein späteres öffentliches Agieren verstehen:

»*Wir saßen im Luftschutzkeller. Als das Krachen aufhörte und das Brummen der tieffliegenden Maschinen nicht mehr zu hören war, erklärte ich: ›Ich gehe jetzt raus und sehe nach, was los ist.‹ – ›Du bleibst hier und wartest, bis die Sirenen Entwarnung geben!‹, sagte meine Mutter, ›hast du nicht gehört, was da 'runtergekommen ist?‹*«[9]

Wolfgang Schiesches »blickte […] ängstlich auf den Herrn Hauptfeldwebel […]. Aber der sagte nichts, der war nur sehr blaß.«[10] Sein Vater, sonst das Gegenteil eines Aufrührers, ließ sich vom Vorbild seines Sohnes anstecken: »»*Wenn wir schnell rausgehen, können wir […] vielleicht noch [das Haus] retten.‹ Alles stürzte aus dem Keller, auch mein Vater […] Ein 12-jähriger Junge mußte ihm sagen, wo es langgeht.*«[11]

Schiesches' späterer Charakterzug, als unabänderlich erkannte Umstände durchaus hinzunehmen, aber Regeln abzuändern, wenn sie nach seiner Erkenntnis unsinnig waren und menschliche Widerstände durch Ansprache und Vorbild überwindbar schienen, wird hier bereits erkennbar. Seine erstaunliche Kompetenz, andere Menschen dabei von seinem Weg, teils mittels Rhetorik, teils durch eigenes Handeln, zu überzeugen und zum Mitmachen zu bewegen, wird ihn lebenslang ausmachen.[12] Charakteristisch für Schiesches war ein manchmal abruptes, immer wieder radikales, stets aber entschlossenes Handeln. Alle drei Aspekte werden später in der Abschaffung des Gottesdienstes Ausdruck finden.

---

8 Stattdessen: Wolfgang Schiesches, Bruder Schiesches' Weg zu Gott, in: Olaf Dinné, Jochen Grünwaldt u. Peter Kuckuk (Hrsg.), anno dunnemals – 68 in Bremen, Bremen 1998, S. 143.

9 Ebd.

10 Ebd.

11 Ebd.

12 So erinnert sich Christoph Gahl, 1969–1971 Schiesches' Mitarbeiter: »[Wolfgang Schiesches] konnte Leidenschaften erwecken und am Leben halten.« Interview des Autors mit Christoph Gahl am 26.08.2016.

ORDNUNG IST KEIN SELBSTZWECK

Gegen Kriegsende erlebte Wolfgang Schiesches Besatzungssoldaten als Obrigkeit. Als er sich in den letzten Kriegstagen von seinem KLV-Heim[13] entfernt hatte, »[...] versperrten mir amerikanische Soldaten den Weg zur Brücke, weil sie unter Granatfeuer lag.«[14] Obgleich die Soldaten großen Zwang auf ihn ausübten, erkannte er doch etwas für seinen eigenen Antrieb Zwingenderes:

»Da umfing mich ein herrlicher Duft. Ich blickte auf und sah, daß ich unter einem Holunderbaum [war], der in herrlicher Blüte stand. [...] Ich lernte, die Welt ist mehr als das, was wir Menschen machen, und das Leben geht immer weiter. Und so bin ich durch den Fluß gewatet.«[15]

Die Soldaten lenkten seinen Blick somit auf das natürliche Geschehen der Baumblüte. Mit anderen Worten: Das Unabänderliche wurde einmal mehr Bezugspunkt – doch dieses Mal nicht als Bedrohung aus der Luft, sondern als positiv konnotierte Ermutigung von oben zu eigenem Handeln.

Erwiesen sich die Erwachsenen im Luftschutzkeller in Königsberg oder die amerikanischen Besatzungssoldaten in ihrem Bestreben, Ordnung durchzusetzen, als hemmende Faktoren, so traten später gleichermaßen ordnungsorientierte Menschen in Schiesches' Leben, die ihn in ihrem Handeln nicht nur nicht hemmten, sondern, im Gegenteil, sogar förderten. Ganz unmittelbar erfuhr er dies kurz nach Kriegsende im Juli 1945:

»Dort stand ein Güterzug voller Flüchtlinge. ›Wo fahrt ihr denn hin?‹ ›Nach Berlin!‹ ›Da will ich auch hin!‹ ›Dann steig auf!‹ [...] Der Lokführer zeigte nach links und rechts, deutete an, daß etwas auf der Schulter zu tragen sei. Die Leute sprangen vom Zug, liefen in den Wald, kamen mit Meterholz zurück und trugen es zur Lok. Im Nu war der Kohletender berghoch voll, der Zug fuhr weiter. Ich lernte: auch wenn es keine Regierung gibt, keinen Schaffner, keine Fahrkarten, auch keine Kohlen, wenn selbst Gesetze außer Kraft sind, läßt die Selbstorganisation doch Züge fahren. Und es macht auch noch Spaß.«[16]

Diese Erinnerung an Menschen, die sich auf Maßgabe eines Lokführers selbst organisierten und so den Zug zum Fahren brachten, verweist auf Schiesches' späteres Gemeindeverständnis, demzufolge der Pastor seine Gemeindeglieder zur Aktivität motiviert und gerade in dieser Aktivität selbst den Zweck einer kirchlichen Gemeinde erblickt.

Immer sollte Schiesches später mit Unverständnis reagieren, wenn eine

---

[13] Ein Jahr nach Kriegsbeginn startete das Programm Kinderlandverschickung (KLV), welches zunächst darauf ausgerichtet gewesen war, Kindern eingezogener Soldaten eine Erholung zu bieten. Später diente die KLV besonders der zeitlich befristeten Evakuierung von Kindern aus vom Luftkrieg bedrohten Städten. Nach der Bombardierung Königsbergs im Juni 1944 wurde der 13-jährige Wolfgang Schiesches nach Sachsen in ein KLV-Heim gebracht, wo er das Kriegsende erlebte. Spezifisch zur KLV von Königsberg nach Sachsen vgl. Dorothea Bjelfvenstam, Man nannte uns Hitlermädchen. Kinderlandverschickung von Königsberg (Pr.) nach Sachsen, Föritz 2012.

[14] Schiesches, Bruder Schiesches' Weg zu Gott, S. 143.

[15] Ebd.

[16] Ebd., S. 144.

Ordnung durchgesetzt wurde oder werden sollte, die seiner Meinung nach nicht ihrem Zweck entsprach:

»Als [Wolfgang Schiesches] 1948 in unsere Klasse kam, er war ›sitzen geblieben‹, ging ihm ein legendärer Ruf voraus: Er hatte 1 Jahr zuvor einen Aufsicht führenden Primaner k.o. geschlagen, weil der ihm nicht erlauben wollte, in der Pause noch einmal in seine Klasse zu gehen, um sein Eßgeschirr zu holen, das er vergessen hatte. Er hätte also an diesem Tag keine Schulspeisung bekommen! Und jeder, auch alle Lehrer hatten Verständnis für seinen Zorn, so ging auch der Kelch des consilium abeundi an ihm vorbei [...].«[17]

Toleranz und Respekt, wie sie ihm hier durch seine Mitschüler und Lehrer entgegengebracht worden waren, würde Wolfgang Schiesches sein Leben lang erwarten, obschon ihm diese Reaktion bei seinen abrupten, radikalen und entschlossenen Handlungen keineswegs immer zuteilwerden sollte.

Ob Schiesches' Zugehörigkeit zur sozialen Gruppe der aus den ehemaligen deutschen Ostgebieten Geflüchteten und Vertriebenen für sein Verhalten in den späten 1960er und 1970er Jahren relevant ist, ist schwer einzuschätzen.[18] Auffällig ist jedenfalls, dass mehrere ihm sehr nahestehende Personen ebenfalls einen solchen Migrationshintergrund besaßen. Seine Frau Ursula war vertriebene Oberschlesierin, hatte in Trier einen neuen Lebensmittelpunkt gefunden und war dort in der Öffentlichkeit wegen ihres Migrationsstatus immer wieder angefeindet worden.[19] Christoph Gahl, der von Schiesches persönlich zur Mitarbeit in seiner Kirchengemeinde eingeladen, dort als Sozialarbeiter eingestellt und im März 1969 in das Leitungsteam der Kirchengemeinde gewählt worden war,[20] war Übersiedler aus der DDR. Auch Michael Schmidt,[21] seit Ende 1969 Pastor in der Nachbargemeinde, ein Freund von Schiesches und wie dieser ein 68er-Pastor, war Übersiedler.

GEMEINDEFEIER STATT GOTTESDIENST: SCHIESCHES' ANFÄNGE ALS PFARRER

Nach der zehnten Klasse verbrachte Wolfgang Schiesches seinen Urlaub an dem kleinen College eines ihm bekannten ehemaligen britischen Besatzungsoffiziers in England:[22] »[Danach] kam für ihn sowieso nur noch die Religion als Studienfach in Frage.«[23] Er legte 1952 sein Abitur ab, begab sich sofort erneut nach England, um an diesem College zu studieren,[24] setzte ein paar Jahre später sein Studium der Theologie an westdeutschen Universitäten fort und schloss mit dem Ersten Theologischen Examen ab.[25]

---

17 E-Mail von Albrecht Hübner an den Autor vom 19.05.2016.

18 Zeitzeugen, die Wolfgang Schiesches gut kannten, verneinen überwiegend eine größere Bedeutung seiner Vertriebenenbiografie für sein Handeln, so etwa Henning Scherf. Vgl. Interview des Autors mit Henning Scherf am 20.04.2017.

19 »... Rufe von Trierern, die sie anklagten: ›Ihr habt den Walter Linse entführt‹ gehören dazu. Es klingt wie in diesem Psalm 22: Alle, die mich sehen, verspotten mich, sperren das Maul auf und schütteln den Kopf.« Ansprache von Pfarrer Michael Juschka bei der Trauerfeier für Ursula Schiesches, 03.07.2012. Privatbesitz Michael Juschka.

20 Niederschrift über die Anhörung des Kirchenausschusses von Christoph Gahl vom 09.11.1971. Privatbesitz Christoph Gahl.

21 Vgl. Ammann, Bremer Pfarrerbuch, S. 155.

22 Auch Hans-Jürgen Benedict, ein anderer typischer 68er-Pastor, wurde von diesem Offizier zum Studium der Theologie ermuntert. Vgl. Hans-Jürgen Benedict, Beschädigte Versöhnung. Die Folgen des Versagens der Kirchen in der Nazizeit, Berlin 2020, S. 1.

23 E-Mail von Albrecht Hübner an den Autor vom 18.05.2016.

24 Vgl. Schiesches, Ein Lachen, S. 52.

25 Vgl. sein Biogramm im Urteil in dem förmlichen Disziplinarverfahren gegen den Pastor Wolfgang Detlef Artur Schiesches. Ausgefertigt durch die »Disziplinarkammer der Bremischen Evangelischen Kirche« vom 04.02.1975, S. 2.

Michael Dyne Mieth, www.dyneart.de

Als Schiesches Anfang der 1960er Jahre seine Tätigkeit als Vikar in der Evangelisch-Reformierten Landeskirche mit Sitz in Leer aufnahm, agierte er nach dem Motto: »Auf einen groben Klotz gehört ein grober Keil.«[26] Schon zuvor hatte er auch handfeste Konflikte nie gescheut, etwa während seines Studiums in den 1950er Jahren: »Man wollte ihn in Göttingen mal aus einem Lokal schmeißen, [...] da guckte er mich an, dann in die Runde und sagte: ›Wer sollte das wohl schaffen, uns beide bringt hier doch keiner raus!‹«[27]

Während seines Vikariats bewarb Schiesches sich auf eine neu geschaffene Stelle in der ebenfalls überwiegend in reformierter Tradition stehenden Bremer Landeskirche. Die Stadt Bremen hatte damals in wenigen Jahren auf

26 E-Mail von Albrecht Hübner an den Autor vom 05.03.2017.

27 Ebd.

der grünen Wiese direkt an der Grenze zu Niedersachsen eine Neubausiedlung mit großen Wohnungen für kinderreiche Familien gegründet. Zugleich hatte die Landeskirche dort die Neugründung einer Kirchengemeinde beschlossen und eine kleine Kirche errichtet.[28] Hier wurde Wolfgang Schiesches im Jahr 1964 als Pastor eingestellt.[29] Er scheint dem sehr kleinen Kirchengebäude von Anfang an keine Beachtung geschenkt zu haben und veranlasste den Kirchenvorstand bald dazu, einen Neubau zu beschließen, der schließlich 1966 begann.[30] Als die Landeskirche einen bestimmten Betrag zusagte, wirkte Schiesches über Jahre hinweg intensiv auf das Bauamt der Landeskirche und den Architekten ein[31] – mit dem Ergebnis, dass 1971 schließlich ein Gemeindezentrum mit Pastorenwohnung, Kindergarten und Versammlungsraum fertiggestellt worden war.[32] Ein Glockenturm und ein spitzes Kirchendach fehlten.[33] Der Versammlungsraum hätte auch für Gottesdienste genutzt werden können – wäre der Gemeindegottesdienst eben nicht schon 1968 abgeschafft worden.

Schiesches' Entscheidung, den Gottesdienst abzuschaffen, steht am Ende einer längeren Entwicklungslinie. Schon in der Gedenkschrift seiner Abschlussklasse zum zehnjährigen Abitur scheint er mit seiner Tätigkeit gehadert zu haben. Er befinde sich, so soll er damals gesagt haben, »in einer Kasualienmaschine am Arsch der Welt!«[34]

Jedoch nahm er die Abschaffung des Sonntagsgottesdienstes keinesfalls ersatzlos vor. Stattdessen bot er ab Mai 1968 drei Jahre lang ein abendliches Treffen im Kirchenraum an. Auch dafür scheint er gewissermaßen geübt zu haben: Knapp zwei Monate nach seinem Amtsantritt in Bremen hatte er begonnen, zusätzlich zum sonntäglichen Hauptgottesdienst einen wöchentlichen abendlichen Kurzgottesdienst abzuhalten.[35] Ab 1968 führte er somit diesen schon etablierten abendlichen Kurzgottesdienst als Gemeindefeier mit nichtreligiösen Themen weiter.

Sein Konzept der Umorganisation der Kirchengemeinde vom Ort der Gottesverkündigung zum Sozialzentrum – damit auch vom Gottesdienst zur Gemeindefeier – war folglich schon seit 1964 vorbereitet worden, auch durch religionsfreie Freizeitangebote, insbesondere für Jugendliche und junge Erwachsene, etwa die seit 1967 jeden Freitagabend im Kirchenraum stattfindende Jugendparty mit Band.

Gottesdienst war für Schiesches das Ergebnis einer Entfaltung der Idee, die Menschen zusammenzuführen. Dieser Zweck werde schon deshalb verfehlt, weil kaum noch jemand komme. Daher handelte er einmal mehr abrupt, radikal und entschlossen, indem er den Sonntagsgottesdienst einstellte; daher ging er daran, den von ihm erkannten eigentlichen Sinn von Gottesdienst,

---

28 Vgl. Kirchengemeinde-Abtrennung von St. Georg durch Kirchengesetz vom 19.3.1964, in: Gesetze, Verordnungen und Mitteilungen, hg. v. Kirchenausschuss der Bremischen Evangelischen Kirche 1964, Nr. 2, Sp. 22–23.

29 Vgl. Neue Kirchengemeinde in Huchting, in: Weser-Kurier, 26.11.1964.

30 War die bestehende Kirche 1964 in wenigen Monaten errichtet worden, zog sich der Neubau wegen der immer wieder verhandelten Änderungswünsche Schiesches' etwa fünf Jahre hin.

31 Die Drohung, Interna in der Presse zu veröffentlichen, war dabei ein Mittel. Vgl. Gerd Schmidt, Schwarzbuch Kirche. Die Personalpolitik der kirchlichen Hierarchie oder: Inquisition im Wandel, Trittau 1971, S. 339.

32 Vgl. Schiesches, Ein Lachen, S. 124–125. Der Kirchenvorstand stand bei allen Aktionen bis 1971 geschlossen hinter Schiesches.

33 Die Kirche von 1964 wurde entwidmet, abgebaut und dient heute einem Segelverein an der Weser für Versammlungen.

34 E-Mail von Albrecht Hübner an den Autor vom 19.05.2016.

35 Seine Amtseinführung fand am Sonntag, den 29.11.1964 statt. Vgl. Wolfgang Schiesches neuer Pastor in Huchting, in: Weser-Kurier, 30.11.1964. Den Kurzgottesdienst bot er erstmals Ende Januar 1965 an. Vgl. Termine, in: Weser-Kurier, 22.01.1965.

nämlich Menschen zusammenzubringen, dadurch einzulösen, indem er stattdessen wöchentlich ein Treffen im Kirchenraum anbot.³⁶

REVOLUTIONÄR MIT RÜCKENDECKUNG DER GEMEINDE

Der Vorgang selbst, die Einstellung des Gottesdienstes im Mai 1968, war eine Unterlassung und ist als solche, als *Nicht*-Handlung, schwer mit Schilderungen zu unterfüttern. Da diese Unterlassung auch von Wolfgang Schiesches selbst nicht in Gesprächen oder medial verbreitet wurde, sickerte das Wissen darum erst allmählich in das öffentliche Bewusstsein ein. Ernsthaften Widerstand scheint es nicht gegeben zu haben. Das Ende 1968 von der Landeskirche gegen Schiesches eingeleitete Disziplinarverfahren etwa wurde nicht weiterverfolgt.

Auch die Haltung der Gemeindeglieder im Hinblick auf die Gottesdienstabschaffung war offenbar eher von Gleichgültigkeit geprägt, denn die kleine Schar der bisherigen Gottesdienstteilnehmer nahm diesen Umbruch ohne nennenswerte Opposition hin. Schiesches hatte über den bisherigen Gottesdienst ein wenig schmeichelhaftes Urteil gefällt: »Da kommen doch nur ein paar alte Leutchen in die Kirche, um fromme Langeweile in sich aufsteigen zu lassen.«³⁷

Genau diese Gruppe regelmäßiger Gottesdienstbesucherinnen und -besucher wäre nun eigentlich prädestiniert gewesen, Kritik an der Abkehr vom Gewohnten und liturgisch Gebotenen zu formulieren. Doch handelte es sich gerade bei den Älteren in Schiesches' Gemeinde um Menschen, die ihm als Pastor treu ergeben waren und seine Neuerung aus diesem Grund letztlich akzeptierten. Schiesches' Kirchengemeinde war nämlich aus der Traditionsgemeinde St. Georg, die ein altes, repräsentatives Gotteshaus hatte, ausgepfarrt worden.³⁸ Schiesches' Gottesdienst besuchten daher ohnehin nur Ältere, die sich in den Jahren 1964 bis 1968 bewusst auf die neue Kirchengemeinde mit ihrer kleinen, einfachen Kirche und ihrem unkonventionellen Pastor eingelassen hatten – Ältere also, die alles Neue, auch Wolfgang Schiesches' Grillen,³⁹ schon jahrelang gewohnt waren und mitmachten, ohne nach St. Georg zurückzukehren. Dass Schiesches als Pastor bei den Älteren hochgeachtet war und er sie auch seinerseits trotz aller Orientierung an der jüngeren Generation nicht vernachlässigte, zeigt nicht zuletzt die folgende Begebenheit: Mit der Abschaffung des Gottesdienstes wäre logisch verbunden gewesen, dass Schiesches auch die pastorale Bekleidung im Gottesdienst gänzlich ablegte und keinen Talar mehr trug. Doch tatsächlich hüllte er sich sehr wohl noch in seinen Talar – und zwar zur Leitung von Begräbnissen in der Friedhofskapelle, »[…] aus Rücksicht auf die alten Leute. Die brauchen das.«⁴⁰

36 Dass er diese Gemeindetreffen als Ersatz für den Sonntagsgottesdienst sah, ergibt sich aus folgendem Zitat: »Mir wurde klar, daß ich nicht antiautoritär im Talar, dem Gewand der angemaßten Autorität, sein kann. Der Talar predigt lauter als meine Worte. Also zog ich ihn nicht mehr an, was allerdings in meiner Gemeinde kaum zur Kenntnis genommen wurde.« Schiesches, Ein Lachen, S. 130.

37 Bier für die Bienen, in: Der Spiegel, H. 40/1968, S. 86.

38 Vgl. Kirchengemeinde-Abtrennung von St. Georg durch Kirchengesetz vom 19.3.1964, in: Gesetze, Verordnungen und Mitteilungen, hg. v. Kirchenausschuss der Bremischen Evangelischen Kirche 1964, Nr. 2, Sp. 22–23.

39 Eine kurze, treffende Darstellung von Wolfgang Schiesches Agieren findet sich bei Claus Heitmann, Von Abraham bis Zion. Die Ortsgemeinden der Bremischen Evangelischen Kirche, Bremen 1985, S. 194–195.

52 Bier für die Bienen, in: Der Spiegel, H. 40/1968, S. 86. Vgl. Schiesches, Ein Lachen, S. 127. Dass Schiesches in den Folgejahren bei den älteren Gemeindegliedern keineswegs unbeliebt war, zeigt auch eine Dankesanzeige für die Pietätsbekundungen anlässlich des Todes eines Familienmitglieds im *Weser-Kurier* vom 14./15.08.1971. »Besonders Herrn Pastor Schiesches herzlichen Dank«.

Die ältere Generation war in der Kirchengemeinde zudem deutlich in der Unterzahl. Die mittlere, religiös eher desinteressierte Generation vermisste den Gottesdienst nicht,[41] goutierte vielmehr, dass Schiesches ein opulentes Freizeitprogramm für ihre Kinder und Jugendlichen auf die Beine stellte. Die Haltung der Jüngeren schließlich mag folgendes Zitat veranschaulichen: »Ich und meine Kumpel, damals irgendwo zwischen 15 und 17 Jahren, fühlten uns mittendrin. Da war ein Mann wie Pastor Schiesches, der mit alten Traditionen brach und unerhört Neues ausprobierte, schon eine Art Held.«[42]

Für alle drei Generationen galt die Bremer Besonderheit, dass die Territorialgemeinden eigentlich eher Personalgemeinden waren und sind: Jeder

[40] »Beim Aufbau meiner Gemeinde in einer Neubausiedlung hatte ich bald nur noch mit kirchenfernen Leuten zu tun. […] Sie hinterfragten jede Einzelheit: Altar, Talar, Liturgie, Glaubensbekenntnis, Katechismus usw.« Schiesches, Ein Lachen, S. 121.

[41] E-Mail von Holger Sorgatz an den Autor vom 16.02.2017.

Michael Dyne Mieth, www.dyneart.de

evangelische Christ darf sich ohne Begründung einer beliebigen Bremer evangelischen Kirchengemeinde anschließen. Das erklärt die kollektive Schweigsamkeit angesichts der Abschaffung des Gottesdienstes. Wem die Neuerungen missfielen, der war ohnehin schon in eine andere Kirchengemeinde gewechselt oder wechselte spätestens jetzt.[43]

Umgekehrt zog das neue gottesdienstfreie Gemeindekonzept Interessenten aus anderen Gemeinden an. Nach zwei Jahren der Neusortierung zeigte sich beispielsweise beim Konfirmandenunterricht folgende Lage: Eltern von 45 Kindern aus Wolfgang Schiesches' Gemeinde hatten ihre Kinder beim Konfirmandenunterricht in der Muttergemeinde St. Georg angemeldet Umgekehrt waren 25 Kinder aus ganz Bremen in Schiesches' Konfirmandenunterricht gewechselt.[44] Auch hier hatte man sich Schiesches zufolge von tradierter Form und herkömmlichen Inhalten gelöst: »Die Art des Konfirmandenunterrichts und der Konfirmationsfeier wird bei uns von den Eltern selbst bestimmt.«[45]

Am Beispiel des Konfirmandenunterrichtes zeichnet sich eine spezifische evangelische Szene ab, welche die innovativen Aspekte von Schiesches' Gemeindearbeit besonders schätzte, suchte und ihn als Person trug. Während in der Kirchengemeinde vor Ort also keine größere Unruhe aufkam, entstand das dramatisierende Narrativ vom Skandal der Einstellung des Gottesdienstes und den häretischen Wirren in der Kirchengemeinde eigentlich nur in der – modern formuliert – Filterblase medialer Kommentare.[46]

VON ERNEUERUNG ZU ABLEHNUNG

Die kirchengerichtlichen Verfahren gegen Wolfgang Schiesches seit Anfang 1972, die dann im Laufe der Jahre gebündelt wurden, stützten sich keineswegs nur auf die Einstellung des Gottesdienstes. Andere Geschehnisse wurden bei den Sitzungen des Kirchengerichts und im abschließenden Urteil deutlich genauer betrachtet: die Scheidung von seiner Frau, ein gemeinsames Bettlager mit einer jungen Frau der Kirchengemeinde, das Zulassen von exzessiven Trinkgelagen Jugendlicher, die Lagerung von Diebesgut im Kirchenraum, seine Prügelei mit dem Küster, die wiederholte Beleidigung von Mitarbeitern der Gemeinde und seine öffentlichkeitswirksame Teilnahme an politischen Demonstrationen.[47]

Unter den 68er-Pastoren stand Wolfgang Schiesches mit seiner Haltung nicht allein: Auch andere teilten sein Ziel, die Kirche abzuschaffen. Bei einem Treffen mit Gleichgesinnten im Jahr 1969 trat er dafür ein, konkrete Aktionen zu starten: »Von der Onanie müssen wir endlich zum Orgasmus kommen! Wir gründen eine Anti-Kirche nach Rätesystem.«[48] Von der herkömmlichen Kirche blieben eigentlich nur erbauliche Geschichten des Alten Testaments und

42 Allerdings wurden die unterschiedlichen Haltungen noch Jahrzehnte später in der Gemeinde erinnert. Vgl. E-Mail von Ingo Thun an den Autor vom 15.11.2016.

43 Vgl. Hohe Konfirmandenzahl in Huchting, in: Weser-Kurier, 15. und 19.12.1970.

44 Vgl. Unmut in der evangelischen Kirche in Huchting, in: Weser-Kurier, 15.12.1970.

45 Vgl. z. B. Bier für die Bienen, in: Der Spiegel, H. 40/1968, S. 76; Rote Bibeln, in: Der Spiegel, H. 14/1969, S. 65; Wirre Parolen, in: Der Spiegel, H. 48/1969, S. 46–49; Prügel vom Küster, in: Der Spiegel, H. 42/1971.

46 Vgl. Urteil in dem förmlichen Disziplinarverfahren gegen den Pastor Wolfgang Detlef Artur Schiesches. Ausgefertigt durch die Disziplinarkammer der Bremischen Evangelischen Kirche vom 4.2.1975; Schiesches, Ein Lachen, S. 124; Heinrich Hannover, Die Republik vor Gericht: 1954–1974. Bd. 1, Berlin 1998, S. 214–215.

47 Wolfgang Schiesches bei einer Ansprache auf der »Zweiten Celler Konferenz« in Bochum, 1969, zitiert nach: Matthias Motschmann (Hg.), Rotbuch Kirche, Stuttgart 1976, S. 51.

die Figur Jesus als Prototyp des freien und befreienden Menschen: »Einerseits muß die Religion abgeschafft werden, andererseits dürfen die kostbaren Worte und Taten des Genossen Jesus aus Nazareth nicht verloren gehen.«[49]

»Es gibt heute in der evangelischen Kirche ›atheistische Theologen‹, [...] Gott ist für sie nur noch eine Chiffre, ein Symbolwert, eine Vokabel für mitmenschliche Beziehungen«[50], so war in einem zeitgenössischen Presseartikel zu lesen. Doch nur ein Teil der 68er-Pastoren waren tatsächlich bekennende Atheisten. Von den Geistlichen, die Wolfgang Schiesches persönlich kannte, traf dies nur auf Joachim Kahl und Edda Groth zu. Er selbst wurde christlich begraben.[51]

So oder so: Als Modell oder Vorbild für eine Reform der Institution Kirche taugt Wolfgang Schiesches kaum. Zwar zeigt sich bei ihm, wie wichtig äußere Faktoren sind, die Innovationen begünstigen.[52] So war zweifellos eine wesentliche Ressource seines Handelns, dass er es an seiner Bremer Wirkungsstätte mit einer gerade erst gegründeten Kirchengemeinde mit einem hohen Anteil an Menschen zu tun hatte, die an Kirche als Gemeindezentrum durchaus ein ausgeprägtes Interesse besaßen, aber das Gottesdienstangebot nicht wahrnahmen. Diese günstige Gelegenheitsstruktur zu Beginn seiner Arbeit konnte er jedoch im weiteren Verlauf nicht nutzen. Im Gegenteil, Schiesches scheiterte auch an sich selbst, weil er im Alltag zu viele Menschen vor den Kopf stieß, sich zunehmend radikalisierte und die Kirche Ende der 1960er Jahre nicht mehr erneuern wollte, sondern offen ablehnte.

48 Schiesches, Ein Lachen, S. 138.

49 Was soll aus der evangelischen Kirche werden?, in: Das Ostpreußenblatt, 08.02.1969.

50 Vgl. Redemanuskript (ohne Verfasser): Trauerfeier für Wolfgang Schiesches in der Kapelle des Riensberger Friedhofs am 3.9.2010, Privatbesitz Christoph Gahl.

51 In Bremen sind Pastoren besonders auf das Wohlwollen ihrer Gemeinde angewiesen, da die Zugehörigkeit zu einer Kirchengemeinde grundsätzlich selbst bestimmen darf. Daher kann persönliche Beliebtheit zu wenig Ab- und viel Zuwanderung führen. Beliebte Pastoren können mitunter sehr entschiedene Setzungen vornehmen, die von der eigenen Gemeinde mitgetragen werden, außerhalb davon aber einiges Aufsehen erregen. Die Kirchenleitung wiederum hat kaum Mittel, um gegen Pastoren vorzugehen; die Einleitung von Disziplinarverfahren oder gar eine Entfernung aus dem Dienst ist ein schwieriges Unterfangen, was das dilatorische Agieren der Kirchenleitung seit 1968 und die relativ lange Einstellung des Sonntagsgottesdienstes bis 1971 erklärt.

Dr. Carsten Linden, geb. 1968, wurde zu einem zeitgeschichtlichen Thema promoviert und ist freiberuflicher Historiker. Seine Interessenfelder sind deutsche Sozialgeschichte und deutsche sowie amerikanische Kirchengeschichte

INDES
ZEITSCHRIFT FÜR POLITIK
UND GESELLSCHAFT

Herausgeber:
Prof. Dr. Frank Decker

Redaktionsleitung:
Katharina Rahlf (V. i. S. d. P.), Dr. Volker Best

Redaktion:
Jacob Hirsch, Dr. Matthias Micus, Tom Pflicke, Luisa Rolfes

Konzeption dieser Ausgabe:
Dr. Volker Best

Redaktionsanschrift:
Redaktion INDES
c/o Institut für Politische Wissenschaft und Soziologie
Universität Bonn
Lennéstr. 27, 53113 Bonn
indes@uni-bonn.de
Online-Auftritt: www.indes-online.de

Anfragen und Manuskriptangebote schicken Sie bitte an diese Adresse, möglichst per E-Mail. –
Die Rücksendung oder Besprechung unverlangt eingesandter Bücher kann nicht gewährleistet werden.

Die Zeitschrift erscheint viermal jährlich. Es gilt die gesetzliche Kündigungsfrist für Zeitschriften-Abonnements. Die Kündigung ist schriftlich zu richten an:
HGV Hanseatische Gesellschaft für Verlagsservice mbH, Leserservice, Holzwiesenstr. 2, D-72127 Kusterdingen, E-Mail: v-r-journals@hgv-online.de.
Unsere allgemeinen Geschäftsbedingungen, Preise sowie weitere Informationen finden Sie unter www.vandenhoeck-ruprecht-verlage.com.

Verlag:
BRILL Deutschland GmbH, Vandenhoeck & Ruprecht, Theaterstr. 13, D-37073 Göttingen; Tel.: 0551-5084-40, Fax: 0551-5084-454

www.vandenhoeck-ruprecht-verlage.com

Alle Rechte vorbehalten. Das Werk und seine Teile sind urheberrechtlich geschützt. Jede Verwertung in anderen als den gesetzlich zugelassenen Fällen bedarf der vorherigen schriftlichen Einwilligung des Verlages.

ISBN 978-3-525-80035-5

ISSN 2191-995X

© 2022 by Vandenhoeck & Ruprecht, Theaterstraße 13, 37073 Göttingen, Germany, an imprint of the Brill-Group (Koninklijke Brill NV, Leiden, The Netherlands; Brill USA Inc., Boston MA, USA; Brill Asia Pte Ltd, Singapore; Brill Deutschland GmbH, Paderborn, Germany; Brill Österreich GmbH, Vienna, Austria)
Koninklijke Brill NV umfasst die Imprints Brill, Brill Nijhoff, Brill Hotei, Brill Schöningh, Brill Fink, Brill mentis, Vandenhoeck & Ruprecht, Böhlau, V&R unipress und Wageningen Academic.

www.vandenhoeck-ruprecht-verlage.com

Gestaltung, Satz und Lithografie:
SchwabScantechnik, Göttingen

Druck und Bindung: ♻ Hubert & Co. GmbH & Co. KG BuchPartner, Robert-Bosch-Breite 6, D-37079 Göttingen

Wissenschaftlicher Beirat:
Prof. Dr. Ursula Bitzegeio
Dr. Felix Butzlaff
Dr. Sandra Fischer
Prof. Sigmar Gabriel
Prof. Dr. Alexander Gallus
Hasnain Kazim
Prof. Dr. Christine Krüger
Dr. Astrid Kuhn
Prof. Dr. Torben Lütjen
Dr. Julia Reuschenbach
Prof. Dr. Jürgen Rüttgers
Prof. Dr. Ulrich Schlie
Prof. Dr. Grit Straßenberger
Prof. Dr. Berthold Vogel
Ulrike Winkelmann

Illustrationen:
S. 4 f., 15, 35, 38 f., 122 f., 144 f.: Oscar Vega
Cover, S. 204: Vasco Gargalo
S. 8, 150 f., 200: Alex Dorici
S. 61, 66, 72, 74: B.Marina/@blanca.y.color
S. 84 f.: Claudy Jongstra
S. 102 f., 106, 208: Javier Granados
S. 130 f., 133, 222, 225: Michael Dyne Mieth, www.dyneart.d
S. 160 f.: José Manuel Ballester
S. 172, 175, 180, 213: Miguel Caravaca
S. 49: Dirk Ghys

BILDKONZEPT Luisa Rolfes

Im Jahr 1937 entwarf Pablo Picasso unter dem Eindruck der massiven und als willkürlich wahrgenommenen, von blinder Zerstörungswut getriebenen Bombardierung der baskischen Stadt Guernica durch deutsche und italienische Truppen das bis heute wohl bekannteste Antikriegsbild, das – gerade in jüngster Zeit – zahlreiche Künstler:innen zu eigenen Versionen inspiriert hat. Die Illustrationen dieser Ausgabe sind allesamt Neuinterpretationen von Picassos »Guernica«. Die meisten von ihnen entstanden noch vor dem russischen Angriff auf die Ukraine, thematisieren jedoch die traurige Kontinuität von Krieg, Leid und Zerstörung.

So ist etwa das Covermotiv ein Ausschnitt aus Vasco Gargalos »Aleppónica«, einer Neuinterpretation, welche die Bildsprache nah am Original reproduziert, jedoch mit Charakterzügen zentraler Figuren im Kontext des Syrienkriegs versieht, darunter Putin in Gestalt des Stiers. Wer sich näher mit Picassos Werk auseinandersetzt, weiß um dessen Vieldeutigkeit. So kann etwa der Stier sowohl als Symbol von Widerstandskraft als auch von Brutalität, eines Männlichkeitskults oder der Wut des Künstlers selbst gelesen werden.

»Guernica« zeichnet ein Bild von Chaos und Zerstörung, jedoch keine eindeutigen Personifikationen von Gut und Böse. Das spiegelt sich auch in den verschiedenen Neuinterpretationen wider. Michael Dyne Mieth hat in seinem Werk »G18« die Dualität von Gut und Böse, die immer eine Frage der Perspektive sei, anhand eines Schachbretts verbildlicht; als Blumen getarnte Waffen symbolisieren hier die zweifelhafte Funktion von Medien und ihrer Kriegspropaganda. In den Bildern anderer Künstler:innen erscheinen die Zuschreibungen eindeutiger, etwa bei B.Marina, deren Version im Kontext des Ukrainekriegs steht. Oscar Vega reflektiert in seinem Bild soziale Ängste der Gegenwart und Alex Dorici verarbeitet die sozialen Erschütterungen in der pandemischen Gesellschaft. »Guernica de la Ecología« von Claudy Jongstra kommt ganz ohne Akteur:innen aus und versteht sich als Warnung vor den Gefahren des Klimawandels. José Manuel Ballester interessiert sich für die verborgenen Räume im Hintergrund. In den Werken von Miguel Caravaca und Dirk Ghys werden einzelne Figuren aufgegriffen und das Bild mit sexuellen Elementen ergänzt oder kontrastiert. Und zuletzt setzt sich Javier Granados bitter-ironisch mit Picasso auseinander, indem er dem bedrückenden Antikriegsbild unter dem Titel »Paz en Guernica« (Frieden in Guernica) ein nur anmutendes Bild von Frieden und Leichtigkeit entgegensetzt.

Keine dieser Beschreibungen wird den Kunstwerken im Einzelnen gerecht, jedoch zeigt sich in der Gesamtheit die Vielschichtigkeit der Auseinandersetzung mit den Krisen der Gegenwart, die sich nicht ohne Grund eines Kunstwerks bedient, das wie kaum ein anderes die tiefe Erschütterung seines Urhebers zum Ausdruck bringt.